# Diana

## EN BUSCA DEL AMOR

Andrew Morton

# Diana

## EN BUSCA DEL AMOR

Título original: *Diana, in Pursuit of Love*

Edita: ABC, S.L.



Fotografía de la cubierta: gettyimages

Fotocomposición Lozano Faisano, S. L. (L'Hospitalet)
Impreso por Printer Industria Gráfica, S. A.

ISBN: 84-413-2077-2
D.L.: B-4679-2005

Edición especial para este periódico.
Queda prohibida su venta de forma separada.

*Printed in Spain*

*Para Mike*

SUMARIO

## AGRADECIMIENTOS

A lo largo de los años he llegado a conocer a algunas personas de confianza de Diana, la princesa de Gales, y mi relato deja traslucir las numerosas conversaciones privadas que mantuve con quienes estuvieron cerca de ella en los principales acontecimientos de su vida. Quisiera expresar mi más sincera gratitud a todos ellos por sus aportaciones y consejos.

En los dieciocho meses que duró la investigación y redacción de este trabajo, he tenido el placer de conversar con muchas otras personas en cuyas vidas influyó, de un modo u otro, la difunta princesa. Vaya desde aquí mi agradecimiento a: Dickie Arbiter, teniente de la Real Orden Victoriana; Steven Bartlett; Carolan Brown; Dr. James Colthurst; Paul Cooper; Mohamed Fayed; Debbie Frank; Philip Garvin, presidente de Response International; Geordie Greig; Richard Greene; David Griffin; Robert Heindel; Soheir Khashoggi; Robert Lacey; Brian Lask; Ken Lennox; Keith Leverton; Thierry Meresse; Betty Palko; Vivienne Parry; Jean-Marie Pontaut; David Puttnam; Jenni Rivett; Ian Sparks; Raine, condesa de Spencer; Chester Stern; Oonagh Shanley-Toffolo; Penny Thornton; Stephen Twigg; Matthias Wiessler; Ken Wharfe y Hassan Yassin.

Muchas gracias también a mi ayudante de investigación, Lily Williams, por sus denodados esfuerzos bajo constante presión. Como siempre, debo mucho a mis correctores Dominique Enright y Toby Buchan, así como al resto del equipo editorial de Michael O'Mara Books por su valentía, constancia y apoyo, y sobre todo a Helen Cumberbatch, Kate Gribble, Judith Palmer y Chris Maynard. Doy también las gracias a Martin Bristow por la maquetación del texto, a Glen Saville por el diseño de la cubierta y a Andy Armitage por el índice. Por último, desde los paseos por la playa hasta los viajes por el túnel de la memoria, Michael O'Mara ha sido, y será siempre, un excelente bastión y testimonio.

INTRODUCCIÓN

# AMOR VERDADERO

Un sábado de marzo de 2004 me encontraba en el estudio, añadiendo los últimos retoques al capítulo 11 de este libro, cuando sonó de pronto el timbre del portal. Era una periodista del semanario sensacionalista *Sunday People*, que venía para pedirme unas declaraciones sobre una noticia que estaban a punto de publicar. Tenía que ver con el contenido de este libro. Habían averiguado, a través de sus fuentes informativas habituales, de toda solvencia, que yo me disponía a revelar en el libro la identidad de tres amantes secretos de Diana. En la lista figuraba el actor Terence Stamp, ya cincuentón, magnate de la industria e ídolo del cine británico. Negué rotundamente la noticia y seguí trabajando.

Al día siguiente compré el *Sunday People* y descubrí que la noticia ocupaba la portada y dos páginas interiores, con los titulares «Diana, bomba sexual» y «Se revela la identidad de tres amantes secretos de Diana» (en realidad, sólo se mencionaba el nombre de uno de los supuestos amantes). La noticia relataba con detalle la «impresionante campaña de acoso de la princesa, perdidamente enamorada, para cortejar a los tres amantes secretos», bombardeándolos con cartas íntimas. Se citaba mi nuevo libro «explosivo», aún inédito, como fuente de la noticia. El artículo insinuaba a continuación que el magnate multimillonario, pero anónimo, había consumado su relación con la princesa en casa de un amigo común. Según el *Sunday*, la fuente informativa había declarado: «A algunos autores se les puede acusar de sacarse nombres de la manga, pero Morton ha investigado minuciosamente miles de documentos y ha entrevistado a cientos de personas muy bien informadas.» Todo muy adulador.

El lunes, cuando la noticia ya había dado la vuelta al mundo, el *Daily News* dio un nuevo giro al asunto al describir la «terrible angustia» de Guillermo y Enrique por esta nueva información. «Parece la historia de nunca acabar», declaró una fuente real afectada. Luego les llegó el turno a los columnistas baratos. En el *Daily Express,* Vanesa Feltz expresaba su satisfacción por el «romance tierno y respetuoso» de la princesa con Terence Stamp, que, sin duda, debió de tratarla con la «más exquisita delicadeza». Para no ser menos, el ex mayordomo de Diana, Paul Burrell —cuyo libro había sido tildado de traición «fría y flagrante» por los hijos de Diana—, se sumó a los comentarios. «Para ser sincero, me parece asqueroso —declaró Burrell a propósito de mi libro inédito—. Lo que ocurra entre dos personas a puerta cerrada debe mantenerse en la privacidad. Yo he respetado siempre la vida privada de la gente y jamás he comentado la vida amorosa de Diana. Lo que está haciendo él es terrible.»

Para acabar de rematar la noticia, el *Sunday Times* publicó a toda página un perfil de Stamp, que se dio a conocer en los acelerados años sesenta, y desde entonces ha seguido una trayectoria muy destacada, no sólo en el cine, sino también en la literatura, como autor de una novela y una autobiografía.

A raíz de esta actividad mediática, en pocos días numerosas personas, dentro y fuera de Gran Bretaña, se formaron la idea de que Diana, mujer obsesiva y perdidamente enamorada, había perseguido y consumado aventuras amorosas con Terence Stamp y otros hombres anónimos.

La noticia sólo tenía una pega: era completamente falsa.

Aquel extraño episodio me recordó los motivos iniciales por los que retomé el tema de Diana unos doce años antes de publicar mi primera biografía, *Diana: su verdadera historia* (1992), redactada con la autorización y colaboración de la princesa. La idea de esta última obra surgió durante un paseo por la playa de St. Petersburg, en Florida, en compañía de mi editor, Michel O'Mara, una mañana de noviembre de 2002, cuando promocionaba un libro, titulado *Nine for nine,* sobre el rescate de un grupo de mineros de Pennsylvania que habían quedado atrapados bajo tierra durante tres días.

Por aquel entonces se desarrollaba en el Old Bailey londinense el juicio de Paul Burrell por un presunto delito de robo. En entrevistas televisivas y radiofónicas de medios estadounidenses me preguntaban por los mineros, pero también por la relevancia de las pruebas judiciales. Mientras Mike y yo conversábamos sobre el juicio y sobre Diana en aquel paseo matinal, parecía que se esfumaba para siempre la mujer que habíamos conocido a comienzos de los años noventa, cuando colaboró con nosotros, y que menguaba su personalidad año tras año. Al escuchar los comentarios sobre su vida basados en las pruebas del juicio, era como si se hubieran esparcido las piezas del puzzle de su personalidad; muchas habían caído en el olvido, y otras se habían exagerado o distorsionado. Las cartas remitidas por el príncipe Felipe, duque de Edimburgo, a la princesa a raíz de la publicación de mi biografía en 1992, por ejemplo, cobraron una relevancia desmesurada en el juicio. En cualquier caso, muchas otras personas y yo habíamos comentado las cartas exhaustivamente diez años antes.

La distorsión se aceleró tras la muerte de la princesa. Algunos de los que la habían conocido o habían colaborado con ella publicaron sus opiniones acerca del carácter de Diana, exagerando a menudo la importancia que tuvieron en la vida de la princesa, aireando la decepción que les causó, o vengándose de ella en las páginas de sus memorias. Su secretario privado, Patrick Jephson, por ejemplo, probablemente se precipitó al publicar *Shadows of a Princess*, obra que trataba sobre los años que ejerció de secretario privado de la princesa, pues la amargura de su cese teñía muchas de sus opiniones. Es curioso que en sus artículos de prensa posteriores muestre un talante mucho más cordial con la princesa; tal vez haya comprendido, por propia experiencia, las dificultades que afrontó Diana al intentar construir su vida al margen de la familia real. De modo similar, en las memorias tituladas *La vida real de Diana de Gales*, el mayordomo Paul Burrell descargó toda su animadversión contra la familia Spencer, a la que culpa de su juicio por robo en el tribunal de Old Bailey.

Proliferan las anécdotas y opiniones. Reina el desconcierto ante el desfile de testimonios, necesariamente subjetivos y a menudo contradictorios. Mohamed Fayed, propietario de Harrods y padre de Dodi, el último amante de Diana, por ejemplo, ha defendido constantemente que su hijo iba a casarse con la princesa. Esta opinión, junto con su acérrima defensa de que hubo una conspiración para asesinar a su hijo y a Diana, ha influido en la valoración mundial de los últimos días de Diana. Otros insisten en que ella les aseguró que no tenía intención de volver a casarse. Y un tercer grupo cree que Hasnat Khan era la persona con quien se quería casar.

De manera que los enigmas persisten incluso para quienes conocieron a los protagonistas de la historia. Con frecuencia, lo que se dice o escribe no transmite exactamente las intenciones.

Esto dificulta la labor de quienes conocen el medio de la familia real, y la imposibilita en el caso de los demás observadores. El hecho de que Diana viviese muy encerrada y ocultase partes importantes de su existencia a personas que ahora aseguran haberla conocido bien, ha complicado todavía más, si cabe, la investigación.

Desde el principio, el relato de su vida se filtra a través del prisma de los medios de comunicación, que distorsionan la realidad. Ésta es una trampa para el cronista incauto porque gran parte de lo que se escribe sobre la princesa apenas guarda relación con los acontecimientos o con su personalidad auténtica. El artículo del *Sunday People*, pese a su vergonzosa falsedad, es sólo un ejemplo más de un procedimiento común. Por lo tanto, es inevitable que las opiniones y conclusiones basadas en esa noticia estén distorsionadas. En este libro he intentado, en la medida de lo posible, enmarcar las decisiones de Diana en el contexto de lo que ocurría realmente en su vida, en lugar de remitirme a lo que presuponían por aquel entonces los medios de comunicación o la sociedad.

Cuando muere un personaje conocido, las memorias de los amigos, empleados u otras personas cercanas suelen embellecer la vida de aquél. Pero en el caso de Diana, el proceso parece inverso; da la impresión de que, tras su separación y divorcio, su vida tenía poco sentido o valor, tendencia que aumenta progresivamente hasta su muerte. Según un biógrafo respetable, la princesa era una mujer muy querida, pero esencialmente inestable, que «entró en una espiral incontrolada».

¿Es posible que los denodados esfuerzos de la princesa por presentar su trayectoria vital a través de *Diana: su verdadera historia*, y por tomar las riendas de su vida, quedasen al final en agua de borrajas? Si fuera así, ¿cómo se explican las muestras espontáneas de dolor tras su muerte, aquel estallido de emoción que obedecía, sin duda alguna, a la consideración y al respeto que le profesaba la sociedad?

Parece que se pierde de vista un aspecto fundamental: el hecho de que aquella mujer —relativamente joven todavía y a menudo sola— luchaba por asimilar una posición pública espantosa y una vida privada muy difícil. Cuando Diana perdió la vida, el punto de partida desde el que la princesa emprendió la búsqueda de su propia vida —la colaboración en su biografía— ha adquirido una importancia mayor de la que le concedimos en su momento. Ese texto requería también una reevaluación exhaustiva, al igual que otras iniciativas mediáticas de la princesa, como la famosa entrevista televisiva que concedió en 1995 al programa «Panorama», de la BBC. Las causas secretas y las relevantes consecuencias de aquella entrevista adquieren hoy proporciones históricas.

Por lo general, las investigaciones sobre la compleja y extraordinaria vida de Diana de Gales pasan por alto la larga distancia que recorrió la princesa, así como los obstáculos personales y sociales que tuvo que superar. Diana era una mujer que, en palabras de Hillary Clinton, demostró «coraje y constancia para levantarse y seguir adelante cada vez que la vida la derribaba de un puñetazo». Este libro es un intento de describir y ensalzar ese viaje.

ANDREW MORTON
*Londres, abril de 2004*

PRÓLOGO

# UN CUADRO GROTESCO

Para Ken Lennox, el prestigioso fotógrafo y director de fotografía del *Sun*, aquella noche de sábado de agosto no tuvo nada de peculiar. Cual búho nocturno, el escocés se entretenía en silencio en su apartamento de Primrose Hill, en el norte de Londres. Como director de fotografía del diario sensacionalista con mayor tirada de Gran Bretaña, se planteaba tranquilamente qué fotografías se publicarían al día siguiente, las imágenes que confeccionarían el periódico. Naturalmente, la cobertura estaba dominada por los deportes, pero el romance entre la princesa de Gales y Dodi Fayed, hijo de Mohamed Fayed, el propietario de Harrods, debía incluirse en alguna parte. Dado que durante las semanas anteriores se había martirizado al público británico con un bombardeo fotográfico sobre las vacaciones de Diana en compañía de su último amante, Lennox sabía que las imágenes debían ser excepcionales para cautivar a un público ya saturado de historias sobre aquel romance.

A las 12.20 de la noche, justo cuando acababa de acostarse, sonó el móvil. La voz del que llamaba era ansiosa, apremiante y con acento francés. Aunque Lennox no le había visto nunca la cara, conocía la voz —y la reputación— del distinguido fotógrafo Romuald Rat, que había cambiado el conflicto del Congo y otros asuntos de actualidad por la persecución de famosos. Era la 1.20 de la madrugada en París, una hora inapropiada para conversaciones banales; el tema era estrictamente profesional.

«Ken, ha habido un accidente —dijo la voz al otro lado de la línea—. Dodi está muy grave, pero parece que Diana está bien. Tengo fotos de la escena, con ellos todavía en el coche.»

Lennox le preguntó cuánto costaban. «Por tres millones de francos [unos 540.000 dólares] te cedo la primicia y un solo día de publicación.»

Lennox aceptó sin reticencias y le dijo que enviase las imágenes por fax a la sección de fotografía del *Sun*, con sede en Wapping, en el este de Londres. Mientras se ponía un pantalón de chándal y unas zapatillas deportivas, ordenó al francés que no comentase el asunto con nadie.

Antes de que Lennox se subiese al taxi que había pedido al instante, las fotografías de Diana y Dodi ya habían llegado a su «sección fotográfica electrónica», un sofisticado sistema informático que le permitía ver imágenes de agencia de todo el mundo. Otros medios se disponían a pactar exclusivas con las que se podían ganar muchos miles de dólares. En aquel momento, aquellas fotografías eran los bienes más valiosos del planeta.

Mientras se concluían estos acuerdos comerciales, la princesa moribunda era retirada del amasijo de hierros del Mercedes y conducida en ambulancia hasta el hospital Pitié-Salpetrière. Durante aquel lento y doloroso viaje final de Diana, en el que la ambulancia se detuvo en dos ocasiones para que los asistentes sanitarios intentasen estabilizar a la mujer gravemente herida, los últimos momentos de su vida se vendían al mejor postor. Que la princesa fuese prisionera de los flashes mientras perdía la vida era un reflejo cruel de la mercancía icónica que fue su trayectoria vital.

Cuando Lennox llegó a su despacho y abrió su sección fotográfica electrónica, ya había enviado a París al veterano fotógrafo real, Arthur Edwards, y a una docena de cámaras. Ken y Arthur eran viejos contrincantes. Los dos habían estado a orillas del río Dee, en Balmoral, el verano de 1980, en el acoso anual del príncipe Carlos y su último amor. Esta nueva novia parecía mucho más inteligente que las demás. Cuando divisó a los fotógrafos que inmortalizaban el momento desde la orilla opuesta del río, se giró y continuó su camino por la ribera, sin volver la vista atrás. Después utilizó el espejo del colorete para observar mejor a sus adversarios mediáticos. Según me explicó unos diez años después: «Los vi aparecer por la otra orilla. Le dije a Carlos que tenía que marcharme de allí. Sólo faltaba tener un follón». Su reacción sirvió para que la única fotografía que logró hacer Lennox aquel día fuera una imagen de espaldas de lo que parecía una chica atractiva. Por aquel entonces me intrigaba la presencia de ánimo que había mostrado la joven.

Ahora, unos diecisiete años después, el hombre que sacó la primera fotografía de prensa de lady Diana Spencer contemplaba las últimas imágenes de una Diana moribunda, aplastada en la parte trasera de una limusina Mercedes en el túnel del Pont de l'Alma, en el centro de París. Las imágenes se habían tomado quizá un minuto o dos después del accidente, y sin duda antes de que llegase a la zona el primer coche de bomberos a las 12.32 de la noche. Lennox no disponía de tiempo para reflexionar mientras veía las imágenes, pero cuando observó el cuadro grotesco de la foto marcada con el código «BIS.JPG@100%», vio claramente que Dodi, que tenía los pantalones rasgados por esquirlas de hierro y cristal y una pierna girada en un ángulo imposible, estaba gravemente herido, tal vez muerto; al igual que el conductor, Henri Paul, que yacía inmóvil sobre el volante.

A primera vista parecía que Diana había salido relativamente ilesa. Estaba encorvada en el suelo, de espaldas al asiento del copiloto. Una mancha de sangre en la mano derecha y en el cabello rubio indicaba que en algún momento había estado consciente y había intentado apartarse el pelo de la cara. Pero a Lennox no le daba buena espina la sangre que goteaba por el oído izquierdo y por la nariz; no parecía que estuviera bien del todo.

Cuando el director ejecutivo de News International, Les Hinton —avezado periodista conocido por su cobertura de la actualidad política de Washington—, entró presuroso en la redacción, al grito de «¿Os habéis enterado?», Lennox le comentó su preocupación. Una fotografía que acababa de llegar, con la etiqueta «DI3.JPG(RGB)», confirmaba su creciente aprensión. Mostraba a Frédéric Maillez, joven doctor que colaboraba con SOS Médecins, que casualmente pasaba por la zona y se detuvo para ayudar, agachado junto a la princesa, intentando introducirle aire por la nariz y la boca con una botella de oxígeno. Con la cabeza inclinada hacia abajo y un brillo vítreo en los ojos, Diana parecía a punto de morir.

Mientras los dos hombres discutían la conveniencia de publicar las imágenes, tenían de fondo las voces de una hilera de pantallas de televisión y los sollozos convulsivos de una reportera autónoma que estaba sentada en la redacción. «Les, si está muerta, no podemos publicarlas —dijo Lennox a Hinton—. Si está herida, sí.» No hubo discusión. El director ejecutivo asintió con la cabeza y salió a toda prisa para avisar al director de *News of the World*, Phil Hall, que, vestido de etiqueta, se encontraba en una cena formal cuando le llamaron para darle la noticia del accidente.

Mientras se modificaba la portada de *News of the World* para incluir la noticia y las fotografías de París, se filtró el rumor de que se estaba efectuando una redada para detener a los fotógrafos presentes en el lugar del accidente. «Aquél fue el primer momento en que me mareé —recuerda Lennox—. No podía creer los nombres que aparecían en los teletipos. No eran *paparazzi*, sino brillantes fotógrafos de prestigio que habían trabajado en importantes conflictos internacionales. Pero en este mundo obsesionado por la fama ganan mucho más con una fotografía de Diana tendida en la acera que en dos meses de trabajo en África central.»

En París, mientras el equipo médico del hospital Pitié-Salpetrière intentaba reanimar a la princesa, avisaron al padre Yves Clochard-Bossuet para que le administrase la extremaunción. El primer indicio que tuvieron los fotógrafos del drama que se vivía en el interior del hospital fue el momento en que vieron cómo un oficial de la embajada británica, tras salir de una sala del hospital, se reclinó contra la pared y luego se desmoronó al suelo, con semblante de profunda aflicción.

A las cuatro de la madrugada en París (una hora menos en Londres) se dio a conocer oficialmente la noticia del fallecimiento de Diana. De repente, las fotografías de la princesa tendida en la parte trasera del Mercedes accidentado dejaron de ser una mercancía valiosa y se transformaron en una maldición, una verdadera plaga que infectaba a todo el que la tocaba. «Borra, borra, borra —gritó Lennox a su técnico, Mark Hunt—. Machácalas.» A partir de ese momento dejaron de existir las fotografías a todos los efectos, y todos daban una respuesta abrupta y cortante si les preguntaban por el paradero de las imágenes. Para ellos eran la prueba de una terrible complicidad en ese vergonzoso final del cuento de hadas: una doncella en apuros, explotada por el lucrativo afán de alimentar el ignominioso voyeurismo popular. Al igual que los fotógrafos que pululaban alrededor del coche sólo unos segundos después del accidente, los periodistas iniciaban también su viaje particular, una pesadilla que comenzó en una celda policial y acabó en juicio, ruina económica y, al menos en un caso, suicidio.

Mientras las imágenes de la princesa moribunda se convertían en un lastre, en lugar de en una exclusiva, el avezado Lennox se percató de que algún día podrían salir a la luz. Cuando trabajaba en zonas de guerra, este reconocido fotógrafo tenía una regla de oro para algunas de las imágenes más truculentas que presenciaba e inmortalizaba: hoy, mañana o tal vez nunca. Clasificó las fotografías de Diana en la categoría de «tal vez nunca», con la creencia de que algún día alguien, en algún lugar, podría atreverse a publicarlas. Siete años después, en abril de 2004, demostró que tenía razón cuando la cadena norteamericana de televisión CBS emitió fotografías poco nítidas de la princesa atrapada en el coche, dentro de un documental de «investigación» sobre el accidente.

Aquella noche aciaga del 31 de agosto de 1997, Diana se encontraba de viaje: un viaje diferente, que empezó con esperanzas y terminó en tragedia, con una vida truncada justo cuando empezaba de verdad. Aunque era el viaje de una sola mujer, de algún modo nos implicó a todos. En una vida de tantos contrastes y contradicciones, una de las ironías más despiadadas es que Diana acabase sus días en un túnel, justo cuando empezaba a ver luz tras un largo periplo en busca de la satisfacción y la felicidad.

## 1

# EL DURO CAMINO DE LA LIBERTAD

La princesa de Gales estaba en plena conversación de sobremesa con el productor cinematográfico David Puttnam. Se conocían desde hacía años, y su relación era como de tío y sobrina. Para Diana, Puttnam era un hombro en el que apoyarse y un oído comprensivo, siempre dispuesto a escuchar en los momentos difíciles.

Por aquella época, en marzo de 1992, Puttnam, que formaba parte de un grupo de amigos íntimos que tenían el presentimiento de que Diana llevaba una vida atormentada, percibió que la princesa estaba más tensa que de costumbre. Mientras charlaban en un simposio sobre el sida en el hotel Claridge's del centro de Londres, de pronto salió el tema de los puentes que se cruzan cuando uno toma una de esas decisiones trascendentales que no tienen vuelta atrás. En voz baja, Diana le dijo: «David, creo que he hecho algo que va a cambiar radicalmente mi vida. He estado hablando con un periodista y están a punto de publicar un libro. Hemos llegado a un punto en que no hay vuelta atrás. Estoy aterrorizada».

Luego la princesa se puso en pie para pronunciar un discurso arrollador sobre su compromiso e implicación en la lucha contra el sida, y acto seguido respondió fríamente a las preguntas del público, formado por representantes de los medios de comunicación y expertos en medicina, entre los que se encontraban la baronesa Jay y el profesor Michael Adler.

A Diana le preguntaron en una ocasión si jugaba. Y su respuesta fue: «No con cartas, sino con la vida». Ahora se disponía a realizar la primera de una larga serie de tiradas de dados.

El periodista al que se refería era yo y el libro era *Diana: su verdadera historia*, publicado en junio de 1992, en el que se exploraba, gracias a su colaboración entusiasta, la vida infeliz que llevaba en el seno de la familia real y se destruía el mito de su matrimonio de cuento de hadas.

La idea del libro surgió en un extraño escenario: una cafetería de hospital, en octubre de 1986. El doctor James Colthurst estaba descansando allí después de acompañar a la princesa de Gales durante una visita oficial para inaugurar un nuevo escáner CT en el departamento de rayos X del hospital de St. Thomas, en el centro de Londres, donde trabajaba en aquel momento. Yo estaba allí en calidad de corresponsal real del diario *Daily Mail*, y mientras degustábamos un té con galletas le pregunté qué tal había ido la visita. En breve comprendí que Colthurst era algo más que un médico de hospital que servía de guía a un personaje real; era un amigo que la conocía desde hacía años.

Con los años, Colthurst y yo nos hicimos amigos; jugábamos partidas de squash en las pistas del hospital, seguidas de almuerzos prolongados en un restaurante italiano de la zona. Al principio cultivaba aquella amistad como un contacto útil, según el procedimiento tradicional, pero pronto descubrí que Colthurst era el clásico miembro del círculo de allegados, dispuesto a hablar de cualquier cosa excepto de la familia real. Nuestra relación se convirtió gradualmente en amistad, con el acuerdo tácito de que, cuando comiésemos juntos, el tema de Diana no entraba en el menú.

Al final de los años ochenta, Colthurst, hijo de un baronet perteneciente a la familia propietaria del castillo de Blarney, en Irlanda, desde hace más de un siglo, estaba reavivando la amistad con la princesa, cimentada una década antes durante unas vacaciones de esquí en los Alpes franceses, en el invierno de 1979.

Durante aquellas vacaciones, lady Diana Spencer, que conoció a Colthurst y a su grupo a través de un amigo común, se reunió con ellos una noche en una discoteca de lujo de la estación de Tignes Val Claret. Participó en una treta ideada por Colthurst para disfrutar del baile sin pagar las bebidas prohibitivas impuestas a la clientela por los camareros. Colthurst tropezó deliberadamente con una columna de la pista de baile, mordió una cápsula de sangre para aumentar el efecto dramático y, en medio del altercado, Diana y otra chica lo «ayudaron» a salir del local. El truco, un tanto juvenil, estaba en consonancia con el resto de aquella semana, que Diana calificó posteriormente como una de las mejores vacaciones de su vida.

Aunque a Diana le gustaban las bromas inocentes y un poco estúpidas, Colthurst protagonizó una no tan inocente, de la que fueron víctimas Diana y sus amigas, durante un fin de semana en la casa de campo de un amigo en Oxfordshire, cuando consumieron sin saberlo grandes cantidades de hachís que se había mezclado en el chile con carne. Diana tuvo un ataque de risa floja acompañado de hambre compulsiva, lo que la indujo a realizar asaltos nocturnos a la cocina para devorar barritas de chocolate y caramelos. Otras, en cambio, se pusieron muy enfermas, y Colthurst, que entonces era estudiante de medicina, tuvo que velar toda la noche a sus amigas, a pesar de que él también estaba afectado.

Sin embargo, en la mayor parte de las ocasiones, sus encuentros eran mucho más mundanos. Colthurst y sus amigos se convirtieron en visitantes asiduos del apartamento de Diana en Coleherne Court, durante su breve pero jovial etapa de soltera independizada. De cuando en cuando, Diana le preparaba una cena, bailaban juntos en Hurlingham Ball o le hacía alguna que otra visita en el piso de Pimlico, generalmente acompañada de su amiga Philippa Coker. «Era divertida y una buena compañía, nada más —recordó posteriormente Colthurst—. Nunca hubo amago alguno de aventura amorosa; ella no es mi tipo, ni yo el suyo.» De hecho, durante su noviazgo con el príncipe Carlos, en el otoño de 1980, James Colthurst se formó una idea de por dónde iban los tiros cuando llegó al apartamento de Diana para cenar. Tan ajetreada estaba arreglándose para su cita real que olvidó por completo a su invitado. Bajó corriendo a la tienda de la esquina, hizo una compra rápida y pidió a sus compañeras de piso que le preparasen algo de comer. Cuando Diana volvió del palacio de Buckingham a medianoche, tenía los ojos húmedos y su principal tema de conversación era el bienestar del príncipe Carlos. «Es terrible la forma en que lo presionan», comentó, refiriéndose a las obligaciones de Carlos y a las exigencias de sus empleados.

Cuando adquirió el título de princesa de Gales en 1981, se perdió por completo la confianza que la caracterizaba en su vida de soltera, y durante años se mantuvo a una distancia inevitable de su «Coleherne Court». Sin embargo, asistía a algunos encuentros ocasionales con James Colthurst, que por aquel entonces trabajaba en varios hospitales de Home Counties, y con otros amigos de siempre, como el antiguo alumno del colegio Eton

Adam Russell, que también era amigo de Colthurst, y su compañera de clase Carolyn Bartholomew, que posteriormente fue madrina del príncipe Guillermo. Con todo, Colthurst y ella no reanudaron el contacto asiduo hasta aquella visita formal de Diana al hospital de St. Thomas en 1986.

Comieron juntos muchas veces en restaurantes italianos o chinos de Fulham, la zona que frecuentaban en los viejos tiempos, y precisamente en aquellos encuentros, Colthurst se percató de que la princesa engullía la comida y luego iba al baño, un rasgo clásico del síntoma de «comilona y vomitona» que caracteriza la bulimia nerviosa. Al principio no le preocupó mucho aquella conducta, pues Diana ya tenía buen apetito en la adolescencia. Pero más adelante Carolyn Bartholomew le expresó su preocupación por los hábitos alimentarios de Diana, y comentaron la enfermedad y sus efectos funestos a largo plazo. A raíz de esta conversación, Carolyn Bartholomew decidió formular su famosa amenaza: si Diana no buscaba ayuda para corregir su trastorno alimentario, ella se lo contaría a los medios de comunicación.

Poco a poco, Colthurst comenzó a comprender la verdadera naturaleza de la vida que Diana intentaba aceptar. Su matrimonio había fracasado y su marido tenía una aventura con Camilla Parker Bowles, la mujer de su amigo Andrew, oficial del ejército; pero se suponía que Diana tenía que guardar las apariencias que exigía la familia real y vivir una vida falsa. En el palacio de Kensington se sentía controlada por los cortesanos que preferían verla callada, guapa e inactiva. Era una vida claustrofóbica, agravada por el hecho de que todos, desde la reina hasta el último miembro del servicio, eran cómplices, conscientes o inconscientes, de aquella situación dual. En Dianalandia las conspiraciones no eran teorías, sino una realidad cotidiana.

Todos percibían la tensión de este engaño. Cuando Dickie Arbiter comenzó a trabajar para los príncipes de Gales como oficial de prensa en julio de 1988, se vio inmerso en una situación «imposible», pues ante el mundo debía mantener la ilusión de la feliz familia real y al mismo tiempo hacía la vista gorda a las diferencias entre sus miembros. Después de un compromiso social en Londres, por ejemplo, los príncipes salían juntos, pero sólo hasta Friary Court, en el palacio de St. James, lugar donde uno de ellos se metía en un segundo coche. «Ella volvía al palacio de Kensington y él se marchaba a hacer... ejem... visitas nocturnas a museos y galerías de arte —recordaba Arbiter—. Más valía no preguntar dónde iba en realidad.» Cuando el príncipe Carlos se rompió el brazo jugando a polo en junio de 1990 y fue conducido al hospital Cirencester, sus empleados escuchaban atentamente las radios de la policía que informaban sobre el recorrido de la princesa de Gales hasta el hospital, para poder desalojar a la visita anterior —Camilla— antes de la llegada de Diana.

Otros miembros del servicio real se veían obligados, generalmente contra su voluntad, a mantener el engaño: el guardaespaldas que acompañaba al príncipe a Middlewick House, la casa de Camilla, a unos dieciocho kilómetros de Highgrove, la casa de campo de los príncipes; el mayordomo y el chef, que ordenaron preparar y servir una cena que sabían que el príncipe no comería, pues se había ido a ver a su amante; el ayuda de cámara, que cogió una pluma para marcar los programas en una guía de televisión, *Radio Times*, para dar la impresión de que Carlos se había pasado la tarde solo en casa delante del televisor. «Todos guardábamos sus secretos, y aquella tensión me ponía enfermo —declaró Ken Stronach, ex ayudante de cámara del príncipe, al *Daily Mail* en enero de 1995—. Todo lo que nos ordenaba hacer era mentira.»

Diana era, en efecto, el centro de una conspiración encaminada a engañarla a ella y al público; una conspiración que habría continuado indefinidamente, y en la que participaron algunas de las personas de confianza de la princesa, a las que quería y admiraba. Cuando preguntaba por Camilla a los amigos del príncipe, le decían que sus sospechas eran infundadas, que la señora Parker Bowles sólo era una vieja amiga. Cuando se agravaron sus preocupaciones, todos se decían que la princesa era paranoica, demasiado imaginativa u obsesivamente celosa. La reina madre descartaba sus recelos calificándolos de imaginaciones de «niña tonta», opinión repetida por otros miembros destacados de la familia real, al tiempo que lord Romsey y su mujer Penny, que habían perdido el tiempo intentando convencer al príncipe de que no propusiera a lady Diana Spencer cuando les pidió consejo durante una visita a su casa en Broadlands, se referían a ella con el apodo de «esa loca». Así la llamaban también los miembros del séquito del príncipe Carlos, que la tildaron de paranoica hasta el final de sus días, o incluso después.

Diana estaba convencida de que aquellos infundios sobre su

supuesta locura eran la antesala de su ingreso forzoso en un hospital psiquiátrico, lo cual hacía su situación insostenible. «Es como si quisieran encerrarme», comentó Diana a Colthurst. De hecho, durante la etapa de bulimia y depresión que sufrió en Balmoral, poco después de integrarse en la familia real, la primera respuesta fue llamar a psiquiatras. La princesa sabía también que, según las leyes británicas, la reina tenía la tutela legal de los herederos inmediatos al trono, en lugar de la madre de los chicos. Si la «encerraban» o decidía huir, perdería a sus hijos.

Lamentablemente, las sospechas de Diana, lejos de ser desvaríos de una loca, daban en el clavo. La dolorosa constatación del engaño del que había sido víctima, no sólo por parte del príncipe Carlos, sino de muchos miembros del sistema real, le infundió una total desconfianza en la clase dirigente y en su funcionamiento, recelos que determinarían su conducta durante el resto de su vida.

A finales de los años ochenta, la princesa comprendió que si no tomaba medidas drásticas, tendría que afrontar una condena perpetua de infelicidad y falsedades. La primera idea que se le pasó por la cabeza fue hacer las maletas y huir a Australia con sus dos hijos. Eran reminiscencias de la conducta de su propia madre, que tras su enconado divorcio del difunto conde de Spencer, y un posterior matrimonio seguido de divorcio, ahora vive en una reclusión virtual en una finca remota de la lóbrega isla de Seil, en el noroeste de Escocia, a un abismo de distancia de su vida anterior en el núcleo aristocrático de Norfolk.

Cada vez eran más los allegados a la familia real que conocían el círculo de engaño, mientras que sólo un puñado de amigos era consciente de la progresiva desesperación de Diana. En algún momento de 1990, James Colthurst tomó conciencia de la gravedad de la situación cuando ella le comentó muy en serio su intención de aparecer en medio de Kensington High Street y contar a gritos su vida de sufrimiento al mundo entero. «Si tus enemigos piensan que estás loca —le recordó Colthurst secamente—, esa medida difícilmente reforzará tu posición.»

Aunque aquel comentario evitó una imprudencia puntual, Colthurst y otras personas se percataron de la gravedad de la situación. «En aquella etapa, Diana quería proclamar a gritos desde los tejados su agravio. Quería acabar con la casa real

—recordaba Colthurst—. Las consecuencias eran impensables. Su indignación por el engaño ideado por su marido y toda la organización había alcanzado un punto que la llevaba a perder el control, a veces en ataques de llanto y otras en períodos depresivos. Si daba largos paseos en coche sola o se practicaba irrigación del colon, era para calmar la ira que sentía.»

Las cosas empeoraron a causa de la inestabilidad matrimonial de su amiga, la duquesa de York, que mantenía relaciones con un playboy tejano, Steve Wyatt. Por aquella misma época, Diana engañaba también a su marido con un militar, James Hewitt, al que hacía pasar por un amigo que daba clases de equitación a sus hijos. Cuando analizaba su propia infidelidad, la racionalizaba como una reacción ante el engaño prolongado de su marido con Camilla Parker Bowles.

Al ver el péndulo emocional de su amiga, Colthurst reflexionó sobre la crisis. Comprendió que si la princesa adquiriese cierta fuerza moral, podría controlar al menos una pequeña parte de su vida dentro del sistema real, y después tendría oportunidad de tomar decisiones más sopesadas sobre el futuro.

Para una persona tan frágil en el plano emocional como Diana, las cosas pequeñas podían significar mucho; por ejemplo, un corte de pelo podía cambiar su actitud ante la vida. Un nuevo estilista, Sam McKnight, amigo del fotógrafo favorito de la princesa, el francés Patrick Demarchelier, la impresionó porque, en palabras de Diana, «consiguió un efecto muy distinto», con un corte de pelo que le dio mayor autoestima y confianza en sí misma. Pero al margen de estas pequeñas mejoras en su estado de ánimo, la cuestión más importante seguía sin resolverse: ¿cómo podía ofrecer al público información sobre su vida sin desenredar la maraña emocional y física que oprimía su existencia y su matrimonio? Era un verdadero aprieto. Si hacía las maletas y se marchaba, cosa que le hubiera gustado, la gente, que todavía creía en el mito del matrimonio de cuento de hadas, habría considerado irracional, histérica y profundamente inmadura aquella reacción. Es más, se habría arriesgado a perder a sus hijos, al igual que le ocurrió a su madre un cuarto de siglo antes.

«Barajamos varias opciones —recordaba el doctor Colthurst—. Evidentemente, era un asunto que había comentado con otras personas y que tenía siempre en mente. La solución más sencilla para Diana era enfrentarse a su marido. Pero ya lo había intentado. Por aquel entonces, la relación del príncipe

Carlos con Camilla Parker Bowles era flagrante, y aunque Diana se había puesto furiosa con su marido y le había dicho de todo, él la ignoraba. La princesa se sentía impotente. Habló con la reina, que la compadecía, sabía lo que pasaba, pero no tenía nada que ofrecerle.

»La segunda posibilidad consistía en callar y pedir ayuda psiquiátrica. También lo había probado. El problema era que sabía que no estaba enferma; el conflicto no estaba en su mente, sino en sus circunstancias vitales. Ningún consejo psiquiátrico podía romper el círculo de engaño. Una de las cantinelas que se repetía constantemente era: "Ya basta. No puedo más."»

La tercera opción era revelar en público el verdadero calvario en que vivía. Pero ¿cómo podía dar a conocer la historia? Sopesó varias alternativas, desde escribir una serie de artículos de prensa hasta colaborar en un libro sobre su vida u ofrecer una entrevista de televisión. «Quería expresar su punto de vista de un modo controlado, comprensible para el público, de forma que la valorasen como ser humano y no como apéndice del sistema real —explicó James Colthurst—. La dificultad estaba en encontrar el medio para difundir el mensaje.»

Durante la década anterior, Diana había visto cómo la prensa había falseado su vida con fines sensacionalistas, y consideraba que, si bien una serie de artículos tendría una fuerte repercusión, el efecto sería breve y escaparía a su control. Tampoco se fiaba de la radio o la televisión debido a la estrecha relación, casi incestuosa, de casi todos los medios con el palacio de Buckingham. Le preocupaba en especial el caso de la BBC, dado que la mujer del entonces presidente del Consejo de Dirección, Marmaduke Hussey, era lady Susan Hussey, ex dama de honor de la reina. El miedo a la censura y a la exposición en público prevalecía en su mente. Diana no era tampoco muy amiga de los medios editoriales, pues la cosecha de aquel año de libros reales, de autores como Penny Junor y Anne Morrow, ofrecía, a juicio de la princesa, una imagen completamente falsa de su vida.

Por otra parte, la princesa sabía que yo estaba escribiendo ya una extensa biografía de ella, y le gustaba bastante mi libro anterior, *Diana's diary: an intimate portrait of the Princess of Wales* (1990), sobre todo porque había incomodado al príncipe Carlos con la detallada descripción de los interiores de Highgrove, lo cual provocó que su secretario privado, que entonces era Richard Aylard, iniciase una investigación para descubrir mi fuente. También la divirtió, según comentó a Colthurst, el día en que enojé a la reina en una finca de Sandringham. En el invierno de 1986 acompañé a un nuevo fotógrafo real por la finca de veinte mil acres de la soberana en Norfolk. Un miembro del séquito de la reina me sugirió, no sin malicia, que condujese por una pista marcada con la señal de «Privado», donde «veríamos algo de interés» para nosotros. En cuanto llegamos a la finca, como en una escena del Oeste americano, aparecieron a caballo por el horizonte la reina, el príncipe Eduardo y la duquesa de York, que galoparon deliberadamente hacia nosotros. Furiosa por aquella interrupción del paseo matinal en su propiedad, la reina se inclinó sobre su montura y dijo: «Espero que se sienta orgulloso, señor Morton». Al final nos marchamos de allí, no sin ser reprendidos por el enfrentamiento con la jefa de Estado. Parece que la reina expresó su desaprobación en un encuentro familiar poco tiempo después, porque la princesa había tenido noticias de aquel enfrentamiento y se había divertido mucho. Me consideraba una especie de rebelde ajeno al sistema, circunstancia que, aunque por aquel entonces no lo sabía, me favoreció cuando la princesa decidió relatar su historia.

Coincidí con Diana en numerosos cócteles en los que la pareja real charlaba con los medios al comienzo de sus giras internacionales, pero la conversación era frívola e intrascendente, a menudo sobre el tono chillón de mis corbatas. En lo que a mí respecta, nada presagiaba la relación de trabajo que mantuvimos después. Sin embargo, en marzo de 1991, Diana comunicó a Colthurst el inminente despido del secretario privado del príncipe Carlos, sir Christopher Airy, a sabiendas de que James me transmitiría la información. Según pude saber, le asustaba que el artículo resultante, que se publicó con mi firma en el *Sunday Times*, reflejase de forma precisa la situación interna de la familia real, según la versión de la princesa. Ahora pienso que estaba poniéndome a prueba. Como comprendí posteriormente, aquello le daba una emocionante sensación de control, en una vida férreamente dominada desde fuera. Estaba tan acostumbrada a que Carlos y su equipo tuviesen la última palabra, que en la guerra tácita de los príncipes de Gales le resultaba muy satisfactorio tomar iniciativas.

Aquella sensación no duró mucho. En mayo de 1991, el periodista de prensa rosa Nigel Dempster publicó un artículo en el que retrataba a Diana como un ser petulante e ingrato, por haber rechazado el ofrecimiento de su marido de celebrar su trigésimo cumpleaños en Highgrove. Ella tenía sus motivos. Aparte de la repulsión que le producía Highgrove, que era el territorio de la amante de Carlos, Camilla Parker Bowles, y el entorno de los amigos más aduladores de Carlos, le parecía que una fiesta en su honor era una farsa, una tapadera para que el príncipe y su amante pudieran verse en público, al mismo tiempo que se transmitía al público una idea muy distinta. Cuando escribí un artículo para el *Sunday Times* sobre «La guerra de los príncipes de Gales», unos días después del de Dempster, también a partir de una información de Diana transmitida a través de James Colthurst, parecía afianzarse en su mente la idea de que podía controlar su imagen. «Durante cierto tiempo había estado dando vueltas a la idea de salir en público, y el asunto de la fiesta de cumpleaños la ayudó a decidirse —observó posteriormente Colthurst—. Comprendió que de algún modo debía transmitir su mensaje.»

Diana sabía que, si no se daba a conocer toda la historia de su vida, la gente no comprendería los motivos de sus decisiones. Fue entonces cuando pidió a James Colthurst que tantease si yo estaría dispuesto a entrevistarla para un libro. Antes de comentarlo conmigo, Colthurst le preguntó si realmente quería intentarlo de nuevo con el príncipe Carlos. «Ella respondió clara y rotundamente que sí —recordaba Colthurst—. Aquella respuesta condicionaba el planteamiento del libro.» Es decir, la prioridad del libro era el bienestar futuro de Diana.

En consonancia con el carácter clandestino de toda la operación, James y yo nos reunimos para comentar las ideas de Diana en un entorno no muy apropiado, un bar de obreros de Ruislip, en el noroeste de Londres, cerca del lugar donde Colthurst asistía a un curso por aquel entonces. Lo que oí allí cambió mi vida para siempre. Con el chisporroteo de fondo de los huevos fritos con beicon, Colthurst me desveló una historia extraordinaria sobre la desesperación de Diana, su infelicidad, su trastorno alimentario —la bulimia nerviosa— y la relación de su marido con una mujer de la que casi nadie había oído hablar, Camilla Parker Bowles. También aludió con cautela a sus tenues intentos de suicidio. Todo aquello era desconcertante, alarmante, abrumador. Durante los últimos diez años, los periodistas especializados en la familia real, entre los que me contaba, habíamos seguido día tras día a la pareja por todo el mundo y jamás nos habíamos olido la historia que sucedía delante de nuestras narices. Desde hacía un par de años se percibían signos de que no todo iba bien en el matrimonio de los príncipes de Gales, pero nunca me imaginé que la cosa fuera tan grave. Salí temblando del café. Me habían entregado la llave que abría un universo paralelo, un mundo donde nada era lo que parecía y todo era engaño.

Cuando llegué al metro para regresar a casa, profundamente afectado por las revelaciones de aquel día, me di la vuelta para comprobar si alguien me observaba o me seguía. Tal era la sensación de desconfianza que se apoderó de mí hasta el día de hoy.

## 2

## UN AÑO DE RIESGOS CONSTANTES

No tardé mucho en bajar de nuevo a la tierra. Mi editor, el norteamericano Michael O'Mara, se mostró muy escéptico cuando le comenté mi conversación con James Colthurst. Con el drama televisivo sobre los falsos diarios de Hitler, que por aquel entonces llenaba los informativos, no era extraño que O'Mara abrigase la sospecha de que algún embaucador me estaba tendiendo una trampa, pero acordó que nos reuniésemos James, él y yo en su despacho en el sur de Londres. La reunión fue tensa; James no confiaba del todo en mí, no conocía a Mike y sentía que se adentraba en un terreno que no controlaba. Instintivamente quería proteger a su amiga, al tiempo que O'Mara necesitaba poner a prueba su integridad. «Si es tan infeliz, ¿por qué sonríe siempre en las fotografías?», inquirió, señalando la pequeña biblioteca de libros de fotografías reales que había publicado a lo largo de los años.

Durante la reunión, Colthurst se ganó la simpatía de O'Mara. «Estaba claro que no era un estafador, porque no pidió dinero», razonó. Pero también lo puso a prueba: era preciso grabar una cinta con las «memorias» de Diana antes de que los conspiradores diletantes se reuniesen por segunda vez.

Aunque yo era partidario de entrevistar personalmente a la princesa, se descartó tal posibilidad. Con mi metro noventa y por ser un escritor conocido para la casa real, difícilmente pasaría inadvertido. En cuanto se supiera que mantenía conversaciones con la princesa, se daría la señal de alarma y le prohibirían expresar su opinión. James, viejo amigo de Diana, se encontraba en una posición perfecta para emprender esta misión delicada y, como se demostró más tarde, histórica.

Pertrechado con una vieja grabadora y una lista de preguntas que yo le había preparado, Colthurst se dirigió en bicicleta al palacio de Kensington. Corría el mes de mayo de 1991 cuando inició la primera serie de entrevistas, que continuaron durante el verano y el otoño y que cambiarían para siempre la imagen mundial de la familia real británica.

«Lo recuerdo muy nítidamente —rememoraba el doctor Colthurst—. Estábamos sentados en la sala de estar de Diana en el palacio de Kensington. Iba vestida de sport, con vaqueros y una camisa azul. Antes de empezar, descolgó el teléfono, como hacía siempre que le preguntaba algo, y cerró la puerta. Cada vez que nos interrumpía alguien que llamaba a la puerta, Diana se quitaba el micrófono y lo escondía en los almohadones del sofá.

»Durante los primeros veinte minutos de aquella primera entrevista, ella estaba muy contenta y risueña, sobre todo cuando hablaba de sus anécdotas escolares —continuó Colthurst—. Cuando pasó a los asuntos más espinosos, los intentos de suicidio, Camilla y la bulimia, mostró signos inequívocos de liberación, de alivio. Pero me pareció que ya había contado antes aquellas cosas a otras personas, porque se notaba que sus respuestas, aunque eran auténticas, estaban bien ensayadas. Era evidente que se había desahogado a menudo contando sus preocupaciones.»

Mientras hablaba, se intensificaba su sentimiento de injusticia por el modo en que la trataron Camilla, el príncipe Carlos y la familia real. Manifestó que los sacrificios que había hecho eran reflejo del dolor y la ira. A pesar de su tenso estado emocional, lo que contaba resultaba muy creíble; muchas piezas del puzle de su vida empezaban a encajar. Un profundo e intenso sentimiento de abandono y rechazo la acompañaba desde los seis años de edad, cuando su madre, Frances Shand Kydd, abandonó a su padre.

Era deprimente el paisaje emocional que describía Diana al comentar su infeliz infancia: su sentimiento de culpa por no haber nacido varón para continuar el linaje familiar, las lágrimas de su madre, los silencios solitarios del padre y los sollozos nocturnos de su hermano pequeño, Charles. La princesa se reservaba todavía otras revelaciones del mismo tenor mientras Colthurst repasaba la lista de preguntas que yo le había preparado. Muchas preguntas resultaron redundantes porque en cuanto Diana empezó a hablar, le bastaba una palabra para desarrollar todo un aspecto de su vida, como su etapa escolar.

«Cuando salí de aquella larga entrevista me percaté de que tenía en mis manos una gran misión —dijo Colthurst—. Me pareció que Diana necesitaba protegerse de sí misma, de modo que en los primeros meses había varios asuntos en los que procuraba no detenerme demasiado, como los intentos de suicidio. Al mismo tiempo, era evidente que la situación debía resolverse, pues si no, acabaría con su vida. No era una persona mentalmente inestable, pero el peso de las circunstancias tenía todo el potencial necesario para provocar estabilidad. Y el potencial suicida siempre estaba presente.»

Al principio de la primera conversación, Colthurst le dijo: «Avísame si hay algún tema que no quieres que toque». Su respuesta fue: «No, no, no. Está bien». «Aunque nos conocíamos desde su adolescencia, me sorprendió mucho la soltura con que hablaba de sus intentos de suicidio —comentó Colthurst—. También se mostraba muy abierta cuando hablaba sobre Camilla, su familia y la familia real, asuntos en los que su ira resultaba más que palpable.»

En la segunda reunión con Michael O'Mara, James trajo su maltrecha grabadora. Al reproducirla se disiparon todas las preocupaciones de O'Mara sobre su autenticidad, desplazadas por una nueva inquietud: «¿Cómo demonios vamos a probar todo esto?», preguntó.

Era evidente que necesitábamos pruebas para corroborar las declaraciones de la princesa. Es más, dado que no podíamos citarla directamente, necesitábamos encontrar amigos íntimos dispuestos a respaldar la historia de Diana con sus propias palabras.

Durante las primeras semanas de este proyecto era la propia princesa quien fijaba el ritmo de trabajo. Mis notas del 2 de julio de 1991 por la tarde, el día siguiente a su trigésimo cumpleaños (que al final pasó sola en el palacio de Kensington), dan idea de su impaciencia. A las 5.10 de la tarde, mientras conversábamos tranquilamente Colthurst y yo, sonó su busca. Era Diana. «Considera que el libro es muy urgente —anoté en mi cuaderno—. Pensaba que se podía escribir en unas semanas. Va a casa del conde de Spencer para recoger álbumes de fotos. Si Camilla Parker Bowles filtró la historia del baile a Dempster, es porque lleva la voz cantante. Indignada por el modo en que ha ido el asunto.»

Por si necesitaba pruebas de lo peliagudo que podía resultar este proyecto, recibí una al cabo de unos días, cuando escribí otro artículo para el *Sunday Times*, titulado «Tregua», donde detallaba los ardides subrepticios de personajes tan peculiares como el ex disk-jockey sir Jimmy Savile para poner fin a la guerra entre Carlos y Diana. Aunque la historia era certera, mi intención a largo plazo consistía en despistar a los periodistas, insinuando que todo se había calmado ya en casa de los príncipes de Gales, además de reafirmar mi credibilidad como escritor bien informado —con la esperanza de que el libro fuera también verosímil—, estrategia que se desmoronó en cuanto el libro vio la luz. En el artículo del *Sunday Times* señalaba que el día del cumpleaños de Diana su sala de estar estaba decorada con globos inflados con helio. Éste es un punto sobre el que el secretario privado de la reina, sir Robert Fellowes, interrogó a Diana cuando los cortesanos analizaron el artículo en busca de pistas sobre mi fuente intachable. Unos días después, el veterano fotógrafo real del *Sun*, Arthur Edwards, me llamó para prevenirme. «Los has puesto nerviosos —me dijo—. Por tus muertos, joder, ten cuidado. Te siguen la pista porque vas por buen camino. Están registrándolo todo en silencio.» Su consejo de cautela lo reiteró el reportero real del *Daily Mail*, Richard Kay, pues el corresponsal de sucesos del mismo medio le había comunicado que la policía había dado orden de encontrar a mi topo. Unos meses después entraron en mi destartalado despacho, situado encima de un restaurante hindú en el centro de Londres, y me robaron una cámara, además de desvalijarme los archivadores.

Ante la necesidad de cautela extrema, en medio de las presiones de Diana por avanzar en el proyecto, era evidente que la labor de James iba a resultar mucho más compleja de lo esperado. Al principio pensaba que podría retirarse después de grabar unas cuantas cintas, pero acabó visitando el palacio de Kensington periódicamente con listas de preguntas que yo elaboraba con meticulosidad para ir cubriendo las lagunas de sus declaraciones. Durante el año siguiente hizo de intermediario, pues los tres —Mike O'Mara, James y yo— nos convertimos en la corte de Diana en la sombra. No sólo nos dedicábamos a escribir, investigar y producir lo que a todos los efectos era una biografía «oficial oficiosa», sino que, además, aconsejábamos a la princesa en su vida cotidiana. Todo dependía de nosotros, desde la resolución de los problemas con el personal de palacio hasta el trato con los medios o la redacción de los discursos, pues Diana nos utilizaba para criticar a su pequeño equipo de asesores de la casa real. Era emocionante, hilarante y divertido este triunvirato variopinto que intentaba perfilar la vida e imagen de la joven más famosa del mundo.

En una de las primeras reuniones «editoriales» se nos ocurrió que Diana se sentiría mucho más cómoda si no se hiciese constar su participación en el proyecto, lo cual le daba la oportunidad de negar su colaboración. La princesa fue, de hecho, la última de los cuatro en darse cuenta de la importancia de su derecho a desmentir la historia: casi como una idea de última hora, el 4 de enero de 1992, cuando el libro ya estaba muy avanzado, Diana solicitó a James que no se hiciera pública su participación. «Ella sabía desde el principio que la empresa conllevaba ciertos riesgos —dijo Colthurst—. Pero al reservarse la posibilidad de desmentir los hechos, la idea la entusiasmó mucho más.»

Esta estrategia nos planteó un problema adicional: era absolutamente necesario verificar todas las afirmaciones de la princesa a través de otras fuentes. El torrente emocional de su primera entrevista planteó muchos asuntos delicados, por no decir difamatorios, principalmente sobre Camilla Parker Bowles. Ésa era mi labor para el año siguiente: entrevistar a los amigos, conocidos y empleados de Diana con el fin de recabar datos que corroborasen las tesis originarias. Parte de su círculo más íntimo, como Carolyn Bartholomew y James Gilbey, estaban al corriente de la participación de Diana aunque desconocían su grado de implicación en el proyecto. Por ejemplo, cuando entrevisté a Carolyn me dijo que Diana estaba «perdidamente enamorada» del príncipe Carlos antes de casarse. Para asegurarse, llamó a Diana para comprobar si sus declaraciones coincidían con la realidad. «Lo que dije es correcto, ¿no?», preguntó Carolyn a la princesa. «Sí, desde luego. Estaba completamente enamorada», recalcó Diana. Si bien Carolyn estaba casi integrada en nuestro grupo, otros miembros del círculo de Diana permanecían prácticamente ajenos a lo que ocurría, de modo que la princesa había de tener cuidado con lo que decía cuando la llamaban para preguntarle si debían hablar conmigo. A muchos les respondía con evasivas, pero a algunos les decía rotundamente que no: «No te metas ahí [en la entrevista propuesta] ni aunque te paguen», aconsejó a su masajista, Stephen Twigg. (Por suerte, él ignoró aquella recomendación.) Cuando entrevisté a James Gibey en su apartamento de Knightsbridge en noviembre de 1991, declaró estar informado sobre los objetivos de Diana con aquel libro: «Quiere expresar alto y claro su punto de vista. No quiere andarse con rodeos. Quiere que la gente conozca el dolor que ha tenido que soportar, el abandono que ha sufrido».

Después de la primera sesión con James Colthurst, Diana sabía que había cruzado un Rubicón personal. Había tirado el mapa y ahora emprendía un viaje con una vaga idea del itinerario y sin un destino claro. Pero estaba decidida a continuar, y en el transcurso de los meses se implicó cada vez más, hasta el punto de que era ella la que sugería los temas que quería situar en el contexto adecuado, como sucedía en el caso de la bulimia. Mientras me ocupaba de los amigos de la princesa, James continuaba con las entrevistas: «Solíamos charlar por la mañana, luego comíamos y a veces teníamos otra sesión por la tarde. Pero luego se cansaba. Había muchas interrupciones, sobre todo cuando Paul Burrell [por aquel entonces, vicemayordomo de Diana] u otros empleados andaban por allí. Era evidente que Diana no confiaba en ellos, así que pasábamos a un tema de conversación general cuando entraban en la habitación».

(Conviene señalar que, después de la publicación de sus memorias en el año 2003, Burrell comunicó al presentador de un *talk-show* americano, Larry King, que en 1991 él y Diana mantenían conversaciones secretas para el libro *Diana: su verdadera historia.* Con toda la seriedad del mundo, declaró ante millones de telespectadores estadounidenses: «Yo lo sabía. Estaba allí y sabía lo que ocurría. Ayudé a que la princesa tuviera voz. Y aquélla fue la única vez que tuvo oportunidad de decir lo que sentía o pensaba. [El libro] no me sorprendió, porque yo estaba informado de toda la situación». La verdad es muy diferente. Lejos de ser amigo íntimo de la princesa, Diana por aquella época no confiaba en él en absoluto, porque al ser un mayordomo que trabajaba principalmente en Highgrove con el príncipe Carlos, estaba en el «campo» enemigo. De hecho, si Burrell se encontraba en el palacio de Kensington cuando se grababan las cintas de Diana para mi libro, ella insistía en poner la música alta por si a Burrell se le ocurría escuchar por el ojo de la cerradura.)

Por aquel entonces lo que sorprendía a Colthurst era el ambiente opresivo que envolvía la casa de Diana en el palacio de Kensington. En un mundo donde cada cual quería un trocito de la princesa, ésta debía proteger su espacio personal con la tenacidad de un perro guardián, ocultando todo lo relativo a su vida más íntima, como sus cartas astrológicas o un libro sobre trastornos alimentarios. Su primer instinto, demostrado por el hecho de que tenía una destructora de papel en su despacho, era no confiar en nadie: ni en los empleados, ni en los cortesanos, ni en la familia real, desde luego.

En un entorno como aquél, donde vigilaban, controlaban y comentaban, aunque parezca mentira, hasta la respiración de Diana, todos y cada uno de sus pasos, era probable que le abriesen el correo y le pinchasen el teléfono. No cabe duda de que la princesa se sintió aliviada cuando decidimos comprar teléfonos codificados para detectar a potenciales espías.

A Diana la preocupaba también el desplazamiento de Colthurst en bicicleta por las calles londinenses, no sólo por su seguridad, sino sobre todo cuando llevaba las cintas de la entrevista o las fotografías de la familia Spencer, que nos pasó en noviembre de 1991. Su inquietud cobró sentido un día de verano de 1991, cuando James fue derribado de la bicicleta por un coche después de una de las sesiones en el palacio de Kensington.

En este ambiente de desconfianza y suspicacia, el mero hecho de que Diana se dispusiera a conceder a un viejo amigo entrevistas sinceras y, en aquel momento, profundamente impactantes, para un escritor al que apenas conocía, demuestra el grado de desesperación al que llegó la princesa.

Para Colthurst, el papel que había asumido, no sin ciertas reticencias, de intermediario entre la princesa y su biógrafo conllevaba responsabilidades y preocupaciones mucho mayores de las que esperaba inicialmente. «En aquella etapa, por lo que a mí respecta —declaró Colthurst— estaba ayudando a una amiga en una fase de su vida muy difícil. Me incomodaba bastante aquel papel y nunca imaginé que ayudarla llegase a ser mi trabajo a tiempo completo durante los siguientes años. Lo concebía como algo puntual; pensaba que en cuanto ella hubiera contado su historia tendría libertad para tomar sus propias decisiones. Pero no fue así.»

Diana, en aquel frágil estado emocional, recurría reiteradamente a su amigo y entrevistador para que le diera ánimos y consejos, de modo que James asumió las responsabilidades añadidas de consejero, asesor y autor ocasional de los discursos, eclipsando y desplazando a los oficiales remunerados de la princesa, sobre todo a su secretario privado, Patrick Jephson, designado en noviembre de 1991, tras desempeñar una función similar en calidad de asistente de Diana. Entretanto, yo me centraba en la biografía de la princesa, lo cual significa que Colthurst y yo teníamos programas distintos y, en ocasiones, divergentes. Siempre que se planteaba un conflicto, en la mente de Colthurst, entre las necesidades de Diana y el libro, ella siempre tenía prioridad, como es natural. «Si bien el libro era un medio para que Diana obtuviese el reconocimiento individual que merecía —comentó Colthurst—, mi principal preocupación era qué iba a hacer con su vida y cómo pensaba gestionarla.» En muchos aspectos, su aportación más significativa a la vida de Diana no fue la mera intermediación en el desarrollo de un libro, sino la ayuda que le brindó durante el lento y doloroso proceso en que la princesa definía una nueva vida y erradicaba los pensamientos y emociones negativos, así como los ánimos encaminados a que se centrase en un futuro positivo y productivo. Diana debía continuar sus sesiones con la terapeuta Susie Orbach y con la astróloga Debbie Frank, además de mantener el contacto con un vasto grupo de figuras paternas y maternas suplentes, entre las que se contaban el productor de cine David Puttnam y lady Annabel Goldsmith.

La princesa confiaba a Colthurst muchos de sus secretos más íntimos y lo utilizaba como caja de resonancia de sus problemas y preocupaciones. Lo llamaba por teléfono constantemente. Aquellas llamadas, unas ocho diarias aproximadamente, o más en caso de crisis, eran cada vez más intensas y seguían un ritmo propio. Las conversaciones matinales eran breves y trataban sobre los contenidos de los periódicos, sobre cómo contrarrestar la publicidad negativa. Tras recitarle sus compromisos de la jornada, le pedía consejo sobre cómo manejarse en multitud de situaciones sociales. En una ocasión, por ejemplo, le preguntó qué tácticas conversacionales podía utilizar durante un almuerzo con el presidente francés, François Mitterrand. Otro día, Diana, que hasta el final de su vida se sintió intimidada por los intelectuales, llamó muy nerviosa para preguntar cómo podía interesar al formidable ex secretario de Estado norteamericano Henry Kissinger. Colthurst le aconsejó que fuera ella misma y que le preguntase cuáles eran las cosas que le fascinaban; y al parecer dio en el clavo, pues con el tiempo Kissinger llegó a ser un gran admirador de la princesa, a la que concedió un galardón humanitario en Nueva York en 1995.

Las llamadas vespertinas servían para plantear cuestiones sobre los deberes oficiales de la princesa; y al final de la tarde llamaba para comentar su vida y su situación emocional. Invariablemente aludía a su marido, su matrimonio y su futuro; en una ocasión, mientras estaba en Balmoral, consultó a Colthurst un problema peliagudo de protocolo. Parece que a la reina le dio por cantar himnos *a cappella* después de la cena. La princesa no sabía si debía sumarse a los cánticos, aplaudir o permanecer en silencio. Por una vez, Colthurst no supo qué contestar.

La utilidad de Colthurst fue mayor cuando Diana le llamó desde Sandringham el día de Navidad de 1991. En el ambiente opresivo y acusatorio de aquella infeliz reunión familiar —la última antes de que la princesa y la duquesa de York se separasen de sus respectivos maridos—, Diana buscaba ansiosamente una excusa para marcharse, sobre todo tras un áspero encontronazo con la princesa Ana, que comentó: «A Carlos le cuesta mucho aguantar a una mujer como tú». Cuando Colthurst le sugirió que visitase a los sin techo londinenses, Diana aprovechó la idea, organizó todas las citas y los preparativos necesarios para que la excusa fuese creíble, y se marchó.

La última llamada del día, después de todo el torrente de peticiones de consejo y apoyo, era lo que Colthurst denominaba la «llamada aburrida», en la que charlaba hasta noventa minutos sobre nada en particular, justo antes de acostarse. Colthurst, que por aquel entonces trabajaba a tiempo completo en el desarrollo de un dispositivo médico para British Oxygen y organizaba los preparativos de su boda, tuvo que hacer malabarismos para conciliar su carrera profesional con esta vida oculta de secretario privado de facto. En aquella época, cuando los teléfonos móviles eran del tamaño de un ladrillo, recibía numerosos avisos urgentes en el busca, y a menudo tenía que salir de las reuniones y localizar un teléfono público tranquilo para responder. En junio de 1991, por ejemplo, Diana le llamaba constantemente, muy preocupada, porque el príncipe Guillermo había sufrido una fractura con hundimiento del cráneo, como consecuencia de un accidente mientras jugaba al golf en el colegio.

Con el tiempo, Diana llegó a apoyarse en James Colthurst para consultarle todo tipo de problemas delicados o espinosos. Cuando decidió sustituir a su peluquero habitual, Richard Dalton, le aterraba herir sus sentimientos o provocar que vendiera la historia a los medios de comunicación; por ello recurrió a James, quien le sugirió que escribiera una carta en la que explicase respetuosamente su decisión, y que le hiciera un regalo en señal de aprecio por sus años de servicio. El consejo surtió efecto; aunque era poco más que una idea masculina sensata, para alguien tan vulnerable e inestable era una tabla de salvación.

Una prueba mayor de la ingenuidad de Colthurst llegó cuando Diana se vio inmersa en un conflicto bastante bochornoso con el ayuda de cámara del príncipe Carlos, Michael Fawcett. Diana no le profesaba ninguna simpatía, y en septiembre de 2001, cuando Fawcett contrajo matrimonio con Debbie Burke, criada que acabó trabajando para el príncipe Felipe, duque de Edimburgo, la princesa decidió, en un gesto bastante infantil, no regalar nada a la pareja. Fawcett interpretó el desaire como deliberado y expresó sus quejas a diestro y siniestro de forma tan escandalosa que, en un determinado momento, el detective de Diana, Ken Wharfe, le dijo sin ambages que se controlase. Pero era demasiado tarde. La princesa comprendió que la mayoría de la gente iba a concluir que ella, Diana, pese a su reputación de dama generosa, había sido mezquina en este caso. Trató el asunto con Colthurst, que le ofreció la sugerencia diplomática de regalar a Fawcett y a su mujer un álbum de fotografías grabado e inventar alguna disculpa para justificar el retraso; por ejemplo, que había confundido una letra al grabar el nombre de la mujer. Luego, Colthurst acudió a una tienda de Bond Street y compró un álbum que había grabado oportunamente. Cuando Diana se lo entregó al ayuda de cámara de Carlos —en un acto de sociedad—, éste se quedó perplejo y mostró cierto desconcierto, reacción que dio a Diana, por una vez, la satisfacción de una pequeña victoria moral.

A pesar de que la princesa dependía de Colthurst en muchos aspectos, no le contaba todo. Cuando se irritaba por la infidelidad de su marido, ocultaba la relación, larga pero esporádica, que había mantenido ella con el capitán James Hewitt desde 1986 hasta 1990; y sus escarceos con James Gilbey, que se hicieron públicos cuando se descubrió que era suya la voz masculina de las célebres cintas de «Squidgygate», conversaciones telefónicas grabadas ilícitamente en Nochevieja y Año Nuevo de 1989-1990. En sus sesiones con Colthurst, Diana aseguraba que Hewitt era amigo y nada más, y siempre hablaba de él en términos poco halagüeños. A Colthurst no le convencían del todo aquellas afirmaciones, pero Diana nunca le hablaba abiertamente de su relación con Hewitt, al igual que evitaba comentar su amistad con James Gilbey. Así fue, claro está, hasta que necesitó la ayuda de Colthurst.

Los primeros indicios de su relación con James Hewitt, mencionada en un periódico dominical en marzo de 1991, se observaron durante la guerra del Golfo de 1991, cuando el capitán, gallardo pero indiscreto, utilizó un teléfono por satélite de un reportero para llamar desde el golfo a la princesa, que se encontraba en el palacio de Kensington. Diana se alarmó tanto ante la posibilidad de que Hewitt tuviera que enfrentarse al asedio de la prensa del corazón al volver de la guerra, que pidió a Colthurst que redactase unas declaraciones de prensa para Hewitt. «Diana estaba preocupada porque no podía confiar en la capacidad de su amante para hilvanar las frases oportunas de sopetón —dijo Colthurst—. Incomprensiblemente, nunca hizo explícita la verdadera naturaleza de su relación con él.»

Hewitt rechazó rotundamente nuestra propuesta de entrevistarlo para el libro. Como Diana insistía en hacer pasar la relación por mera amistad, no había mucho más que hacer con aquella historia. Tampoco teníamos dato alguno sobre su encaprichamiento con el marchante de arte Oliver Hoare, que fue objeto de su amor y devoción a comienzos de 1992. Una de las cualidades persistentes, y para muchos enigmáticas, de Diana era que nunca revelaba absolutamente todo a ningún individuo, por muy cerca que estuviera de ella, ni siquiera a la familia, a viejos amigos como Colthurst, ni a los adivinos que le echaban las cartas.

Mucho menos dramático que su función de confidente de la princesa (confidente parcial, al menos), pero a largo plazo más eficaz, era su cargo de redactor oficioso de sus discursos. Ella se quejaba de que los textos preparados por la casa real o por sus funcionarios de beneficencia eran «densos, formales y aburridos». Quería que James inyectase un «elemento Diana» en el discurso. Comentaban las intenciones de la princesa, James elaboraba un borrador y ella añadía las últimas ideas o precisiones.

Yo también participé de vez en cuando, al igual que el guardaespaldas de la princesa, Ken Wharfe, que retocaba sus discursos en la limusina real, pocos minutos antes de la cita.

«Los discursos significaban mucho para ella —dijo Colthurst—. Gradualmente comprendió que era un ámbito en el que podía transmitir su propio mensaje. Si el público escuchaba lo que decía, en lugar de fijarse en su ropa, su peinado o su estilo general, Diana tenía una sensación de triunfo y dominio. Llamaba siempre muy emocionada si lo retransmitían por radio o televisión, y le encantaba recibir felicitaciones por sus ideas.»

El procedimiento, pese a su carácter *amateur* y a que se desarrollaba en un ambiente de pánico y desesperación, resultaba muy eficaz. Una vez, en agosto de 1991, Diana llamó sobresaltada desde un crucero por el Mediterráneo, a bordo de un yate que era propiedad del magnate John Latsis, porque el discurso que debía pronunciar en un encuentro de la Cruz Roja no había llegado todavía. En realidad, Colthurst se lo había remitido por fax al barco dos días antes, pero un miembro de la tripulación había olvidado entregárselo. En otra ocasión posterior, la princesa llamó en pleno ataque de pánico mientras Colthurst desayunaba en su casa de campo, cerca de Pangbourne, en Berkshire. Debía asistir a un almuerzo de jubilación en honor de su amigo lord King, el ex presidente de British Airways, y había decidido a última hora pronunciar unas palabras. Entre mordisco y mordisco a la tostada, James paseaba por la cocina en bata, dictaba sus ideas precipitadas a la princesa y ésta las anotaba meticulosamente.

Una comida celebrada en septiembre de 1991 resume la desesperación de Diana en aquella época. James y yo estábamos comiendo algo en el bar Stag's Head, en el West End londinense, corrigiendo y reescribiendo un discurso que debía pronunciar la princesa en un simposio de psiquiatría infantil. Fue el famoso «discurso del abrazo» —que le valió un importante galardón—, en el que la princesa informó a su selecto público, constituido por unos ochocientos doctores, sobre la enorme valía de un abrazo; señaló que el abrazo era «barato, respetuoso con el medio ambiente y requiere una instrucción mínima».

Mientras ajustábamos las frases, sonó el busca de Colthurst. Al principio pensamos que era un fotógrafo *amateur* al que habíamos pedido, con el consentimiento de Diana, que fotografiase a la princesa y a sus chicos a la entrada del restaurante San

Lorenzo, donde se celebraba el almuerzo. En realidad era Diana. Cuando James encontró un teléfono público y la llamó, ella le informó de que el aquilatado discurso debía recortarse de 2.100 a 1.600 palabras. Y añadió que debía suavizarse un poco el tono, porque la referencia al abrazo podía entenderse como una crítica contra la reina y el modo distante en que la habían educado en su propia familia. Durante la conversación hizo un comentario sardónico sobre una de las comensales, la marquesa de Douro, otrora amiga, con la que había roto relaciones al descubrir que cedía su finca escocesa como lugar de encuentro para las citas amorosas del príncipe Carlos y Camilla. Diana relató con alegría la vergüenza que había sentido su antigua amiga durante aquel encuentro.

Desde luego, aquélla no fue ni la primera ni la última conversación del día. Un poco antes, Diana había tildado de «tontería» un artículo de Nigel Dempster en el que se decía que la reina había ordenado a Diana que permaneciera con Carlos; y añadió que, si llamaba algún periodista para preguntarme por este punto, ella se alegraba mucho de que se hubiera publicado. Aquel mismo día, mientras reescribíamos el discurso de Diana, informé a Stuart Higgins, entonces subdirector del *Sun*, sobre un viaje secreto del príncipe Carlos al castillo de un amigo en el sur de Francia. Diana pensaba entonces que Camilla iba también, de modo que queríamos obtener confirmación independiente, preferiblemente fotográfica, que respaldase las acusaciones de infidelidad. Sin embargo, a última hora, Camilla decidió no acompañar al príncipe.

De hecho, durante el verano de 1991, el asunto de Camilla fue muy conflictivo. Mientras los Parker Bowles demandaban al autor que había insinuado la posible relación de Camilla con Carlos, la perspectiva de afrontar una causa judicial era cada vez más probable. Aparte de las declaraciones de Diana, necesitábamos otras pruebas que demostrasen la prolongada relación amorosa de Carlos con la señora Parker Bowles.

A finales de agosto de 1991, durante su estancia en Balmoral, la princesa, molesta porque yo parecía dudar de su palabra, rebuscó en las carteras del marido y encontró un legajo de cartas. De este modo se enfrentó a la fría e inequívoca constatación —frente a la sospecha abstracta— de que otra mujer estaba enamorada de su marido, y de que el amor era correspondido. Las cartas —y un par de postales impúdicas—, que pude ver en agosto de 1991, eran de Camilla Parker Bowles. Cuando Diana leyó aquel epistolario apasionado, se percató de que Camilla, que llamaba a Carlos «amor de mi vida», era una mujer para la que el amor permanecía inalterado a pesar del paso del tiempo y las dificultades de conseguir el objeto de sus afectos.

El tono de las cartas era de veneración. Recuerdo los extremos a los que llegaba Camilla para ponerse en contacto con Carlos. En una ocasión le escribió a escondidas desde un lavabo el día en que la reina madre cumplía noventa y un años, el 4 de agosto de 1991. «Detesto no poder decirte lo mucho que te quiero», decía. Aquella nota, escrita en papel de carta, con su membrete, continuaba en un tono similar: lo mucho que deseaba estar con él y ser suya para siempre. Recuerdo especialmente un fragmento muy intenso que decía: «Mi corazón y mi cuerpo suspiran por ti».

Camilla se disculpaba por las sandeces que había dicho durante una conversación telefónica secreta con el príncipe Carlos, en la que acusaba a su marido con una expresión memorable: «El viejo bastón de plata apareció por la puerta como un armiño furioso; lástima que no lo hayan disecado». La frase me chocó, porque el cargo honorífico de «bastón de plata» lo concedía la reina. Recuerdo que continuaba proclamando su amor eterno al príncipe Carlos con frases como: «Deseo estar contigo día y noche para abrazarte, reconfortarte y quererte». Rememoraba la «noche mágica» con el príncipe en la casa de campo de un amigo y lamentaba las dificultades de su relación ilícita. «Me aterra el papel teatral», añadía refiriéndose a una próxima comida en la que ella, con su marido a la zaga, iba a encontrarse con el príncipe Carlos.

Mientras Diana asimilaba la profundidad del amor de su rival, entrevió también la magnitud de los embustes que tramaban Carlos y su amante para mantener su romance. En una de las cartas, Camilla señalaba que los largos períodos de separación eran prueba de su amor. Subrayaba las fechas y los lugares en que se habían visto, aprovechando la ausencia de su marido y sus hijos. Para Diana debió de ser un duro golpe descubrir que entre los lugares donde se daban cita la señora Parker Bowles y el príncipe Carlos se contaban las casas de algunas personas a quienes consideraba amigas.

Una impresión similar debió de causarle la carta que aludía personalmente a ella en términos muy poco halagüeños. Camilla aconsejaba a Carlos que borrase de su mente todo sentimiento de culpa por su relación, y que pensase en lo que denominaba «las embestidas de aquella ridícula criatura», en clara referencia a Diana.

Camilla, que se apodaba «tu vieja devota», recordaba al príncipe que lo amaba más que a nadie, y firmaba: «Tu vieja amiga perdidamente enamorada». Cuando leyó este fajo de cartas de amor apasionadas, Diana comunicó a Colthurst que se habían disipado por completo las pocas esperanzas que abrigaba de salvar sus diez años de matrimonio.

Un vistazo a las cartas nos bastó para salir de dudas sobre la veracidad de la versión de Diana, pero para el abogado especializado en difamación con quien nos asesoramos en febrero de 1992, aquellos documentos no eran en absoluto convincentes. Por supuesto, no podíamos informar al abogado sobre la participación de Diana en el libro, y él no nos preguntó cómo habíamos accedido a aquel material. En tales circunstancias, no es extraño que contemplase la empresa (y a Colthurst, O'Mara y Morton) con cierta prevención. Nos informó de que nuestro conocimiento de las cartas no podía utilizarse en los tribunales en ningún caso, y de que, por tanto, no teníamos pruebas suficientes, según las leyes británicas contra la difamación, para demostrar que Carlos y Camilla eran amantes. Me puso en mi sitio cuando dijo: «¿A quién supone usted, señor Morton, que creería el juez, a usted o al príncipe Carlos?». Cuando Diana supo que todos sus esfuerzos por descubrir pruebas habían quedado en nada, se puso furiosa, como es comprensible, pues aquello era un ejemplo más de que todo el mundo estaba contra ella.

Sin embargo, nuestro distinguido asesor jurídico ideó un método para transmitir al lector que el príncipe Carlos y la señora Parker Bowles eran amantes, sin decirlo abiertamente. «Si aluden a su "estrecha amistad" con cierta frecuencia, y en el contexto adecuado, el lector presupondrá que son amantes», nos dijo. Y tenía toda la razón. Aunque nunca dije directamente que fueran amantes en la primera edición de *Diana: su verdadera historia*, todo el mundo presupuso que sí.

Cuando se hicieron públicos los contenidos del libro, la princesa afrontó la vida con más mesura. En el verano de 1991 fue de visita a casa de Colthurst, en el oeste de Londres, para entrevistarse con el amigo astrólogo de James, Felix Lyle, con el fin de obtener una lectura que le aportase pistas sobre el futuro. Durante la conversación, que Diana registró en una grabadora, ella auguró que la ruptura matrimonial se produciría unos dieciocho meses después. Llevaba ya unos meses a la deriva. Comprendió que habría conflictos durante dos o tres años antes de que pudiera volver a casarse, y en cualquier caso ella quería que hubiera espacio entre sus relaciones. Pero se preguntaba cuál debía ser el signo zodiacal de su siguiente prometido. Lyle le dijo que Tauro y Capricornio eran demasiado lentos para ella, pero un hombre Acuario, un signo de aire, era lo más adecuado para la nueva Diana que surgía gradualmente.

Con aquella predicción, la princesa comprendió que tendría que soportar duras pruebas y tribulaciones hasta alcanzar la nueva vida que anhelaba. Las dudas y preocupaciones eran evidentes al especular sobre su futuro. «¿Me permitirán distanciarme? —preguntó. Y luego añadió—: ¿Y me lo permitirá la sociedad?»

A medida que aumentaba la presión, se vivían días difíciles que ponían a prueba la resistencia de la princesa. Su secretario privado, Patrick Jephson, no tardó en advertirle, antes de la Navidad de 1991, que los «hombres de traje gris» estaban al corriente del libro y de su participación en él. Sin embargo, Diana siguió adelante. Sabía que se avecinaba un cataclismo, pero estaba segura de que sobreviviría. En una carta remitida a James Colthurst seis meses antes de la publicación del libro, comentó lo siguiente:

> Obviamente nos preparamos para la erupción del volcán, pero me siento mejor pertrechada para hacer frente a cualquier cosa que se nos venga encima. Gracias por creer en mí y por tomarte la molestia de comprender esta mente; es un alivio no estar sola y está muy bien escuchar a mi propio instinto.

Diana no era la única que se planteaba una vida futura, libre de las ataduras de la casa real. Durante el verano y el otoño de 1991, la duquesa de York suplicaba constantemente a su cuñada que abandonara del barco con ella. Su infelicidad no sólo inoculó mayor inestabilidad en el matrimonio de Diana, sino que, además, en el ámbito editorial, nos indujo a producir el libro lo más rápido posible. Nos enervaba tanto la influencia desenfrenada de Fergie, que la publicación se adelantó de septiembre, el mes tradicional para los bestsellers potenciales, a junio de 1992. Los signos de advertencia eran contundentes y se sucedían con rapidez. Ya antes de la Navidad de 1991 supimos que un individuo muy bien informado había apostado quinientas mil libras a que el matrimonio de los príncipes de Gales no duraría un año; y aquel mismo mes, Fergie, que veía en secreto a su amante Steve Wyatt en Texas, pidió a Diana que se ocupase de sus hijas, las princesas Eugenia y Beatriz, cuando ella abandonase la familia real.

La angustia de Diana iba en aumento mientras aguardaba la conclusión del libro. Le preocupaba que en la guerra con su marido y la casa real, en el ámbito de las relaciones públicas, venciese el enemigo. A finales de febrero de 1992, Diana quedó consternada cuando se publicó por entregas en el diario sensacionalista de mayor tirada de Gran Bretaña, el *Sun*, un libro titulado *Diana in private: the Princess nobody knows*, de lady Colin Campbell, en el que se defendía la opinión de que el único problema del matrimonio de los príncipes de Gales era Diana. Y lo que es peor, se insinuaba que Diana tenía relaciones amorosas con otros hombres aparte de su marido.

La princesa transmitió de inmediato su irritación a James Colthurst, que me llamó por el teléfono codificado. Yo también estaba muy preocupado, pero como le dije a James, no estaba en mi mano resolver el asunto; lo único que podía desplazar la versión de lady Colin de las primeras planas de la prensa del corazón era una noticia de la familia real mucho más impactante, y por el momento no la teníamos (es decir, no la tendríamos hasta la publicación de mi libro en junio). Colthurst se lo comunicó a Diana, que para su sorpresa le proporcionó la bomba informativa que necesitábamos. Había sabido recientemente que Fergie había visitado a la reina para hablar sobre su separación del príncipe Andrés; tras una larga discusión, la reina concluyó que la separación era la mejor opción en aquellas circunstancias.

Cuando Colthurst me transmitió este dato, me quedé anonadado. Jamás habría podido imaginar que aparecería una primicia informativa capaz de desbancar el relato de lady Colin, y, sin embargo, allí encontramos un verdadero filón. Redacté la noticia de primera página del *Daily Mail*, un texto descrito por el secretario de prensa de la reina, Charles Anson, como «un cálculo perfecto». Como esperábamos en aquellos momentos de tensión, las historias de lady Colin Campbell contra Diana quedaron subsumidas por el nuevo frenesí informativo de la prensa rosa.

Nuestro principal objetivo, no obstante, era garantizar que el libro estuviese a la altura de la valoración del artículo según el criterio de Anson, que reflejase con la máxima exactitud posible la vida de Diana, tanto en las palabras como en las imágenes.

Como nos había prometido, en noviembre de 1991 la princesa nos proporcionó varios álbumes de fotografías familiares, junto con una selección de fotos realizadas por Patrick Demarchelier, que sacó de un cajón de su sala de estar. Sin embargo, de cuando en cuando, Diana se amedrentaba y pretendía suspender el proyecto. Se libró un debate prolongado entre el palacio de Kensington y la editorial sobre el título propuesto. Nosotros pensábamos que *Diana: su verdadera historia* era la única opción posible, pues el libro relataba la historia en gran parte desde la perspectiva de la princesa. Diana, en cambio, nerviosa por la posibilidad de que el título dejara traslucir su participación, quería titularlo *La verdadera historia*. Al final se convenció de que su decisión, en aquellas circunstancias, resultaría equívoca, pero para ello fue preciso maquetar cubiertas de prueba con ambas versiones del título. Asimismo modificó el texto de cubierta, para que dijera que el día de su boda no fue, como había declarado anteriormente, el «peor día» de su vida, sino el más «confuso en el aspecto emocional».

A medida que se concluía cada capítulo, Colthurst se lo entregaba a la princesa para que lo leyera. Cuando James estaba de vacaciones, me dirigí en bicicleta una mañana de sábado a la embajada de Brasil, donde Diana visitaba asiduamente a su amiga, la esposa del embajador, Lucia Flecha de Lima, para dejarle allí un capítulo. Diana reconoció que unas veces la conmovía su propia historia y otras la preocupaba su contenido, hasta el punto de que decidió suprimir algunos datos que, a su juicio, podían revelar su participación en el proyecto. En realidad, muchas de las supresiones de Diana guardaban relación con otras personas o con informaciones que ya eran de dominio público: un comentario a Sarah Ferguson durante su primer compromiso a bordo del *Brazen*, el barco de Su Majestad, para ver al príncipe Andrés; la anorexia nerviosa de su hermana Sarah; los relatos sobre Camilla Parker Bowles (cuya supresión habría debilitado los argumentos de Diana contra Camilla). En cuanto James le comentó este riesgo, Diana acordó restituir los datos. Una y otra vez la princesa recalcaba el principio fundamental del libro: permitir que se oyera alto y claro su voz.

Es un tema que expresó en una carta a su padre, el conde de Spencer, que empezó a redactar unos días antes de su fatal enfermedad, en marzo de 1992. En la breve nota comentaba su participación en el libro e intentaba explicar las razones de su cooperación. Decía así:

> Es una oportunidad para que mi propio yo salga a la luz, en lugar de perderse en el sistema. Lo veo como un flotador para no ahogarme, y es de suma importancia para mí...

Durante unas semanas de febrero de 1992, mientras se ajustaba el texto final, parecía que el libro iba a salir a la luz con un leve crujido, en lugar del estrépito que cabía esperar. La publicación por entregas era crucial, y los dos periódicos con los que intentamos negociar, el *Daily Mail* y el *Sunday Times*, rechazaron la propuesta. Cuando Michael O'Mara habló con el director del *Sunday Times*, Andrew Neil, y le informó sobre el contenido del libro, la respuesta de Neil fue: «Creo que encajaría mejor en la prensa rosa». A pesar de los argumentos de O'Mara, Neil dejó muy claro que no le interesaba publicar por entregas libros sobre la familia real. Aunque publicaba algunas noticias monárquicas, por aquel entonces redactadas por mí, todavía lamentaba haber publicado por entregas un libro mío anterior, un texto banal de actualidad sobre la princesa de Gales, titulado *Diana's diary*. Los directores ejecutivos y algunos lectores habían criticado su decisión de publicar un libro tan frívolo en un medio tan serio, de modo que no estaba dispuesto a repetir el mismo error. En aquel momento, su opinión estaba respaldada por el propietario del periódico, Rupert Murdoch. El panorama era desalentador. Necesitábamos que un periódico de prestigio apoyase el libro, pues en caso contrario éste sería desestimado como un mero chisme o cotilleo. En un último intento, conversé con una amiga de Diana, Angela Serota, y le pedí que hablase con su amigo Andrew Knight, jefe de Andrew Neil y director ejecutivo de News International, compañía propietaria del *Sunday Times*, para asegurarle que el libro era auténtico y que contaba con el refrendo de Diana.

Aquel último recurso funcionó. Al cabo de unas horas, O'Mara recibió una llamada de Sue Douglas, directora ejecutiva del *Sunday Times*, para comunicarle que estaban muy interesados en ver el libro. Poco después llegó al despacho de O'Mara y, tras leer el texto, dejó claro que el periódico tenía interés en publicarlo por entregas. En cuestión de días se llegó a un acuerdo. Andrew Neil, el hombre que inicialmente rechazó el libro, se convirtió en su más firme defensor y dedicó todos sus esfuerzos a apoyarlo. Sin embargo, con el transcurso de las semanas, cuando la especulación sobre los contenidos del libro alcanzó su punto álgido, hasta el belicoso Andrew Neil tomó conciencia de la enorme repercusión de lo que se traía entre manos, pues comprendió que si los individuos que habían conversado conmigo durante la fase de investigación se retractaban de sus declaraciones, él tendría que dimitir. A finales de mayo, unos días antes de la publicación de la primera entrega, nos citó a O'Mara y a mí en su despacho de Wapping, en el East End de Londres, y nos pidió declaraciones firmadas de los principales testimonios del libro. Así lo hicimos. Por nuestra parte, le formulamos otra petición: Diana se había quejado de que, según ciertas informaciones, Murdoch rumoreaba sobre los contenidos del libro, que eran secretos, en las cenas neoyorquinas. Esto era motivo de considerable preocupación y le preguntamos formalmente a Neil si estaba en su mano convencer a su jefe de que guardara silencio.

La posibilidad de que Rupert Murdoch levantara la liebre intranquilizaba a Diana. Fue necesaria la intervención de sus amigas más íntimas, sobre todo Carolyn Bartholomew, Angela Serota y su terapeuta Oonagh Shanley-Toffolo, quienes le aseguraron que el libro, a pesar del período turbulento que se avecinaba, acabaría siendo una fuerza positiva en su vida.

Además de hablar con sus amigas, la princesa se preparaba interiormente para la tormenta inminente. Hacia el final del proceso, una semana antes de que se publicara la primera entrega, fijó una cita con la reina para comentar la posibilidad de trasladarse a una casa propia, con personal y dinero propios, al margen del príncipe de Gales. En las conversaciones con James Colthurst, la princesa expresó claramente que la reina estaba al corriente de sus problemas conyugales, y que le había comunicado que, si la pareja era tan infeliz, no veía ninguna razón para forzar la continuidad del matrimonio.

El príncipe Carlos, por su parte, ya había comentado la posibilidad de su separación con el honorable abogado lord Goodman. Mientras se efectuaban estas maniobras ocultas, de cara a la galería, ante el aluvión de especulaciones mediáticas, los defensores del príncipe intentaban restar importancia a los contenidos potencialmente explosivos del libro. Cuando el secretario privado del príncipe Carlos, Richard Aylard, compareció ante la prensa, declaró con desdén: «Ya conocen a Morton: un poco de investigación, un poco de invención y el color del mante».

Un comentario improvisado de Andrew Neil en Sky News indicaba que el mobiliario doméstico no formaba parte de *este* relato sobre la familia real. Un par de días antes de la publicación por entregas, Neil declaró que Diana pensaba que nunca sería reina. Al día siguiente se destacó la noticia a doble página en el *Sun*.

Con todo, esto no fue nada en comparación con el impacto de la primera entrega, publicada en el *Sunday Times* el 7 de junio de 1992. El titular de portada decía así: «Diana se ve abocada a cinco intentos de suicidio por la "indiferencia" de Carlos». El subtítulo precisaba: «El fracaso matrimonial le provoca una enfermedad; la princesa dice que no será reina». Es difícil transmitir hoy —doce años después, cuando el relato de su infausta vida es ya de dominio público— el impacto, desagrado y asombro que provocó aquella primera entrega. Las críticas, severas e implacables, provenían de todos los sectores de la sociedad. Yo, el autor del libro, me convertí en objeto de odio, hasta el punto de que cuando aparecí en el programa «This Morning», presentado por Richard Madeley y Judy Finnegan, en Liverpool, una mañana de junio de 1992, los guardias de seguridad vigilaban el tejado del edificio, se evacuó el parking contiguo y me sacaron del estudio en un helicóptero, porque temían que algún atentado acabase con mi vida. Fue una reacción un tanto extrema, pero indica el estado de ánimo popular de aquel momento.

Horas antes de que apareciera la primera entrega en el *Sunday Times*, Rupert Murdoch llamó a Andrew Neil desde Nueva York para advertirle de la inminente embestida de la clase dirigente. «Intentarán destruirte —le dijo—. Ten cuidado; no son gente agradable y tú estás a punto de convertirte en su enemigo número uno.» Tenía toda la razón. El esnobismo, las divisiones de clase y la deferencia instintiva hacia la élite dirigente británica saltaron a las portadas en los días y semanas siguientes a la publicación del libro.

El arzobispo de Canterbury advirtió de los daños que comportaba aquel escándalo para los hijos; el político laborista Peter Mandelson lamentó que el libro fuera «difamatorio» y que se hubieran perdido las «fronteras entre realidad y ficción». El ex ministro de Cultura, Richard Luce, declaró que el libro era indecente y sólo servía para minar la monarquía, mientras que su colega conservador, sir Nicholas Fairbairn, se mostró mucho más expeditivo al afirmar que debían encerrarme en la Torre de Londres. Sir Peregrine Worsthorne, que fue director del *Sunday Telegraph* entre 1986 y 1989, declaró que Andrew Neil debía ser fustigado por publicar aquel libro por entregas. En efecto, las críticas más acérrimas provinieron de los medios de comunicación, que en una sociedad libre supuestamente deben defender más la revelación que la censura. El director del *Sunday Telegraph*, Charles Moore, dijo en el programa «Newsnight» de la BBC que los periodistas deberían recurrir a la «hipocresía y la ocultación» al escribir sobre la familia real. Por su parte, Max Hastings, el entonces director del *Daily Telegraph*, que más tarde recibió el título de sir, dijo a los oyentes de «Today», el destacado magacín matinal de Radio Four de la BBC, que yo no valía para tocar el piano en un burdel, y desestimó la historia por considerarla «un aluvión de basura y un fárrago de invención», carente de «un solo dato fiable».

Con la premura de expresar su condena, los críticos altaneros ponían de relieve sus propios prejuicios de clase: Hugh Montgomery Massingberd me tildó de «vulgar periodista rosa de Leeds»; Philip Ziegler, antiguo alumno del Colegio Eton, me llamó «gacetillero», y lady Longford describió el libro como «Crawfie [la antigua niñera de la reina, que escribió una historia anodina sobre la crianza de los niños en la casa real] con estricnina». Ni siquiera el *Times*, hermano del *Sunday Times*, se mostraba totalmente convencido de la veracidad del libro. Su titular «La publicación por entregas del libro real suscita aversión» reflejaba claramente su desaprobación.

Durante los días siguientes, el presidente de la Press Complaints Commission (comisión deontológica de la prensa británica), lord McGregor, criticó la «odiosa exhibición» de los medios que «hurgan en los asuntos de las almas ajenas», si bien su queja no iba dirigida al libro. En todo caso, la reacción ante la publicación del libro por entregas era una prueba positiva de las actitudes con que se había enfrentado Diana en toda su vida adulta.

En medio de aquel furor, se prohibió la venta del libro en Harrods; en importantes librerías, como Hatchards en Londres y James Thin en Edimburgo; en supermercados, como Tesco, y en varias librerías independientes de toda Gran Bretaña. «No estamos vendiendo el libro y no lo haremos jamás», declaró Philip Foster, propietario de una librería de Tetbury, cerca de la residencia campestre de los príncipes de Gales. Una de las ironías de todo este asunto es que una biografía escrita y producida con la cooperación entusiasta de su protagonista fuese boicoteada con el argumento piadoso de que presentaba una versión totalmente falseada de los hechos. Se convirtió en el libro más prohibido de Gran Bretaña durante los años noventa. Para su producción y publicación en el país se requirieron ciertas operaciones clandestinas. Como los impresores británicos no se atrevían a imprimirlo, al final se produjo en el norte de Finlandia, y la primera remesa entró en Gran Bretaña en un camión que transportaba también productos de bollería industrial.

En vista de que los medios de comunicación y la clase política descartaban la veracidad de *Diana: su verdadera historia*, en los días siguientes a la publicación de la primera entrega concluimos que nos convenía demostrar que el libro contaba con la aprobación de la princesa, o al menos con el de sus amigos más íntimos; de algún modo teníamos que frenar aquella avalancha de censura e incredulidad. Tras veinticuatro horas en la línea de fuego, hasta un lidiador tan avezado como Andrew Neil perdió la calma, pues le preocupaba que la historia más polémica del libro, la de los intentos de suicidio de Diana, fuera una exageración. El lunes 8 de junio, después de un doloroso enfrentamiento con Max Hastings en el programa «Today», Neil me llamó para decir que antes de comparecer en el informativo de mediodía de ITV, esta vez en un careo con lord St. John de Fawsley, confidente real y miembro del partido conservador, necesitaba más munición para contrarrestar sus argumentos. James Gilbey, que demostró ser un amigo fiel e incondicional de Diana en aquellos días difíciles, acordó emitir una declaración para confirmar que la princesa había hablado con él y con otros amigos sobre sus intentos de suicidio. Redactamos juntos el texto por teléfono; luego se lo leí a Neil, que lo anotó a mano unos minutos antes de su aparición en el programa televisivo, en el que procedió a leer la declaración de Gilbey en directo: «Puedo confirmar que Andrew Morton me entrevistó durante las investigaciones previas de su libro *Diana: su verdadera historia.* Mis entrevistas están reproducidas de forma exacta y certera en el libro. No recibí ni solicité remuneración alguna. Puedo confirmar también que la princesa comentó conmigo, en numerosas ocasiones, sus intentos de suicidio, al igual que hizo con otros amigos íntimos. Sus amigos se han entrevistado libremente, con pleno conocimiento de que la información se trataría de una manera responsable. No tengo nada más que decir al respecto».

Mientras St. John intentaba desestimar las declaraciones de Gilbey con el tópico de «con amigos así no se necesitan enemigos», al menos el dique lograba contener el torrente de ira. Lo que más nos preocupaba era la reacción de la princesa de Gales. Había tenido un fin de semana muy inestable cuando se publicó la primera entrega. Horas antes de que el *Sunday Times* llegara a los quioscos, Diana llamó al agente de prensa del palacio de Buckingham, Dickie Arbiter —quien, como todo el mundo, conocía la existencia del libro, pero no su contenido—, y le preguntó en tono lastimero: «¿Qué voy a hacer? ¿Qué voy a hacer?». Su consejo fue sencillo: «Tómate un trago largo de whisky».

Se precipitaban los acontecimientos. El lunes 8 de junio, el mismo día en que St. John, Moore y Hastings aparecían en los programas de televisión y de radio denigrando la publicación de las entregas, los príncipes de Gales se reunieron en el palacio de Kensington para discutir por primera vez en serio la ruptura de su matrimonio. La primera persona con quien se puso en contacto la princesa después de aquella reunión fue Colthurst: «Sonó el teléfono y me dijo: "Ha dicho que sí, ha dicho que sí [a la separación]." Nunca la he oído tan vivaz; estaba fuera de sí de tanta emoción. De modo que cuando luego salió en la televisión para decir que no quería el divorcio, lo que intentaba decir en realidad era que no quería que le echasen a ella la *culpa* del divorcio. Ése siempre había sido un aspecto muy importante para ella».

En los años siguientes a la publicación de *Diana: su verdadera historia,* me he preguntado a menudo si esta cuestión de la culpa no era uno de los motivos por los que Diana impulsó la publicación de «su verdadera historia». Como he señalado anteriormente, tanto James Colthurst como yo ignorábamos la naturaleza exacta de sus relaciones con James Hewitt y James Gilbey; ni siquiera sabíamos de la existencia de Oliver Hoare. ¿Es posible que a Diana, consciente de que su marido le había sido infiel muchos años, le preocupase la revelación de alguna de sus aventuras amorosas y, por consiguiente, se la culpara de su fracaso matrimonial? Qué triste habría sido este desenlace para una mujer que creía que su marido había amado a otra mujer durante todo su matrimonio.

Por el mismo motivo, la princesa tampoco quería que la culpasen de la publicación del libro. Al margen de la conversación con su marido, era muy intensa la presión de los altos cargos de la casa real para que Diana se desmarcase del libro y lo denunciase. Pero ella se negó a ceder a las exigencias que la obligaban a declarar públicamente su desaprobación. Al tiempo, se percató de que sus amigos, que también eran objeto de ataques de familiares y amigos por interpretar la conducta de la princesa como traición, ansiaban que Diana hiciera público su apoyo. Mantuvo numerosas conversaciones telefónicas con amigos que, entre lágrimas, le reprochaban que los dejase colgados. «Cuando empiece la gira de Andrew será el momento oportuno», reiteraba Diana, en referencia a mi gira publicitaria de presentación del libro; con un exceso de optimismo, creía poder librarse de las súplicas de sus amigos. Se enfrentaba a un dilema peliagudo: ¿cómo podía hallar un término medio entre refrendar las declaraciones de sus amigos y distanciarse de la complicidad?

Llegamos a la conclusión de que la única vía posible, aunque comportara ciertos riesgos, era que Diana se dejase ver en público con alguno de los amigos que habían colaborado. La elección era evidente, pues aquella misma semana Diana debía visitar a William y Carolyn Bartholomew en su casa de Fulham. A la princesa le aterrorizaba la idea, pero Colthurst y Carolyn la convencieron de que era fundamental no cancelar la cita. Una fotografía de Diana y Carolyn juntas tendría un efecto mucho más intenso que cualquier argumento defendido por mí o por Andrew Nell sobre la veracidad del libro. Al final, Diana aceptó arriesgarse. Así pues, la mañana del miércoles 10 de junio llamé a Stuart Higgins, entonces subdirector del *Sun* —diario que iba a continuar la publicación del libro por entregas después del *Sunday Times*—, para decirle que enviara a un par de fotógrafos discretos a casa de Carolyn, donde verían algo de interés. Ninguno de nosotros, ni siquiera Diana, conocía la hora exacta de llegada, de manera que no queríamos correr ningún riesgo. A las siete de la tarde, mientras la princesa se desplazaba al lugar, me llamó William Bartholomew desesperado. Había inspeccionado la carretera y no había visto ni un solo fotógrafo. Como no pude localizar a Higgins, me atreví a llamar a mi antiguo colega Ken Lennox, que fue mi socio fotógrafo cuando constituíamos el dúo real del *Daily Star*, y que por aquel entonces trabajaba para el rival del *Sun*, el *Daily Mirror*. Aquélla era una llamada de alto riesgo. Aunque Ken es totalmente fiable y jamás revelaría su fuente, pensé que no tardarían mucho en relacionarnos y en concluir que Diana había participado en un montaje fotográfico furtivo y, por tanto, también en la producción del libro. Era un riesgo necesario. Como Ken vivía cerca del lugar, en Chelsea, llegó rápido a casa de Carolyn, aunque no a tiempo para captar la llegada de Diana. Al cabo de una hora, Diana salió de casa de los Bartholomew, y mientras Ken fotografiaba la escena, la princesa abrazó al matrimonio amigo en la puerta de la casa antes de marcharse. El titular del *Daily Mirror* que acompañaba las fotografías lo decía todo: «Aprobación». Como era de esperar, Lennox resistió las presiones de su director, Richard Scott, para que le dijera quién le había puesto sobre la pista. Al día siguiente, cuando Scott comentaba la repercusión de la noticia con su corresponsal de asuntos monárquicos, James Whitaker, el veterano reportero declaró que no tenía ninguna pista sobre la identidad del informante de Lennox. «No tiene ningún contacto en la casa real», aseguró James. «Bueno, parece que tiene uno más que tú», replicó su director con mordacidad.

Durante años, todos creyeron la historia de que una «mujer bien informada», posiblemente la propia Diana, había llamado a la redacción de varios periódicos nacionales para avisarlos de aquella visita privada a casa de una amiga. Al igual que muchas otras cosas relativas a este aspecto de su vida, la noticia que publicó el *Daily Mirror* fue una operación improvisada, no planificada, pero claramente eficaz. Sin duda alguna, Richard Scott, el director del rotativo, que con una típica reacción visceral había intentado poner por los suelos el libro sólo porque lo publicaban sus rivales del *Sun*, tuvo así motivos para interpretar de otro modo las pruebas que aparecían ante sus ojos.

En privado, Diana pagó caro el apoyo a su amiga. Al día siguiente, el secretario privado de la reina, sir Robert Fellowes, la reprendió severamente por haber visitado a Carolyn Bartholomew, una persona tan relacionada con el libro. Unos minutos después de su confrontación con Fellowes, Diana llamó a James Colthurst para decirle que tenía muchas ganas de llorar. «Si quieres llorar, hazlo, no te reprimas», le dijo Colthurst. Pero sus deberes públicos no le permitían tumbarse en la cama; estaba a punto de salir para una visita programada en Liverpool. Allí, en medio de la multitud, una mujer le pegó una bofetada, y casi al instante las lágrimas rodaron por sus mejillas. Aunque su visible angustia le granjeó de inmediato la simpatía popular, indicaba señales contradictorias acerca de sus sentimientos sobre la biografía recién publicada. Andrew Neil, que oyó la noticia por la radio del coche, recuerda que le dijo al conductor: «¡Oh, no! Voy a pasar a la historia por ser el editor que hizo llorar a la princesa». Como de costumbre, Diana había sido mucho más inteligente de lo que sospechaban los demás, pues sus lágrimas eran hasta cierto punto premeditadas. Sin dejar de apoyar a sus amigos, con las lágrimas de Liverpool se distanció también del libro y se ganó la simpatía popular.

En realidad, todas las actuaciones teatrales de Diana habrían quedado en agua de borrajas si otro de sus amigos se hubiera salido con la suya. El 8 de junio, al día siguiente de la publicación de la primera entrega, Michael O'Mara recibió una llamada que le dejó frío. Era de un hombre que decía ser el representante del fotógrafo Terence Donovan, amigo de la princesa. Afirmó que una fotografía publicada por el *Sunday Times* y atribuida a Patrick Demarchelier en realidad era de su cliente, el señor Donovan. La fotografía se había publicado sin la autorización del autor, que exigía setenta mil libras en compensación. La explicación, aducida por O'Mara, de que se había reproducido la fotografía por error, pensando que el autor era Demarchelier, no convenció ni a Donovan ni a su negociador. Nos informaron de que sabían perfectamente cómo habíamos obtenido la fotografía, puesto que Donovan sólo se la había dado a Diana; añadieron que si no pagábamos aquella suma exorbitante —por aquel entonces, la tarifa habitual de una fotografía publicada en un libro era de quinientas libras— revelarían al mundo quién nos había proporcionado la fotografía. Esto significaba que se haría pública la complicidad de Diana en la producción del libro, a pesar de nuestros esfuerzos por ocultar su participación. Al principio, ambas partes se cerraron en banda. En un determinado momento, mi editor tenía a un grupo de colaboradores a la espera, dispuestos a recortar la fotografía polémica con cuchillas. Al final, O'Mara pagó a Donovan una cantidad de cinco cifras por la reproducción de la fotografía, precio que también selló su silencio.

Si se hubiera aireado aquella historia en aquel momento, habría acabado con Diana. Porque, como pudieron comprobar Colthurst, Carolyn Bartholomew, James Gilbey y otros amigos, los días siguientes a la publicación del texto en el *Sunday Times* pusieron a prueba la resolución de la princesa. Pero muy pronto empezó a recibir el tipo de apoyo que tanto significaba para ella: el apoyo popular. «Las críticas eran intensas y, en un determinado momento, ella se echó atrás —dijo Colthurst—. Pero entonces empezaron a llegar cartas de apoyo. Recibió miles de cartas, muchas de mujeres que habían sufrido trastornos alimentarios y aceptaron su desdicha en silencio. Muchas le contaban que habían aprendido de su ejemplo. Diana sabía que en cierto modo había conmovido a la humanidad y había logrado influir en la gente. Eso significaba mucho para ella.» No menos alentador fue un informe de la Asociación de Trastornos Alimentarios, presentado poco después de la publicación del libro, el 16 de junio, en el que se decía que se había producido un incremento notable de personas que solicitaban ayuda por primera vez. Aquella respuesta se debió a la princesa, que tuvo el valor de hacer públicos sus problemas privados.

Mientras las cartas de apoyo inundaban su despacho, apareció un artículo en el *Sunday Times*, titulado «Diana se arrepiente», en el que se daba a entender que la princesa lamentaba haber colaborado en el libro. Diana se apresuró a llamar a James para repudiar el artículo y para disculparse por su eventual responsabilidad sobre los datos allí vertidos. A lo largo de los años se ha insinuado hasta la saciedad que Diana se arrepintió de participar en el libro, que su implicación era un ejemplo de conducta deplorable en que incurrió durante una etapa depresiva. La verdad del asunto es que Diana logró dejar atrás «los años oscuros» de su vida en la casa real, y quería pensar en un futuro más satisfactorio. No cabe duda de que estaba nerviosa pero también decidida a salir de la prisión en que se había convertido su existencia. David Puttnam aseguró que Diana nunca se arrepintió de su participación en el libro, cuando declaró: «Diana aceptaba todo lo que había hecho. Sabía lo que hacía y asumió un riesgo calculado aunque estaba cagada de miedo. Pero nunca le oí ni una sola palabra de arrepentimiento, se lo prometo. A pesar de todos sus defectos, era una buena mujer.»

La finalidad originaria del libro era permitir que la princesa relatase su versión de la historia y disipar los mitos que se habían ido tejiendo con respecto a su matrimonio. Muy pronto se comprobó que la colaboración de la princesa en el libro le reportó beneficios psicológicos. Durante aquellos doce meses intensos, la princesa vivió un proceso de purga del pasado, una suerte de confesión a través de la reminiscencia, en la cual logró expresar su ira y sus arrepentimientos, así como sus sueños y ambiciones. El libro era una biografía, pero por la intensidad de su participación, se acercaba mucho también al género autobiográfico y confesional, y por ello fomentó la confianza de la princesa en sí misma.

A mediados de junio, unos días después de la publicación del libro, James Colthurst se dirigía en coche a Solihull, en la región central de Inglaterra, para asistir a una reunión del consejo de dirección de su compañía médica, cuando recibió un aviso urgente de Diana en el busca. Salió de la autopista M6 y encontró un teléfono público en la estación de servicio más cercana. Diana esperaba ansiosa su llamada. Le dijo que su marido y ella se habían reunido con la reina y el príncipe Felipe, duque de Edimburgo, en el castillo de Windsor para hablar sobre su matrimonio y sobre los efectos de la posible separación en la monarquía. Diana esperaba que su marido se atuviese a la decisión tomada anteriormente y defendiese, por tanto, una separación formal, pero guardó silencio mientras su padre lanzaba una diatriba.

Diana había previsto, en cierto modo, la pusilanimidad de Carlos ante la desaprobación paterna, pero se asustó de verdad cuando su suegro la reprendió a ella por su participación en el libro. Cuando Diana negó tales extremos, él replicó que tenían una cinta con una conversación telefónica entre ella y una persona no identificada, en la que se hablaba sobre qué periódico iba a publicar por entregas el libro, si el *Sunday Times* o el *Daily Mail*. Una vez más Diana contestó con evasivas, negando las acusaciones, pero al final de la reunión salió del castillo de Windsor alarmada y confusa. Salvo si se trataba de una trama bien urdida, lo cual parecía sumamente improbable, se confirmaban las antiguas sospechas de Diana: una instancia gubernamental oficial, ya fuera la policía o los servicios secretos, interceptaba rutinariamente sus conversaciones telefónicas.

Sin embargo, según comunicó a Colthurst, y posteriormente a otras personas de su círculo más íntimo, no recordaba con exactitud si había mantenido tal conversación telefónica.

Tras su regreso al palacio de Kensington, se puso en contacto con sir Robert Fellowes para preguntarle a qué jugaban la reina y su esposo, el príncipe Felipe. Aunque Fellowes se mostró comprensivo y le dijo que nunca se había percatado de las «terribles» tribulaciones que había soportado Diana en la familia real, confirmó que había una cinta incriminatoria con su conversación. Es más, le dijo que el primer ministro, John Major, estaba informado de que Diana recibiría una copia de la cinta al día siguiente. A la mañana siguiente, Diana estaba en ascuas mientras aguardaba lo peor. Pero al final nunca le entregaron la cinta. Más adelante le dijeron que, dado que la cinta no servía como prueba de su participación en el libro —pues la grabación era ilegal o se cuestionaba su veracidad—, convenía olvidar el episodio.

Turbada y abatida, Diana comenzó a entrever la magnitud de la oposición que se alineaba en su contra. Si quería la libertad, tendría que luchar por ella con mucho tiento. «Soy una amenaza, ya lo ves —le dijo a su astrólogo, Felix Lyle—. Tengo que ser muy hábil.»

Había recuperado su voz para hacerse oír. Ahora se enfrentaba a un desafío mucho más complejo, la búsqueda de su propio ser.

## 3

## EL CONSUELO DE LOS DESCONOCIDOS

Cuando Stephen Twigg tuvo en sus manos por vez primera el rostro de Diana, le alarmaron los sentimientos y emociones que emanaba su cliente real. Percibió, según reflejó en sus notas, «un temor pertinaz y profundo, ráfagas de ira intensa, amagos de rabia, una agobiante autocrítica, una extrema tristeza, pero sobre todo una profunda sensación de soledad y desesperación».

Stephen Twigg, terapeuta, asesor y masajista, conoció a la princesa en diciembre de 1988, cuando fue a visitarla al palacio de Kensington. Durante una hora de masaje vio las cicatrices de las heridas que ella misma se había infligido y reconoció, por otros encuentros con clientes que estaban al borde del suicidio, que era una joven completamente desesperada. «Me asustó mucho pues ya había tenido otras experiencias de trabajo con personas suicidas —dijo—. Percibí a una mujer que se planteaba que no valía la pena seguir viviendo.»

Estaba tan preocupado, que en la sesión siguiente, cuando se sintieron ya más cómodos, la invitó a hacer una afirmación, una fuerte declaración de fe delante de un testigo. A instancias de Twigg, Diana repitió: «A partir de este momento elijo la vida», declaración que indicaba una apuesta consciente por la vida, en lugar de la aceptación pasiva de que la vida sigue. Durante los siete años siguientes, Twigg tuvo ocasión de observar que las palabras se hicieron realidad. Su intervención había surtido efecto. «Me enseñaba afirmaciones sobre mí misma cuando yo no creía [en mí] —reconoció Diana un tiempo después—. Dijo que si quería mejorar, lo conseguiría. Nunca he concedido tanta credibilidad a nadie.»

Twigg, que ahora reside en el sur de Francia, formaba parte del grupo variopinto de desconocidos que, a finales de los años ochenta, entraron en la vida de Diana con el encargo de portar la pesada carga de su infelicidad en secreto. La astróloga Penny Thornton, a quien Diana conoció por mediación de Sarah Ferguson, fue una de las primeras en ver la cara oscura del cuento de hadas, al descubrir a una mujer joven que estaba «sumamente enfadada, desesperada, decepcionada», un estado muy distinto de la imagen edulcorada que ofrecían las poses fotográficas de cara al público. «Se sentía maltratada, rechazada, traicionada, sola —dijo Penny, recordando la primera vez que vio a la princesa en su sala de estar del palacio de Kensington en 1984—. El príncipe Carlos era el principal objeto de su enfado porque, según me dijo, Carlos le comunicó la víspera de la boda que no la amaba. Se lo dijo con toda rotundidad.»

Otra persona que empezó a tratar a la princesa durante aquellos días aciagos era una acupuntora, Oonagh Shanley-Toffolo, que había sido monja. Cuando conoció a Diana en septiembre de 1989, vio a una mujer que «presentaba un panorama tormentoso. Diana era una persona muy frágil, carente de energía y con una extrema necesidad de cariño —recordaba Oonagh—. Diana buscaba constantemente el amor y el reconocimiento de los demás».

Pero, por muy lóbrego que pareciera el mundo de Diana, a finales de los años ochenta la princesa ya había vivido una parte importante de los «años oscuros», como ella los llamaba, en el seno de la familia real: la época en que se hacía incisiones en el cuerpo por pura frustración; la ocasión en que se tiró por las escaleras de Sandringham mientras estaba embarazada del príncipe Guillermo, porque su marido había ignorado sus preocupaciones por su relación con Camilla Parker Bowles; o la etapa en que se agravó su trastorno alimentario.

Un trágico accidente de esquí en la estación suiza de Klosters en la primavera de 1988, cuando a consecuencia de una avalancha murió un miembro del grupo que acompañaba a la familia real, fue un hito decisivo en la vida de la princesa. A pesar de la gripe y del dolor por la muerte de un buen amigo, Diana tomó una resolución sensata y serena. Recogió las posesiones de su amigo y disuadió a su marido de continuar esquiando, insistiendo en que debían acompañar el féretro de su amigo en el viaje de regreso.

Tal vez envalentonada por su propia firmeza —«Entonces tomé el control», comentó posteriormente—, decidió cuidarse y, con un empujoncito de Carolyn Bartholomew, recibió ayuda médica para su trastorno alimentario. Poco tiempo después, logró encarar a la amante de su marido en una fiesta, sin perder la calma ni el autocontrol. Estos logros aumentaron su autoestima, que se vio impulsada, también, por otras acciones de reafirmación personal, como ayudar a cuidar a su amigo Adrian Ward-Jackson, que al final murió de sida en 1991. Aquellos impulsos de recuperación personal se alimentaban con la recepción del público —la emocionaba sobre todo la multitud de personas que se le acercaban en los actos públicos— y con el apoyo incondicional de un grupo cada vez mayor de amigos y asesores.

La publicación de *Diana: su verdadera historia* en junio de 1992 destapó el pequeño mundo secreto de engaños y falsedades de palacio, así como la cruz que había soportado Diana durante tanto tiempo en el seno de la familia real. Como ya se ha relatado en el capítulo anterior, el libro desató la ira y el resentimiento de la casa real por la «traición» de Diana, y el de mucha otra gente por la destrucción del sueño colectivo de la monarquía; pero los amigos, el personal y otros miembros de la casa real tuvieron una profunda sensación de alivio. En este drama épico de reyes, reinas, príncipes y princesas, el libro era el equivalente literario de Gollum, la criatura fea y despreciada de *El señor de los anillos* de Tolkien, un personaje que cumple, sin embargo, una función esencial en la resolución del conflicto titánico entre las fuerzas de la luz y de la oscuridad. Por dura y cruda que resultase, *Diana: su verdadera historia* ayudó en parte a disolver una fingida paz real que provocaba un efecto devastador.

Ya antes de la publicación del libro, los abogados de ambas partes del matrimonio habían negociado en secreto la separación. La tensión que comportaba mantener la ficción de la familia feliz dejaba a todos agotados y exhaustos, entre otras cosas porque la princesa, consciente de las fuerzas que conspiraban en su contra, se negó a colaborar en la farsa. «Es una maldita farsa, asquerosa y deshonesta», declaró la princesa en numerosas ocasiones. El propio príncipe Carlos parecía interesado en acabar con la patraña, pues su conducta se hizo cada vez más evidente. En mayo de 1992, la princesa realizó una visita oficial a Egipto, por invitación de la esposa del presidente, la señora Mubarak. El avión en que viajaba debía hacer escala en Turquía para que desembarcasen el príncipe y su séquito, que se iban de crucero con unos amigos —entre los que estaba Camilla Parker Bowles—, mientras Diana proseguía sola su viaje a Egipto. Cuando el avión se aproximaba a El Cairo, Diana se echó a llorar de rabia, tristeza y autocompasión.

Un crucero por el Mediterráneo a bordo de un yate que era propiedad del multimillonario griego John Latsis, viaje calificado como una «segunda luna de miel» por el secretario privado del príncipe Carlos, Richard Aylard, era una catástrofe absoluta. Diana, que había aceptado las vacaciones por el bien de sus hijos, se sentía muy desdichada y detestaba todo aquel engaño. Con razón estaba convencida de que su marido pasaba demasiado tiempo al teléfono con Camilla Parker Bowles, y solicitó regresar a casa antes de lo previsto; habría sido muy complicado este cambio de programa, de modo que su guardaespaldas, Ken Wharfe, la disuadió.

Unos meses después, en noviembre de 1992, se requirió el esfuerzo conjunto de varios cortesanos —así como la persuasión de James Colthurst— para convencerla de que se fuera de viaje con Carlos a Corea del Sur. En cuanto aterrizó la pareja mal avenida, su secretario de prensa, Dickie Arbiter, que los esperaba en el aeropuerto de Seúl, observó los gestos del matrimonio y comentó a un funcionario de la casa real: «Joder, ésta nos la hemos perdido». Los titulares, que aludían a la huraña pareja como «Los cabizbajos», refrendaban la misma opinión. De modo que el 9 de diciembre de 1992, cuando el primer ministro, John Major, anunció la separación «amistosa» de la pareja, se oyó un suspiro de alivio dentro del palacio.

La mujer que estaba en el ojo del huracán no perdía la calma, se mostraba resuelta y decidida, rebosante de alegría y buen humor, a un mundo de distancia del descontento otoñal. En los días que siguieron al comunicado oficial, se quitó un gran peso de encima. «Ya veo que se ha comprado otro coche alemán», comentó alguien al ver su nuevo Audi delante del palacio de Kensington. «Bueno —replicó Diana—, es más fiable que un marido alemán.»

La repercusión fue mucho más honda que una mera broma frívola. Diana superó la bulimia que la atormentaba en momentos de angustia, signo inequívoco de fortaleza y serenidad interiores. En un viaje, solitario y triunfal, de tres días a París dio a todo el mundo la atractiva imagen de una princesa perfectamente capaz de desenvolverse en el escenario internacional, liberada ya de pesos y ataduras. «Brillaba ante la atención del público extasiado y respondía, como de costumbre, al estímulo de la expectativa popular, demostrando de forma impecable cómo se debe comportar en público un miembro de la familia real —afirma Patrick Jephson en *Shadows of a Princess*—. Cada gesto, cada mirada, cada parada de cada aparición en público revelaba a una profesional en plena forma.» Entusiasmada por su éxito en solitario y exultante por la vertiginosa sensación de libertad inminente, disfrutaba de los paseos nocturnos en coche por las calles vacías de París, en compañía de su guardaespaldas Ken Wharfe. Cuando pasaban por los Campos Elíseos, Diana le comentó de pronto: «Por Dios, Ken, *esto* es vida».

Si el libro le había dado una voz, el anuncio de la separación de los príncipes de Gales, realizado seis meses después, le brindó la oportunidad de ser ella misma. Cuando remitió la euforia inicial, Diana comprendió poco a poco que afrontaba un viaje de autodescubrimiento, el reto más difícil de su vida. «Ahora voy a ser dueña de mí misma y sincera conmigo misma —declaró con valentía—. Ya no quiero seguir viviendo en función de ideas ajenas sobre lo que debo ser.» ¿Quién era la persona que veía cuando se miraba al espejo en su vestidor del palacio de Kensington? Y lo que tal vez es más importante, ¿quién quería ser? Eran preguntas más fáciles de formular que de responder. Apenas había concluido su adolescencia cuando se casó con el príncipe. Era inexperta e influenciable (aunque quizá no tan maleable como esperaban Carlos y los suyos). Como apuntó su amiga y astróloga Debbie Frank, los días siguientes a su separación fueron un tiempo de reevaluación. «Tenía que pensar en sí misma y decidir hacia dónde iba. Sólo se conocía a través de su iconografía, de modo que tenía que averiguar quién era la verdadera Diana.»

Diana era muy consciente de que, por su título y estatus, se había convertido en un icono vivo, una princesa de cuento de hadas, pero de carne y hueso, en la que la gente podía volcar sus esperanzas y proyectar sus sueños dorados de príncipes azules y princesas. La famosa fotografía del álbum de la familia Spencer en la que se ve a Diana adolescente sentada, absorta en una novela romántica de Barbara Cartland, demuestra lo mucho que cautivaba a la joven Diana la imagen idealizada del amor cortés y el matrimonio romántico. En la época de su separación, el hechizo se había roto de manera cruel. «Les han dicho [al público] que existe una princesa de cuento con una diadema sanguinolenta en la cabeza, y para ellos todo forma parte del cuento», declaró amargamente en una de nuestras entrevistas.

Se pasó todos sus años adultos en una institución que controlaba su vida, bien a través de los cortesanos, que organizaban su agenda y le adulaban el ego; o de su guardaespaldas, que seguía sus movimientos; o de los medios de comunicación, que definían su personalidad con terribles distorsiones, contradicciones y clichés fáciles. Por lo general, sin embargo, los medios eran el único criterio de Diana para guiarse día tras día.

«El proceso de búsqueda de su yo fue muy duro —observaba Colthurst—. Durante la mayor parte de su vida adulta, las decisiones le vinieron impuestas desde fuera; en cierto modo, es como si viviera en un internado. Después de la separación tuvo que recuperar el control de su propia vida y un impulso de construcción. El núcleo radicaba siempre en avanzar *hacia* algo, en lugar de *alejarse* sin más de la familia real.»

Las semanas siguientes al anuncio oficial de la separación fueron, por decirlo suavemente, estresantes, pues los miembros de la familia real cerraron filas y se percibió el inicio de una campaña silenciosa contra la princesa de Gales, y contra la duquesa de York, al tiempo que la reina lamentaba su *annus horribilis*. Diana tenía que salir de allí.

El respiro necesario llegó con unas vacaciones soleadas en la isla caribeña de Nevis, en compañía de sus hijos, en enero de 1993: «Me has salvado la vida», dijo Diana a Ken Wharfe, que había organizado la escapada. Ya de vuelta en el palacio de Kensington, llegó el momento de retomar las riendas de su vida.

Como un animal herido, la princesa necesitaba un refugio donde lamerse las heridas en paz. Había resistido las presiones del príncipe Felipe y otras personas para que se mudase del antiguo apartamento conyugal del palacio de Kensington al apartamento número 7, mucho más pequeño y semiabandonado. Ella, por su parte, prefería rodearse de lo conocido, aunque muchos de los recuerdos fueran dolorosos. También fue doloroso el reparto del botín, incluido en algunos casos el personal de servicio: una parte era redundante, pero otra se trasladó con ella. El vicemayordomo del príncipe Carlos en Highgrove, Paul Burrell, y su esposa María, criada de Highgrove, por ejemplo, se trasladaron al palacio de Kensington a regañadientes. El sentimiento de rechazo era mutuo; la princesa desconfiaba instintivamente de la lealtad de cualquiera que hubiera trabajado para la otra parte.

Mientras se asentaba su menguado personal, Diana lijaba, frotaba y volvía a pintar todos los restos de su pasado conyugal. Carlos era historia. Todos sus objetos, desde la alfombra hasta su lavabo de anticuario, desaparecieron de allí. La princesa pidió a su amigo diseñador de interiores Dudley Poplak —que la había ayudado a decorar los apartamentos del palacio de Kensington doce años antes, en las semanas previas al matrimonio— que remozase numerosas habitaciones; se planteó llamar incluso a otro de sus amigos, Gianni Versace, para que diseñase uniformes nuevos para el personal.

Diana se trajo también a una curandera New Age, Simona Simmons, para conjurar y limpiar la energía negativa de su antiguo domicilio conyugal, así como a un experto en *feng shui* para infundir ímpetus renovados en algunas habitaciones. «Es como si hubiera muerto aquí muchas veces», explicaba con tristeza. Aunque se requería mucho más que un nuevo papel o una mano de pintura en las paredes para que Diana olvidase su infausto pasado, era una forma de empezar. Desde la adquisición de una nueva cama doble hasta las caricaturas, algo arriesgadas, del baño del piso inferior, todos aquellos cambios eran signos de un nuevo comienzo.

El mismo proceso, aunque algo menos exhaustivo, se repitió en la casa de Highgrove, donde otro diseñador de interiores, Robert Kime, se encargó de eliminar la decoración original de la princesa para darle otro estilo a la residencia campestre del príncipe.

La casa londinense de Diana, a pesar de que era todavía un lugar triste —Diana lo consideraba una prisión—, al menos le servía de refugio. Este campamento base la ayudó a curarse el cuerpo, lo cual es importante porque durante la mayor parte de su vida el cuerpo fue el amo de Diana. En los primeros meses de su nueva vida de soltera demostró un férreo control sobre sí misma, sobre todo en lo que concierne a su trastorno alimentario, la bulimia nerviosa, que la aquejaba desde que se sumó a la familia real. Como esta enfermedad guarda relación con el autocontrol, ahora que Diana llevaba las riendas de su vida, la bulimia no ejercía tanto poder sobre ella, frente a lo que sucedía antes de la separación, sobre todo cuando estaba en Balmoral y Sandringham con el resto de la familia, momentos en que la bulimia alcanzaba su máxima intensidad. A medida que tomaba cuerpo la construcción de una vida propia, la princesa conseguía hablar de aquel trastorno más a la ligera. Cuando se negó a asistir a una partida de caza con su marido en noviembre de 1992, decisión que precipitó la separación, comentó a Patrick Jephson, su secretario privado, que «Nicholas Soames [el político conservador y nieto rechoncho de Winston Churchill] devorará por mí toda la comida. Total, probablemente la habría vomitado de todas formas». La capacidad de bromear con su personal sobre su enfermedad indicaba cuánto había mejorado. Ahora comía lo necesario para vivir, en lugar de atiborrarse. Incluso en los episodios en que volvía la bulimia, era más una estrategia esporádica que un problema endémico.

En otros aspectos, la princesa se alejó gradualmente de los días en que el cuerpo controlaba su vida, al tiempo que se desenganchaba de otras dependencias. Así, sustituyó las pastillas para dormir de su botiquín por sesiones con un terapeuta del sueño que vigilaba sus niveles de oxígeno; y optó por la irrigación de colon en los momentos de rabia, en lugar de agredirse con incisiones y rasguños. Con el tiempo, las irrigaciones serían sustituidas por las sesiones de *kick-boxing* con Chryssie Fitzgerald, si bien el guardaespaldas de Diana no compartía el mismo entusiasmo por acudir al sórdido gimnasio Rodriques, sito en la zona más deprimida del East End londinense. Aunque su incansable experimentación con las terapias New Age —desde averiguar el futuro con las runas sentada bajo pirámides de cobre, hasta acomodarse en un círculo de piedra y absorber energía del sol— fue muy ridiculizada, formaban parte de un largo y azaroso proceso de curación, por no llamarlo absorción del yo. Diana era consciente de que algunos experimentos eran absurdos. Cuando su detective Ken Wharfe la encontró «cableada como para un lanzamiento de la NASA» en una sala de tratamientos de la plaza Beauchamp, le preguntó intrigado: «¿Disfruta con eso, *madam*?». Desde la maraña de tubos y cables, Diana replicó con ironía: «Es muy terapéutico».

Una forma más convencional de terapia era una tabla de ejercicios diaria. Aparte de fortalecerla físicamente, aquella gimnasia le daba una sensación de autocontrol. Cuando le presentaron a su monitora de fitness, Carolan Brown, en 1990, Diana mostraba todos los signos clásicos de inseguridad y baja autoestima. Los hombros inclinados, que hacían que su pecho pareciera mustio, el mentón prominente, y en lugar de mirar a su monitora, la escudriñaba a través del flequillo rubio. Lo más sorprendente, tratándose de una mujer famosa por su estilo, es que Diana llevaba camisetas sin forma y pantalones cortos anchos, como si la avergonzara su cuerpo. Durante los años siguientes, sobre todo después de la separación, trabajó más su cuerpo, adquirió seguridad en sí misma y desarrolló un torso tonificado que exhibía con orgullo. De hecho, llegó un momento en que se sintió preparada para enseñarlo a los desconocidos. Vestida sólo con una malla de lycra de color carne, se ofreció a salir con Carolan después de una sesión de ejercicios en el palacio de Kensington. Cuando Carolan y la princesa avanzaban hacia el patio, la vecina de Diana, la princesa Michael de Kent, y el historiador del arte sir Roy Strong salieron también, camino de la exposición floral de Chelsea. Mientras se preparaban para arrancar el coche, Diana charlaba tranquilamente y se regodeaba del efecto que había causado. «En cierto modo estaba presumiendo —comentó Carolan—, pero era mucho más que eso. Cuando conocí a Diana, jamás habría podido hacer aquello. Era un signo de que al fin se sentía cómoda dentro de su propia piel y quería disfrutar de la confianza recién descubierta en su cuerpo.»

Mientras se afanaba en controlar su cuerpo petulante, Diana también aspiraba a expandir su mente, y mostraba un apetito de conocimiento tan voraz como el que antes proyectaba hacia la comida. Era una combinación curiosa, y para muchos inquietante: una mujer de mundo, moderna, capaz de conversar sobre la muerte con el arzobispo de Canterbury, pero ingenua e inexperta en otros aspectos de la vida; una mujer socialmente realizada, capaz de aparecer en un cóctel de la alta sociedad y decir a sus compañeros: «¡Valor y al toro!», pero que nunca había estado sola en un pub o en un bar, y no sabía prepararse ni unos espaguetis. «Tuvo una educación muy protectora y era muy inmadura cuando se casó —señalaba Dickie Arbiter, el secretario de prensa de Diana y Carlos—. Pasó de un mundo de fantasía a otro.» Pero a medida que se disipaba la polvareda provocada por la separación, la chica de alta alcurnia que salió del colegio sin un expediente académico brillante había leído mucho, si bien de forma incontrolada y poco selectiva. Como cualquier chica de su edad, jugaba a la experimentación en sus lecturas, y siempre con un criterio muy ecléctico. Ella misma comentó: «Me voy a divertir con las reacciones de la gente ante los títulos de los libros». Desde los textos espirituales del filósofo Omraam Michael Aianhov, hasta libros de New Age sobre cartas del tarot y el I Ching, o libros de medicina, como la *Anatomía de Gray* o el célebre *Fat is a feminist issue,* de la psicoterapeuta Susie Orbach, Diana mostró un creciente y continuo interés por los asuntos espirituales, médicos y psicológicos. Según Debbie Frank: «Leía todo lo que caía en sus manos. Le costaba digerir algunas cosas, pero quería averiguar por qué se encontraba en esa situación, cómo podía superar, o ayudar a otros a superar, las etapas de dificultades y angustia. No quería ser una víctima resignada».

Si bien Diana era la primera en reconocer que no tenía una sólida formación académica, utilizaba sus crecientes conocimientos para cambiar y controlar su visión de sí misma, para verse menos como una víctima indefensa y más como una mujer dotada de poder y energía. «Diana se encuentra en un viaje de descubrimiento en la etapa actual; está descubriendo quién es la verdadera Diana», observó Stephen Twigg.

Parte de aquel viaje consistió en fijar —siguiendo el consejo de su osteópata Michael Skipwith— una cita con Susie Orbach, cuyas obras sobre la psique femenina, sobre todo en relación con los trastornos alimentarios, le han valido un reconocimiento internacional. Fue un paso muy valiente, pues un rasgo central de la patología de la bulimia es negar que se tiene un problema. Como apunta la propia Susie Orbach, la terapia no es una opción fácil. Susie no le ofreció un hombro profesional sobre el que llorar durante las sesiones de una hora en su clínica de Belsize Park, en el norte de Londres, aquella primavera de 1993. «La terapia te hace ver quién eres —apunta Orbach—. No consiste en decir: "Estás fenomenal", ni en aportar tranquilidad o consuelo. Se trata de preguntar quién eres y por qué actúas así.» Son preguntas muy duras, pero Diana se sentía capaz de planteárselas.

De hecho, la princesa se sintió capaz, también, de expresar y analizar estas cuestiones en un ámbito más público en abril de 1993, cuando aceptó pronunciar el discurso de inauguración del primer congreso sobre trastornos alimentarios celebrado en Londres. Se preparó para el discurso y escribió una parte del texto. Aunque estaba muy nerviosa antes de hablar —«Lo conseguí con un gintonic», según le dijo al psiquiatra, el doctor Bryan Lask, que había organizado el congreso—, por una vez hablaba desde el corazón. «Estoy plenamente convencida de que el ansia de perfección de la sociedad puede agotar al individuo a cada paso», dijo Diana, sin temor a reconocer su propio problema. Luego definió la bulimia como una «amiga vergonzosa» y describió los sentimientos infantiles de «culpa, repugnancia hacia uno mismo y baja autoestima, que provocan [...] una compulsión de disolverse como una aspirina y desaparecer». Su discurso, muy personal, perspicaz y revelador, fue un giro sorprendente para tratarse de un miembro de la familia real. Para Diana, lo más importante es que al fin era dueña de sus pensamientos, sus palabras y su voz.

«¡No está mal para una puta!», gritó una voz cuando Diana salía del congreso, todavía sonrojada por los nervios y la adrenalina.

Por un momento, los oficiales de palacio que acompañaban a la princesa se quedaron consternados, pero Diana explicó entre risas eufóricas que era su instructor de oratoria, el actor Peter Settelen, que había utilizado con ella técnicas de teatro improvisado, como la de hacerse pasar por personas de todas las condiciones sociales. Peter era una de las personas que entraron de forma casual e influyeron mucho en la vida de Diana. Poco antes de las Navidades de 1992, Diana pidió opinión a su monitora de fitness sobre un discurso suyo reciente, que había sido transmitido por la emisora Radio Four de la BBC. «Una porquería —respondió Carolan sin rodeos—. Parecías una niña de diez años con una vocecita de "pobrecita yo". Si quieres pronunciar un discurso intenso, tienes que darle el tono correspondiente.» Carolan no tardó en recomendarle las clases de su amigo Peter Settelen, quien, además de formar a la princesa en el arte de la oratoria, comenzó a escribirle parte de los discursos, lo cual irritó mucho a Patrick Jephson. A mediados de 1993, Peter Settelen, Stephen Twigg y James Colthurst colaboraban en los discursos de Diana, a veces con cierta rivalidad.

La princesa intentó presentar su nuevo yo ante el mundo a través de otros medios: un nuevo corte de pelo, un estilo de ropa diferente —trajes de chaqueta muy modernos y acordes con su aspecto físico—, además de la publicación de retratos suyos realizados por su fotógrafo favorito, Patrick Demarchelier, que reflejaban el rostro renovado de una mujer resuelta, segura y joven, ansiosa por tratar asuntos serios y seguir adelante con su vida.

Pero aquello sólo era una imagen; en su vida real, la princesa todavía era proclive a la duda, la depresión y la angustia, sobre todo cuando reflexionaba sobre la incertidumbre del futuro. Era «como la marea», según observó un amigo. Aparte de los trajes de chaqueta, Diana aparecía también en público con varias prendas negras, como si estuviera de luto. En una mujer tan consciente de su imagen pública —«Ellos [el público] no quieren verme alicaída y sin gracia; quieren que salga ahí como corresponde», le dijo a Ken Wharfe—, los complementos lisos y oscuros indicaban la continua lucha que libraba en su mente y en su corazón. La prensa rosa no tardó en criticar los gustos de la princesa en el vestir, observación que ponía el dedo en la llaga. «¿Tengo poco estilo?», espetó Diana a un desafortunado corresponsal de prensa rosa especializado en la familia real, tras la publicación de un aluvión de historias que comentaban con sarcasmo la lúgubre indumentaria de la princesa.

Fue James Colthurst el que se atrevió a mencionar este tema espinoso en una comida en el palacio de Kensington. Con diplomacia le dijo lo que ella ya sabía en el fondo de su corazón: que el público quería ver una princesa radiante y vistosa. Sorprendentemente, Diana aceptó sus comentarios, y durante un tiempo se dio la curiosa circunstancia de que el figurín más famoso del mundo pedía consejos de estilo a un hombre que creía que la «alta costura» era una marca de cereales para gente pudiente. En realidad, lo que le hizo cambiar de opinión fue el argumento de que un estilo nuevo, más radiante, confundiría también «al enemigo» —el bando del príncipe Carlos—, que celebraba en silencio las contrariedades de Diana en la vida pública. De hecho, el príncipe pegaba un puñetazo de ira cada vez que veía una fotografía de Diana destacada en la prensa. «Carlos tendrá que aprender a madurar algún día», comentó un miembro de la casa real.

En el ambiente tenso que precedió a su separación, Diana era plenamente consciente de la hostilidad a la que se enfrentaba, no sólo de parte del príncipe y su círculo de defensores, sino también de todo el palacio de Buckingham. Aunque la reina y el príncipe Felipe intentaron mantenerse al margen del conflicto, era evidente que al final iban a ponerse de parte de su hijo, el heredero del trono. Los vínculos de sangre eran de suma importancia. Diana comprendió la gravedad de la situación en el enfrentamiento real que tuvo lugar en el castillo de Windsor en junio de 1992, cuando el príncipe Felipe aseguró que tenían una cinta en la que se había grabado la conversación telefónica de Diana con un hombre anónimo sobre la publicación por entregas de *Diana: su verdadera historia*.

A pesar de que aquella amenaza nunca llegó a cumplirse, la situación era enervante; por aquel entonces, a finales de junio, Diana recibió una carta de su suegro, la primera de una serie sobre la ruptura conyugal, en la que el remitente expresaba su convicción de que Diana había participado en el libro. Diana reaccionó con rabia e indignación. Se han vertido ríos de tinta sobre estas cartas, los más recientes a cargo del ex mayordomo de Diana, Paul Burrell, que trabajaba para el príncipe Carlos en Highgrove por aquella época. Su benévola interpretación de las cartas del príncipe Felipe —cuando cita la fórmula de despedida: «Con todo el cariño de papá», como prueba de la preocupación de Felipe por el bienestar de Diana— no encaja bien con la reacción inicial de la princesa. Ésta se alarmó tanto al recibir la primera carta, que telefoneó a un amigo para pedirle que le recomendase a un abogado que pudiera redactar un borrador de respuesta adecuado. Su amigo le sugirió que se pusiera en contacto conmigo, pero en el tiempo que tardé en proporcionarle un par de nombres, ella ya había encontrado al abogado que buscaba. Una reacción tan convulsa indica que la princesa no interpretó la misiva del príncipe Felipe como un gesto amistoso. Lucia Flecha de Lima —que junto con Rosa Monckton, esposa de Dominic Lawson, director del *Sunday Telegraph*, ayudó a la princesa a redactar varias respuestas—, por su parte, calificó las notas del príncipe Felipe de «cordiales y solícitas», «como un padre que escribe a una hija». Pero Diana nunca sintió gran simpatía por su suegro. Más adelante, en una conversación con sir Max Hastings, ex director del *Daily Telegraph*, Diana mencionó con entusiasmo la próxima publicación de una biografía del duque de Edimburgo, a cargo de Kitty Kelley, la escritora norteamericana de cotilleos (el proyecto nunca vio la luz; en lugar de esa obra, Kelley publicó *The Royals* [*Los Windsor*] en septiembre de 1997). «Durante años ha hecho la vista gorda», le dijo a Hastings, una de las frases recurrentes en su retahíla de quejas sobre la familia real. Al margen de los sentimientos personales de Diana hacia el príncipe Felipe, éste expresó, en cartas posteriores remitidas a su nuera, una opinión universal sobre la relación de su hijo con Camilla: «No me explico que nadie en sus cabales te deje por Camilla. No nos cabía en la cabeza tal posibilidad».

Aunque estas cartas adquieren una importancia trascendental en el cataclismo del *annus horribilis* de la reina, en su momento sólo fueron un aguacero en medio del temporal. Por aquel entonces, Diana era objeto de un aluvión de críticas, desaprobación, rumores y acusaciones. Se le reprochaba que hubiera pronunciado un discurso sobre consumo de drogas en el «Día de Balmoral», en el mes de agosto, cuando la familia real debía estar de vacaciones. Poco tiempo después, Diana supo que la reina había comentado en un crucero estival, a bordo del yate real *Britannia*, que el libro confirmaba su opinión de que Diana era «inestable»; y que, según el escritor de la casa real, Brian Hoey, ni un solo miembro de la familia real tenía «un buen concepto de Diana». Así nació el mito del «elemento peligroso», y se aceleró la campaña de maledicencias sobre el supuesto desequilibrio de Diana, que requería ayuda psiquiátrica urgente y padecía un trastorno límite de la personalidad.

En agosto de 1992, poco después del fiasco de la «segunda luna de miel» a bordo del yate de Latsis, y mientras la prensa se regodeaba revelando detalles sobre la duquesa de York y su «asesor financiero», John Bryan, llegó otra bomba informativa, la publicación en el *Sun* de unas conversaciones, grabadas ilegalmente, entre la princesa y un hombre identificado como James Gilbey.

Días antes de que se publicasen los fragmentos de las hoy célebres cintas de Squidgygate, nos informaron de que uno de los principales valedores del príncipe Carlos había azuzado a los inquietos directivos del *Sun* —que guardaban las cintas en una caja fuerte desde hacía varios meses— para que publicaran la maldita conversación nocturna de tres años antes. Irónicamente, a los directivos de ese desinhibido diario sensacionalista los aterraba tanto publicar el contenido de las cintas, en las que se reflejaba la sensación de aislamiento e infelicidad de Diana en su matrimonio y en el seno de la familia real, que habrían pactado un alto el fuego si el secretario privado de la reina, sir Robert Fellowes, se hubiera puesto en contacto con ellos. Pero no lo hizo. Los directivos del *Sun*, en cuanto superaron sus escrúpulos, llegaron a abrir incluso una línea telefónica para que el público pudiera escuchar fragmentos de las cintas.

Diana, que por aquel entonces se encontraba en Balmoral, estaba tan afligida que no le faltó mucho para hacer las maletas y marcharse antes de que sus abogados y los que representaban al príncipe comenzasen a trabajar en el acuerdo de separación. A pesar de que la princesa se mostraba fuerte ante la familia real, su «estado de ánimo era el más bajo de los últimos años», según Colthurst. Pero él y otros amigos lograron convencerla de que se quedase y luchase por sus derechos en lugar de marcharse.

Tras las sonrisas cálidas y el tono cordial, en las negociaciones predominaban, según el secretario privado de Diana, Patrick Jephson, «el rencor, la hipocresía y la injusticia». «Yo me preguntaba si sus adversarios percibían la obstinada determinación de la mujer que pretendían relegar a las tinieblas de la vida real», señaló Jephson en sus memorias. Muchos deseaban que Diana pagara muy cara su independencia.

Lo más perverso es que aquellos intentos de degradar su estatus, limitando su utilización de los vuelos y trenes reales, así como su acceso a la maquinaria monárquica, sólo sirvieron para arrojar más luz sobre la verdadera dirección que quería tomar Diana en su vida. Durante años, la princesa había clamado contra la hipocresía y el protocolo de la vida real; ahora tenía la oportunidad de demostrar un planteamiento radicalmente distinto en el ejercicio de su deber, tanto en estilo como en esencia, desmarcándose de la ortodoxia dominante en los Windsor. De modo que cuando viajó en marzo a Nepal, en compañía de Lynda Chalker, entonces ministra de Desarrollo Internacional, en su primer periplo solitario en calidad de «miembro semidesgajado de la familia real», la acechaban los tiburones mediáticos que presentían la carnaza. Una reunión informativa secreta de los asesores del príncipe Carlos, que señalaron la pérdida de estatus de Diana, sirvió para definir el tratamiento mediático de aquella visita. «Puede que estemos presenciando los primeros signos de que Diana ya no es un miembro destacado de la familia real», anunciaba un titular. Que viajase en un vuelo de línea regular en compañía de su hermana Sarah McCorquodale como dama de honor, para aquella estancia de cinco días en

Nepal, se interpretó como un signo inequívoco de la pérdida de estatus.

En realidad, Diana estaba encantada de enfocar a su manera un importante viaje internacional, despojado de protocolo y formalidad, con un énfasis especial en el encuentro con la gente corriente. Era un estilo hacia el que tendía desde hacía algún tiempo; en pleno furor por la separación real, por ejemplo, Diana visitó en secreto el centro católico Passage Day Centre en Victoria, lugar de acogida para los sin techo londinenses —donde había estado por primera vez en septiembre de 1989 en compañía del cardenal Basil Hume—, así como los hospicios de East End, Blackpool y Hull, en Londres.

Estas visitas formaban parte de su proceso de curación. En el mundo donde vivía, eran siempre sospechosas las motivaciones de los demás, pues cada cual tenía sus propios intereses, ya fueran para influir en las opiniones de la princesa o para medrar en la vida o en el ámbito profesional. Por otra parte, las personas que visitaba vivían en un mundo diferente, un mundo que no la atenazaba. Como observaba su amiga Debbie Frank: «Estaba acostumbrada a no tener relaciones puras y limpias. Todos querían algo. Es uno de los motivos por los que se llevaba tan bien con los niños y con los moribundos. No querían nada de ella. Triste, ciertamente».

La vida cotidiana de la princesa era un flujo permanente de habladurías y rumores de conspiraciones y contraconspiraciones. Raro era el día en que no había ningún sobresalto o alarma en el palacio de Kensington.

En este incómodo ambiente, la lealtad y la confianza se valoraban mucho, y cualquier atisbo de transgresión adquiría una importancia fuera de lo común. Diana miraba con suspicacia a todos los que la rodeaban: la familia, los amigos, el personal, los cortesanos y la policía.

Un incidente con un nuevo miembro a tiempo completo del personal de servicio, Paul Burrell, el ayudante de mayordomo de Diana, refleja el ambiente opresivo, invasivo y alienante en que vivía Diana en el palacio de Kensington. Cuando se separó la pareja real en diciembre de 1992, Diana sólo aceptó a Burrell y a su mujer María tras recibir las quejas de su secretario privado y de su mayordomo, Harold Brown. Desde el principio pensó que Burrell, como cualquier persona que hubiera trabajado para su marido, era un espía potencial del enemigo. A pesar de la afabilidad de Burrell, las reservas de Diana se confirmaron un día de 1993, cuando al volver del gimnasio lo encontró hurgando sus cartas privadas en la mesa de su sala de estar. Diana se puso furiosa y lo echó de la habitación, pero unos minutos después, temeroso de la humillación del despido, se dirigió a ella, se tiró en el suelo, llorando a moco tendido, y empezó a besarle los pies. Ken Wharfe entró atónito en la habitación, justo a tiempo para presenciar este bochornoso espectáculo, y con toda la cortesía que corresponde, reprendió al mayordomo por su «imperdonable deslealtad» y su «profunda falta de profesionalidad». Burrell, incapaz de explicarse, huyó despavorido de la sala.

Poco después, cuando Diana salía del apartamento para asistir a un compromiso público, el chófer de la princesa Margarita, Dave Griffin, que solía bromear jocosamente con ella, le comentó que no tenía muy buena cara aquel día. «[Burrell] tendrá que irse», declaró muy seria la princesa, cuando le resumió lo ocurrido. «Lo había pillado hurgando en los cubos de basura y registrando sus cartas», recordaba Griffin. A pesar de que la princesa reconocía el lado cómico de aquella escena indecorosa (de hecho, le costaba contener la risa cuando lo contaba), Burrell estuvo expulsado durante varias semanas, y al final tuvo la suerte de conservar su puesto.

Si aquél hubiera sido un incidente aislado, la princesa no le habría concedido tanta importancia, pero tenía la incómoda certeza de que ninguna de sus cosas era verdaderamente privada.

Después, cuando Ken Wharfe hizo unos comentarios poco oportunos, y bastante chauvinistas, al fotógrafo real del *Sun*, Arthur Edwards, empezó a circular el rumor. Edwards transmitió los comentarios a su jefe, el subdirector del diario, Stuart Higgins, que a su vez se lo contó a un miembro de la familia real con quien tenía relación, la duquesa de York. Ella no tardó en transmitir la noticia a Diana para congraciarse con ella. Cada cual actuaba en función de sus propios intereses, pero el resultado final fue que Diana, que ya se sentía cohibida por la presencia policial, se irritó e indignó por aquel gesto de Wharfe, que interpretó como deslealtad. Aquellas rencillas iniciales sembraron la semilla de un progresivo distanciamiento entre la princesa y su guardaespaldas durante aquel verano. Wharfe se enfadó cuando supo que Diana había ordenado a una empresa privada la supresión de micrófonos en sus habitaciones sin comunicárselo a él. Al final, con bastante acritud por ambas partes, el inspector y Diana rompieron relaciones en noviembre de 1993. Durante cierto tiempo, Diana prescindió de la protección policial oficial, si bien más tarde contrató al antiguo guardaespaldas de la princesa Ana, Colin Tebbutt, como chófer de seguridad. Aquella solución resultó eficaz, pues le daba protección sin mermar su capacidad de control, situación que anhelaba desde hacía años.

En efecto, la profunda sensación de descontrol era la clave de la continua insatisfacción de la princesa en el palacio de Kensington. A pesar de que el príncipe Carlos se había marchado, Diana no se sentía del todo cómoda en su apartamento. No eran sólo los signos evidentes de encarcelamiento —la inspección policial y las cámaras del circuito cerrado de televisión— lo que contribuía a su perpetua sensación de inquietud y malestar. Aun después de la separación formal, Diana se sentía observada y manipulada, aunque fuera de lejos. Pese a ser responsable de su propio hogar, no contrataba ni administraba la remuneración de sus empleados, policías o cortesanos. Ken Wharfe, por ejemplo, estaba contratado por la policía metropolitana e informaba directamente a Colin Trimming, el escolta oficial del príncipe Carlos. Tanto si era así como si no, para Diana todo aquello significaba que su marido estaba informado de sus planes y movimientos. Cada vez que Diana quería salir de vacaciones, sobre todo con sus hijos, otros se interponían en las decisiones económicas o estratégicas.

Aunque sus empleados estuviesen de su parte —lo cual era así en la mayor parte de los casos—, Diana sospechaba que sus lealtades últimas, por lo que respecta a la remuneración y a las perspectivas de futura contratación, estaban en otro lugar. Sólo después del divorcio, en 1996, Diana adquirió el control total de sus empleados. Hasta entonces dirigía una secretaría clandestina que ella misma había constituido, un grupo variopinto de hombres que la asesoraban, guiaban y protegían. Para los que ya trabajaban allí, era un grupo irregular, poco coordinado, molesto y decepcionante. Sin embargo, para Diana era un equipo (aunque la palabra sea poco adecuada) que le debía lealtad sólo a ella. «Confío en mis instintos», declaró Diana. Eran palabras valientes, pero basadas, por desgracia, en una apreciación errónea.

De modo que, aunque Diana escuchaba los consejos de su secretario privado, Patrick Jephson, tenía la sensación de que, al igual que el resto de los cortesanos, aquél prefería que la princesa permaneciera en la órbita de la reina y del palacio de Buckingham, donde resultaba más manejable. Por lo tanto, se anticipaba constantemente a sus decisiones, confiando a otros una labor que Jephson consideraba de su competencia. Así, por ejemplo, Diana invitaba a propios y extraños —su masajista, Stephen Twigg; su foniatra, Peter Settelen; el corresponsal real del *Daily Mail*, Richard Kay (con quien entabló amistad en el viaje de regreso de Nepal) y, más tarde, el reportero de televisión Martin Bashir, entre otros— a colaborar en la redacción de sus discursos; o discutía su estrategia de futuro (en todos los aspectos, desde su posible participación en la Cruz Roja hasta el estilo de las tarjetas navideñas) con gente como el banquero Jacob Rothschild, el presentador de televisión Clive James, el productor cinematográfico David Puttnam y su viejo amigo el doctor James Colthurst.

Por ejemplo, unos días antes de que Colthurst y la princesa comieran juntos en el palacio de Kensington en septiembre de 1993, escribí una propuesta de cinco páginas, titulada «Planificación estratégica a corto y medio plazo», en la que se enumeraban los principales asuntos y dificultades que afrontaba Diana en aquella época. El documento se refería especialmente a la imagen mediática, los discursos, los compromisos públicos y la búsqueda de una casa campestre; una sugerencia, como estrategia a largo plazo, era que dirigiese un «trust de la princesa de Gales», organización que aglutinaría todas sus actividades benéficas. Sin que yo lo supiera, Stephen Twigg, David Puttnam y, sin duda, otras personas le hicieron propuestas similares. En todos los casos, la princesa respondió negativamente con el argumento de que no quería competir con el trust benéfico de su marido. La intervención de extraños bien intencionados como yo y otras personas debía de resultar muy molesta para su secretario privado.

Patrick Jephson expone involuntariamente en sus memorias los fallos de su relación laboral con la princesa, cuando comenta la proclividad de Diana a dejarse seducir por ideas novedosas: «Para mí era una especie de laboratorio de ideas en el que la princesa disfrutaba de la libertad de adoptar las opiniones de las personas que elegía. Yo no debía intervenir [...], pero aun así conservé cierto grado de control». Omite un detalle importante: la princesa aspiraba a controlar la situación.

Asimismo, Diana desautorizaba constantemente a su secretario de prensa, el ex diplomático australiano Geoff Crawford, a quien consideraba un emisario del palacio de Buckingham, leal a la reina. Lo soslayaba a menudo, filtrando datos a Richard Kay, del *Daily Mail*, y a muchos otros, entre los que me contaba yo. Al final, Crawford pasó a ser secretario de prensa de la reina y abandonó el empleo de Diana en noviembre de 1995, tras la entrevista de la princesa en el programa «Panorama».

En el ambiente malicioso del palacio de Kensington es fácil comprender que la princesa se emocionara al recibir, unos días después de su regreso del viaje a Nepal, en abril de 1993, una carta de su hermano, ya entonces conde de Spencer, en la que le ofrecía la posibilidad de utilizar una casa de cuatro habitaciones en la finca de Althorp como residencia campestre privada. Era un refugio perfecto, a salvo de curiosos, recuerdos infaustos y habladurías cortesanas; para Diana, una bendición. La princesa podría haberse comprado una casa de campo propia, pero la preocupaba que los gastos de seguridad adicionales, o cualquier otra insinuación de despilfarro, suscitasen las críticas dentro y fuera de palacio. Hasta que alcanzase cierta estabilidad económica, cualquier informe sobre el gasto desmesurado de la princesa podía caer como un jarro de agua fría. La utilización de la Garden House de Althorp por un alquiler de doce mil libras anuales, con servicios de limpieza y jardinería incluidos, evitaba dicho riesgo. Y lo que es más importante, confería a Diana, que por aquel entonces tenía sólo treinta años, la oportunidad de tener por primera vez su «casita» propia. Estaba tan entusiasmada, que invitó a Dudley Poplak a almorzar al aire libre y pasar el día allí, con ella y sus hijos, en una jornada que imaginaba con todo lujo de detalles, desde las habitaciones de los niños hasta los muebles y los colores de la decoración (tenía en mente azules pálidos y amarillos, colores que sugerían paz y tranquilidad).

Los sueños se rompieron al cabo de unos días. Su hermano volvió a ponerse en contacto con ella, esta vez para comunicarle que, tras pensárselo mejor, para evitar la interferencia inevitable de la prensa y la policía, era preferible que su administrador de fincas se hiciera cargo de la propiedad. «Si te interesa alquilar una granja [fuera del parque], sería maravilloso», declaró en una carta citada por primera vez en las memorias de Paul

Burrell. Diana, sin embargo, estaba desconsolada, más herida de lo que podía imaginar el conde de Spencer. Le escribió de inmediato una respuesta en la que expresaba su irritación, una misiva que él, tal vez con buen criterio, devolvió sin abrir. Luego vino, según palabras del conde, una etapa de «breve y amargo silencio», que se intensificó en septiembre, cuando le pidió que devolviera la diadema de la familia Spencer, la que había llevado el día de la boda, en julio de 1981.

Desde el punto de vista emocional, Diana había depositado muchas, tal vez demasiadas, esperanzas en la casa de campo. Representaba mucho más que un retiro de fin de semana; era independencia, seguridad y una oportunidad de ser ella misma. El enfado con su hermano enmascaraba la ira que sentía hacia sí misma. Como en otros acontecimientos significativos de su vida —la huida de su madre, su propio matrimonio fallido—, ella se culpaba, transformando el impulso natural de tener una casa propia en un complejo drama psicológico de culpa y aversión hacia sí misma. «Estaba muy contrariada —recordaba Stephen Twigg—. Una vez más sentía que tenía que valerse por sí misma. Al final tuvo que resolver los problemas sola.»

«¿Quién va a querer todo el escándalo que va siempre conmigo?», comentaba Diana apenada, un instinto que influía en su trato con el mundo exterior, sobre todo en sus relaciones con los hombres. En más de una ocasión expresó este lamento.

Aquél fue el primero de una serie de incidentes que pusieron a prueba su determinación. Cada vez que avanzaba hacia una vida propia, un empujón externo la hacía retroceder. Fue un ciclo de aspiraciones y frustraciones que caracterizó el resto de su vida.

Mientras se lamía las heridas tras el altercado con su hermano, comenzó a visitar a la terapeuta Susie Orbach en los sótanos de Belsize Park, en el norte de Londres. Pero cuando la princesa se afanaba por resolver sus conflictos internos, sobre todo el sentimiento de culpa y la baja autoestima, descubrió que el mundo no le concedía la oportunidad de realizar en paz aquella transición. Es más, la gente —o mejor dicho, los que se erigían en sus representantes, los medios de comunicación— quería que se sintiera culpable sólo de intentarlo. Los *paparazzi* no tardaron mucho en merodear por la clínica, acosando a los vecinos de Orbach y molestando a los demás clientes. Cuando la princesa salía de las sesiones de una hora, le gritaban que levantase la cabeza para fotografiarla. Si no lo hacía, la llamaban «puta» y le hacían fotos de todas formas. Uno de ellos, que fotografió a Diana llorando a la salida de casa de Orbach, comentó alegremente: «Estaba acostumbrada a estar siempre rodeada de fotógrafos, así que ver a uno más no era gran cosa». Cuando estaba en el seno de la familia real, la temporada de caza era más limitada. Ahora que se había librado de aquel abrazo asfixiante, era presa diaria de los *paparazzi*, una cacería que duró hasta el día de su muerte. «Comenzó a ver el lado oscuro de la naturaleza humana —dijo Debbie Frank—. Comprendió que algunas personas eran tan primitivas que jamás podría comunicarse con ellas.» Las continuas molestias culminaron en una demanda judicial por acoso contra un *paparazzo*, Martin Stenning, que la asediaba de forma persistente.

Tras el trabajo sucio de los fotógrafos vino toda una serie de reportajes y noticias que situaban a Diana y su terapeuta en el centro de atención mediática, y reforzaban el derecho de propiedad que se arrogaban los medios con respecto a la princesa, en virtud de su carácter de personaje público. Un titular desdeñoso del diario sensacionalista *Daily Mail* es representativo de aquella tendencia: «Es de izquierdas y detesta a la familia tradicional. Ni siquiera se ha molestado en visitar a su tío enfermo. ¿Es Susie Orbach la persona más indicada para aconsejar a la princesa?». La entradilla no dejaba lugar a dudas: o te pliegas a nuestros intereses o te atendrás a las consecuencias.

De hecho, las observaciones de la escritora feminista Bea Campbell sobre los fotógrafos que acosaban a Diana pueden servir como comentario general acerca de la relación de los medios de comunicación con la princesa: «Les encantaba observarla, les encantaba perseguirla, amedrentarla y mirarla fijamente. Sus obras reflejaban también una determinación de dominarla, pues no aceptaban nunca un no por respuesta». Por lo que respecta a los medios en cuestión, cualquier compromiso por su parte era una variación de la vieja excusa de «ella se lo buscó». Que Diana continuase asistiendo a las citas con Susie Orbach, para liberarse de sus secretos más íntimos y a continuación soportar los gritos de los *paparazzi*, era un reflejo de su fuerza de voluntad y su firme deseo de explorar la naturaleza de su psique.

La nueva vida de Diana resultaba mucho más difícil de lo esperado; la búsqueda de una vida «normal» comportaba un alto coste. Aunque logró organizar un fin de semana secreto en París con dos amigos, por lo general ni siquiera los ejercicios matinales en el gimnasio estaban libres del acoso mediático. Al cabo de dos años de entrenamientos en las instalaciones del palacio de Kensington, la monitora, Carolan Brown, sugirió en 1992 que se trasladasen a su gimnasio, LA Fitness, en Isleworth, West London, para cambiar de escenario. Sabía que Diana se sentía suficientemente a gusto con su cuerpo como para dejarse ver por otros clientes del gimnasio. «Sabía cuánto deseaba ser una persona normal y hacer cosas normales —decía Carolan—. Significaba mucho para ella, porque su vida estaba siempre demasiado controlada y organizada.»

La simple insinuación tuvo consecuencias deplorables. Después de una visita puntual de Diana al gimnasio, su propietario, un empresario neozelandés llamado Bryce Taylor, a espaldas de Diana y de Carolan, instaló en secreto una cámara en el techo del gimnasio, con ayuda de un fotógrafo amigo. Cuando la princesa llegó al local, esperaron a que utilizase la prensa de piernas, que estaba justo debajo de la cámara, para captar subrepticiamente primeros planos de la princesa en mallas.

En mayo de 1993, ya molesta por el engorro de los fotógrafos en los alrededores de la casa de Susie Orbach, Diana se alarmó al descubrir la posibilidad de esta última intrusión en su vida. La historia que relató la princesa a Ken Wharfe era muy esquemática y poco concluyente. Al parecer, se había puesto en contacto con ella una antigua dama de honor, lady Elizabeth Johnston, cuyo peluquero, Shane Glavey, curiosamente, era amigo de la novia de Bryce Taylor, Lesley Scout. El peluquero había visto fugazmente las fotografías y se preocupó tanto, que llamó a lady Elizabeth, quien, a su vez, avisó a Diana. A mediados de mayo, cuando Wharfe investigó el asunto, el propietario del gimnasio lo negó todo, como era previsible. Las fotografías tardaron seis meses en aparecer, se publicaron en el *Sunday Mirror* en noviembre. En medio del furor inevitable, lo más elocuente fue la reacción de Diana, que se retiró consternada y furiosa a su dormitorio, que era su santuario en momentos de angustia. Hasta la reina vio las fotografías de su nuera. «¡Dios mío!», exclamó al ojear los periódicos del domingo mientras desayunaba en el castillo de Windsor (donde *News of the World* encabeza siempre el rimero de periódicos).

En los días siguientes a la publicación de las fotografías, Stephen Twigg declaró que había encontrado a la princesa muy tensa, con todo el cuerpo rígido, sobre todo el cuello. «Me sentí como si me hubieran violado», comentó en varias ocasiones a Carolan Brown, que abandonó su puesto de trabajo en el gimnasio en señal de protesta. Esta vez las lágrimas de autocompasión se vieron remplazadas por la rabia fría y el deseo de resolver el asunto con madurez. Diana ordenó a su abogado, Lord Mishcon, que solicitase un mandamiento judicial contra Bryce Taylor y Mirror Group Newspapers, y que los demandase por daños y perjuicios. Sin embargo, al final, la princesa no fue a juicio, sino que recibió una disculpa y una indemnización que destinó a una sociedad benéfica de su elección, además de los negativos y copias impresas de las fotografías. El resultado más satisfactorio no pasó desapercibido para quienes la comprendían bien: era una de las primeras ocasiones en que no se culpaba por la conducta inaceptable de los demás. Muy al contrario, sus sentimientos de ultraje y violación, durante tanto tiempo negados o menospreciados, le dieron peso y legitimidad legales.

Aquél fue un hito en la vida de Diana, un signo de los avances realizados en el camino de recuperación. Como observó Stephen Twigg: «Si le hubiera ocurrido lo mismo hace cinco años, habría intentado suicidarse, o al menos habría quedado sumida en una profunda depresión. En aquella época, su autoestima era tan baja que se habría culpado de las fotografías, al igual que se culpaba de sus problemas matrimoniales. Ahora tenía la fuerza y la autoestima necesarias para decir que aquella conducta ya no era aceptable».

Fue, sin embargo, una victoria pírrica. Aquel año, que se inició con una firme resolución, acabó con una retirada necesaria, cuando Diana decidió que requería más tiempo y espacio para explorar y examinar su vida. El acoso de los medios, que se sumaba a la guerra con su marido, desgastó su resistencia. Cada vez que intentaba reconciliarse con el pasado y planificar su futuro, aparecían muchos amigos y enemigos dispuestos a cortarle las alas. Había una campaña constante de maledicencias en su contra provenientes del palacio de St. James, al tiempo que los consejos de los amigos confundían e inquietaban a la princesa más que nunca. En una ocasión, por ejemplo, la duquesa de York la llamó para contarle que, según auguraban sus videntes, Diana estaría llorando un par de semanas. Había llegado el momento de retirarse del escenario, al menos durante un tiempo, decisión que provocó consternación entre sus organizaciones benéficas, empleados y admiradores.

Se negó a cambiar de opinión y resolvió comunicar su dramática retirada el 3 de diciembre de 1993, en un discurso pronunciado en un almuerzo benéfico destinado a la Headway National Head Injuries Association (hoy llamada Headway Brain Injury Association, una asociación de víctimas de lesiones cerebrales), de la que era patrocinadora. Los primeros borradores del que dio en llamarse «discurso del tiempo y el espacio», redactados por su foniatra, Peter Settelen, reflejaban su resentimiento hacia quienes le habían amargado la vida, sobre todo los medios de comunicación y su marido. Preveía decir: «No sería descabellado suponer que la reciente plaga de fotografías ha precipitado mi decisión [...], pero la continua intrusión de algunos miembros de los medios en todos los aspectos de mi vida se ha vuelto insoportable».

«Esto —comentó posteriormente Patrick Jephson a propósito del discurso—, lejos de ser una oferta de reconciliación propia de un estadista, evocaba inevitablemente a la mártir, la niña con carencias emocionales y la cabaretera que llevaba dentro.» Este cinismo patricio confirma los presentimientos instintivos de Diana: las verdaderas lealtades de sus supuestos aliados estaban a menudo en otro lugar.

Aun así, cuando Diana enseñó el borrador a Stephen Twigg después de un masaje en el palacio de Kensington, el masajista pensó —al igual que Jephson— que aquel discurso no le dejaba ningún margen de maniobra. Se sentó al borde de la cama doble de Diana e introdujo algunos cambios, algunos de los cuales se incorporaron en la versión final, más conciliatoria, que pese a todo continuaba culpando a los medios de su retirada. Aunque agradeció públicamente la amabilidad y el apoyo de la reina y del duque de Edimburgo, omitió el nombre de su marido.

# 4

# LA ASIGNATURA PENDIENTE

La nota manuscrita deslizada bajo la puerta de una suite del hotel Ritz de París era amistosa, cordial y totalmente inesperada. Cuando la condesa de Spencer vio la letra redonda, característica, apenas pudo contener su asombro. La carta era de su hijastra, la princesa de Gales, con quien no mantenía contacto alguno desde el funeral del padre de Diana, su querido marido Johnnie, conde de Spencer, en marzo de 1992. Ahora, en mayo de 1993, más de un año después, llegaba una invitación para reanudar la relación. «Lamento que no nos pudiéramos ver en París. Quizá podamos comer juntas cuando vuelvas a Londres», escribió Diana, todavía exultante por el logro de una de sus ambiciones más preciadas, pasar un fin de semana en París como una persona «normal». Fue un gran triunfo: compras, comidas en restaurantes y visitas turísticas por los bulevares de la capital francesa, en compañía de sus amigas Lucia Flecha de Lima y Hayat Palumbo, esposa del magnate lord Palumbo. El encuentro casual con la estrella de cine Gérard Depardieu en un restaurante fue la guinda del pastel. Por unas horas fugaces, la vida parecía bella en una etapa en que Diana estaba decidida a arreglar su mundo particular.

Cuando Raine Spencer leyó la carta, ignoraba los motivos por los que Diana quería retomar el contacto con ella. Aunque era evidente que Diana quería iniciar un acercamiento, su madrastra no estaba segura de querer evocar recuerdos dolorosos. «No me apetecía nada volver al pasado —reconoció—. No sé por qué me escribió de repente. No lo sé.»

Una de las grandes supervivientes de la vida, la condesa de Spencer, que hoy tiene setenta y cuatro años de edad, pertenece a una generación y una clase en las que los traumas y tragedias personales no son para el consumo público, y en las que se prefiere siempre mirar adelante que recrearse en el pasado. Le gusta citar estas palabras de la escritora norteamericana decimonónica Ella Wheeler Wilcox: «Ríe y el mundo reirá contigo; llora y llorarás sola».

Poco después de recibir la nota de Diana, Raine Spencer tenía una cita con el aristócrata francés que acabaría siendo su tercer marido, Jean-François, conde de Chambrun. «Tras la muerte de John seguí adelante con mi vida —declaró la condesa—. No pienso en el pasado; ya es bastante terrible ser viuda. Vivo totalmente en el presente y en el futuro. No necesito a la gente de mi vida anterior; lo que se acabó se acabó.»

De modo que, aunque era impensable declinar una invitación de la princesa, Raine Spencer sentía, por decirlo suavemente, cierta aprensión ante aquel eventual encuentro. Porque la mala relación que existía entre la familia Spencer y la mujer a la que llamaban *Acid Raine*[1] continuó después de la muerte del conde de Spencer. Charles, el hermano de Diana, que heredó el título y el control de la finca familiar de Althorp en Northamptonshire, acusó públicamente a su madrastra de vender indiscriminadamente las reliquias de familia y de redecorar sin gusto la casa principal. De hecho, tal era el rencor entre Raine Spencer y sus hijastros que, después de la muerte del padre, Diana y su hermano metieron las pertenencias de la madrastra en bolsas de basura y las tiraron, sin delicadeza alguna, por la puerta trasera de Althorp. Una mujer más débil se habría sentido mortalmente ofendida. Pero Raine, que estaba hecha de un material más resistente, decidió cerrar aquel capítulo de su vida y seguir adelante. Aunque Raine guardó un silencio circunspecto, su hermano, el editor Ian McCorquodale, salió en su defensa. «La han encasillado injustamente en el papel de madrastra malvada —declaró al *Evening Standard* en julio de 1992—. La madrastra siempre se lleva los palos.»

Por lo tanto, inevitablemente predominó la cautela inicial cuando la condesa Spencer, acompañada de Chambrun, se reunió con la princesa para almorzar en el palacio de Kensington. Fue hacia el final de aquella comida calificada de «muy alegre» cuando Diana expresó lo que tenía en mente. «Raine —le dijo—, gracias por cuidar de mi padre. Sé que lo querías.» Las dos mujeres se abrazaron en una escena que conmovió a los tres comensales. Para Diana era una forma de disculparse por el dolor, la angustia y los malentendidos del pasado. Aquel encuen-

1. Juego de palabras que por su semejanza con *acid rain* evoca el término «lluvia ácida». *(N. de la t.)*

tro fue el comienzo de una amistad imprevisible que se prolongó hasta la muerte de la princesa.

«Siempre he pensado —declaró posteriormente la condesa— que una de las razones por las que Diana quería que fuéramos amigas era que ella y yo éramos las únicas que podíamos hablar juntas sobre Johnnie. Me agradeció infinitas veces lo que hice por John cuando estaba tan enfermo. Fue un gesto muy bonito y generoso, pero básicamente nos divertíamos juntas, algo que ella también quería y necesitaba.»

Detrás de las bromas joviales y la generosidad, Raine veía a una mujer profundamente atormentada, una mujer que luchaba por aceptar su personalidad y sus proyectos de futuro. «Estaba increíblemente sola y deprimida, y por supuesto intenté ayudarla todo lo que pude. Ojalá hubiera podido hacer más.»

Después de aquel primer encuentro, Diana y su madrastra quedaron con frecuencia para comer en el palacio de Kensington o en el hotel Connaught, o bien para tomar el té en la casa de lady Spencer, en Farm Street, Mayfair, cerca de la embajada estadounidense. Se sentaba feliz en el sofá, con las piernas enroscadas, y charlaban sobre todo tipo de cosas, desde lo trivial hasta lo confidencial. Diana le hizo siempre «los regalos más maravillosos», lo cual recordaba a la condesa que cuando Diana estaba en el colegio siempre la alababan por su amabilidad, sobre todo con los niños más pequeños. Lady Spencer siempre conservará como un tesoro un regalo de Diana que recibió en una etapa especialmente difícil de su vida. Cuando se rompió su matrimonio con el conde de Chambrun en 1996, Raine estaba muy deprimida. Consciente de que la condesa necesitaba algún tipo de actividad en que ocupar el tiempo, Diana pidió a Mohamed Fayed, que había asistido a una de las comidas con la condesa, que ofreciera a su madrastra algún empleo. Poco después, le propuso la dirección de Harrods Internacional. «Aquello cambió mi vida, y Diana tuvo mucho que ver», declaró la condesa.

Para una mujer como Diana, que vivía según el principio implacable de «lo perdido, perdido está», la amistad con su madrastra supuso un cambio radical. Como recordó la princesa a su madre, Frances Shand Kydd, que había comentado con cierta irritación los encuentros de su hija con la condesa, ella, Diana, antes era la que más odiaba a Raine; si *ella* podía perdonar y olvidar, el resto de la familia también. En la boda de su hermano, en 1989, Diana se regodeó enfrentándose a su madrastra y diciéndole el tremendo dolor que le había causado a ella y a su familia. «Nunca he sentido tanta ira dentro de mí», reconoció posteriormente la princesa, que comentó con sus amigos su estupefacción ante la intensidad de aquellos sentimientos, pues, por aquella época, lady Spencer no había hecho nada para molestarla. Pero Diana vivía entonces sus «días oscuros» y su madrastra representaba un objetivo válido para descargar su furia.

Posteriormente, la muerte de lord Spencer y el propio tumulto vital de Diana, así como su reconsideración del papel de su madrastra en la vida de su padre —tal vez la paciencia adquirida al cuidar a enfermos y moribundos le habían llevado a comprender que la voluntad de hierro de su madrastra, al atender a su padre cuando tuvo su primer ataque importante en septiembre de 1978, le salvó y prolongó la vida—, fueron factores que motivaron este cambio radical.

Como es sabido, en aquella época (la primavera de 1993), Charles Spencer no contaba con el apoyo de su hermana, por haber retirado su oferta inicial de cederle la Garden House, pero la relación entre las dos mujeres era mucho más que un modo de marcarse un tanto familiar. Por aquel entonces, Diana, que iniciaba sus consultas regulares con la psicoterapeuta Susie Orbach y la astróloga Debbie Frank, comentaba a menudo la relación entre sus experiencias infantiles y su personalidad adulta. Desde su posición de terapeuta, Orbach la animaba a enfrentarse a los demonios del pasado, visitando la región de su infancia para comprender mejor su mundo presente. Y en aquella región vivía la «lluvia ácida»; «la detestábamos», dijo Diana en una ocasión.

«Después de la primera comida con Raine, Diana entró contenta como un cuco en la sala, porque era consciente de que había hecho algo valioso —recordaba Stephen Twigg—. Comprendió que había adquirido suficiente autoestima y confianza en sí misma para decir: "Lamento lo que hice, porque por aquel entonces no te comprendía bien."»

El encuentro con Raine Spencer formaba parte del proceso que consistía en despejar el camino emocional para emprender la difícil tarea de entender quién era realmente. Lejos de ser una mujer que, según declaró una feminista en un artículo del *Sunday Times* el 31 de agosto de 1997, «se encerraba en su vida anterior con la misma morbosidad que miss Havisham», luchaba por reconciliarse con el pasado para construir un futuro más completo y satisfactorio. Aquella exploración arrojó resultados imperfectos que duraron el resto de su vida.

La familia Spencer, ya sorprendida y bastante alarmada por la reanudación de la relación de Diana con Raine, se desconcertó todavía más cuando la princesa fijó una cita para visitar a su abuela materna, Ruth, lady Fermoy, en su casa de Eaton Square, en el centro de Londres. Aquel encuentro, celebrado en junio de 1993, fue tan extraño como simbólico. Porque no es exagerado decir que, de no ser por lady Fermoy, la infancia de Diana habría sido bastante distinta. Cuando la madre de Diana, Frances, entonces vizcondesa de Althorp, y Johnnie Spencer, vizconde de Althorp, se separaron, lady Fermoy decidió declarar contra su hija en el juicio por la custodia, decisión que tuvo efectos fatales. Aquello alteró para siempre el modo en que Diana veía a su madre. Un elemento recurrente y obsesivo en la vida de Diana es la sensación de abandono y pérdida que supuso el desplazamiento de su madre fuera del domicilio familiar cuando Diana tenía sólo seis años de edad. «La mayor conmoción fue cuando mamá decidió largarse. Así es como lo recordamos los cuatro», rememoraba Diana.

Debbie Frank coincidía en que «el trauma persistente de su vida era la sensación de abandono».

Sin embargo, lejos de huir de sus hijos, Frances Shand Kydd libró dos batallas amargas e infructuosas con su ex marido para recuperar la custodia de sus hijos. La intervención de lady Fermoy en el juicio tuvo una considerable repercusión, sobre todo porque se posicionó en contra de su hija. La madre de Diana contaba con criar a sus hijos y nunca recuperó el equilibrio después de aquella resolución judicial en su contra. «Imagínate cuánto me dolió», dijo años después.

Diana debió de imaginar el dolor de su madre cada vez que se despedía de sus hijos después de sus encuentros, siempre demasiado breves, pero el recuerdo que guardaba la joven Diana de su madre era la escena en que abandonaba la residencia familiar de Park House en 1967. Para Diana, aquel incidente era una imagen que sintetizaba los años de inseguridad, dolor, angustia e ira que marcaron su infausta vida familiar. Dado que sus dos hermanas mayores, Jane y Sarah, se marcharon internadas a un colegio y su hermano Carlos sólo contaba tres años de edad, Diana, que era una niña de seis años muy sensible e intuitiva, fue la que sufrió más profundamente tensiones, lágrimas y rabietas. Un antiguo miembro del personal de servicio de los Spencer declaró posteriormente las terribles disputas entre Johnnie y Frances, peleas que consternaban a la hija cuando las presenciaba. «Recuerdo ver a mi padre pegarle una bofetada a mi madre, mientras yo me escondía detrás de la puerta y lloraba», comentó Diana a James Colthurst.

La angustia que sintió, no sólo por presenciar el doloroso incidente, sino también por la confusión emocional derivada de la ruptura de sus padres, llegó a ser tan intensa que, según reconoció Diana posteriormente, en un determinado momento de su infancia enmudeció. En una etapa crítica de su desarrollo infantil, cuando aprendía a leer y escribir, Diana se volvió muda selectiva. Según su propia versión de los hechos, no recordaba cuánto tiempo y con quién decidió callar deliberadamente. Su memoria atribuye a aquel período entre tres y dieciocho meses de duración, una etapa muy larga, sobre todo para una edad en la que una hora puede parecer una eternidad.

Es una curiosa historia, sobre todo porque es infrecuente que una niña de seis años decida prescindir del habla; a esa edad les cuesta normalmente abstenerse de hablar. Los niños que padecen este trastorno, que suele relacionarse con un *shock* traumático en el colegio o en casa, suelen tener mucha fuerza de voluntad y un carácter muy firme, el mismo tipo que es propenso a los trastornos alimentarios, como ocurrió con Diana en su vida posterior. Según la psicóloga infantil Lyn Fry, especializada en mudez selectiva, esta dolencia no deja secuelas a largo plazo en el habla ni en la salud mental, y de hecho lo más normal es que los niños decidan guardar silencio sólo en determinadas situaciones. «Hasta los mudos selectivos hablan con alguna persona. En casa puede que ignoren a sus padres y hablen con sus hermanos; en el colegio pueden charlar con sus compañeros de clase y callar ante el profesor.» Era probable que Diana siguiese esta pauta, negándose, por ejemplo, a hablar delante de la familia pero no en el colegio. Una compañera de Diana en la escuela primaria de Silfield, en Norfolk, que hoy es productora de televisión, Delissa Needham, recuerda a una niñita siempre tímida y callada, pero muy observadora: «Sin duda era insegura, pero también muy avispada».

Que una niña pequeña opte por el silencio, aunque sólo sea unos meses y no de forma permanente, indica su profunda infelicidad. Según Debbie Frank, «de niña, Diana nunca se sintió del todo bien; se culpaba de la huida materna y desde entonces vivió con un fuerte presentimiento de que las personas que quería la abandonarían».

«Me odiaba tanto, que nunca pensaba que fuera suficientemente buena en nada. [...] Quiero decir, eran dudas abismales», recordaba la princesa. Como he señalado anteriormente, en el discurso que pronunció en la primavera de 1993 en un congreso sobre trastornos alimentarios, declaró que desde la infancia había tenido sentimientos de «culpa, repugnancia hacia sí misma y baja autoestima». Concebía de forma compulsiva sus necesidades de amor, atención y consuelo, lo cual genera la compleja dinámica que está en el origen de la bulimia nerviosa.

Con tales turbulencias vitales, Diana aspiraba a poner orden en el caos; de niña esto se reflejaba en el zoo de animales de peluche perfectamente alineados sobre la cama; ya en la vida adulta, era notoria la sistematicidad con que ordenaba su armario y sus zapatos. «Si Diana estaba en un entorno seguro, se encontraba bien», como observó una directora del colegio, Ruth Rudge.

Cuando recordó y empezó a entender lo decisiva que fue la intervención de su abuela en defensa de su padre —y las consecuencias que acarreó aquella actitud para su propia hija—, Diana tenía mucho interés en expresar su decepción por el comportamiento de lady Fermoy durante la separación de los príncipes de Gales. Al igual que la vieja señora, se posicionó con la aristocracia de Norfolk en lugar de defender a su propio linaje durante la separación de su hija, mostró lealtad a la corona, alineándose con el príncipe Carlos en lugar de con su nieta. Con todo, Diana no esperaba otra cosa. Ruth, lady Fermoy —íntima amiga y dama de honor de la reina Isabel, la reina madre—, era cortesana hasta la médula y encarnaba, en palabras del secretario privado de Diana, «una actitud deplorable para la princesa». Según recordaba Diana: «Mi madre y mi abuela nunca se llevaron bien. Siempre tenían violentos conflictos. Mi abuela intenta herirme todo lo que puede. Hace comentarios espantosos a la familia real sobre la huida de mi madre y el modo en que abandonó a sus hijos. Cada vez que menciono el nombre de mi madre en la familia real, cosa que hago muy raras veces, se me echan todos encima como una jauría de perros hambrientos». El príncipe Carlos se negaba a hablar de la madre de Diana. «Están convencidos de que obró mal y de que el pobre Johnnie sufrió mucho —dijo la princesa a James Colthurst—. Ahora sé que cuando se llega a esa situación es cosa de dos. Mi madre salió muy mal parada porque es como si la abuela la hubiera golpeado con una hacha.»

Durante su matrimonio, Diana había llegado a considerar que la Clarence House, entonces residencia de la reina madre, era la fuente de todos los comentarios negativos sobre ella, muchos provenientes de su abuela. Antes de la boda, lady Fermoy había advertido a Diana sobre los peligros de casarse dentro de la familia real, si bien Diana comprendió más tarde que el verdadero motivo radicaba en que, para su abuela, Diana no era una pareja adecuada para el príncipe Carlos. Cuando la vida conyugal se convirtió en un infierno, lady Fermoy expresó la opinión implacable de que su nieta debía quedarse con el príncipe para evitar a la familia real el bochorno de un escándalo matrimonial. El ex arzobispo de Canterbury, Robert Runcie, comentó en una ocasión: «Ruth estaba muy molesta con el comportamiento de Diana. Era una ferviente defensora de Carlos, porque lo había visto crecer, lo quería como todas las mujeres de la corte y, en cambio, veía a Diana como una actriz, una intrigante».

Un reciente enfrentamiento entre la princesa y su abuela, ocurrido el año anterior, refleja la típica actitud de lady Fermoy. Cuando la princesa de Gales salía del palacio de Buckingham después de una tensa reunión con la reina sobre las obras benéficas, se encontró con su abuela, que la reconvino por atreverse a llevar pantalones en una entrevista con la soberana. Aunque sus pantalones eran muy caros y de buen corte, para Ruth, lady Fermoy, Diana era poco más que una «meretriz».

De modo que cuando Diana sacó fuerzas de flaqueza para enfrentarse a su abuela, una mujer de ochenta y cinco años que, pese a toda la fragilidad física, no disimulaba su lengua viperina, sobrevino un momento crucial: por fin, la nieta errante plantaba cara a la poderosa matriarca. Si bien Diana tenía muchos motivos de indignación, dado que su abuela no había querido defender ni a su hija ni a su nieta, habló más desde el dolor que desde la ira, y le dijo que le decepcionaba que su propia familia de sangre le hubiera vuelto la espalda durante la ruptura matrimonial. Fue un planteamiento maduro y reflexivo; su abuela, siempre imponente, aquel día se sintió avergonzada, no sólo por la decisión valiente de Diana de sacar tales asuntos personales por primera vez, sino también porque la princesa mostró una actitud muy hábil y cortésmente conciliatoria.

En julio de 1993, cuando murió lady Fermoy, sólo unas semanas después de aquel encuentro, Diana sintió satisfacción por haber alcanzado cierto grado de entendimiento, si bien no cordialidad, con una mujer que tanto había influido en su vida.

Es significativo que los encuentros de la princesa con Raine Spencer y con Ruth, lady Fermoy, se produjeran en 1993, el primer año de su vida independiente. Fue una etapa de resolución de conflictos, no sólo en sus relaciones con los Spencer, la familia real y el círculo de amigos, sino también en sus esfuerzos por aceptar y reinterpretar el pasado, gracias a un asesoramiento intensivo, con ojos de mujer adulta, en lugar de los impulsos infantiles de otras épocas. Aun así, a pesar de que gradualmente comprendió las desgracias que había soportado su madre —sobre todo el dolor inconsolable que sintió Frances tras la muerte de su bebé John, acontecimiento que precipitó la ruptura matrimonial—, su relación con ella siguió siendo desigual, compleja y, en última instancia, quedó sin resolver.

Ambas eran agudas, atractivas y caprichosas; mostraban en sociedad una alegría superficial bajo la cual subyacía una profunda tristeza, por lo general oculta. Como nos dijo Diana en una de las entrevistas: «Por muy mal que te sientas, tienes que aparentar toda la felicidad del mundo. Mi madre es experta en eso y yo lo he heredado. Así te mantienes a flote». La princesa y su madre, proclives a calmar los tormentos con la ingesta compulsiva de alimentos, eran mucho más parecidas de lo que reconocía Diana. «Como dos gotas de agua», declaró su amiga Vivienne Parry, que conoce bien a toda la familia Spencer. Pese a todas las desavenencias, no se podía negar el vínculo entre ambas —un vínculo «de afecto y confianza», según Frances, si bien no del todo visible— ni tampoco la admiración de Diana por su madre, en ocasiones empañada por el rencor. Cuando Diana reflexionaba sobre el hecho de que el padre de la duquesa de York, el mayor Ronald Ferguson, había pedido la mano de Frances —al menos según la versión de ésta—, recordaba que su madre era una de las bellezas más notorias de su tiempo. «Mamá de joven era una mujer muy especial, muy atractiva —comentaba Diana—. Pura dinamita, no muy distinta de la princesa Grace, en cierto sentido.» (Conviene señalar que Diana entabló al instante muy buena relación con la ex actriz americana cuando la conoció, poco después de su compromiso con el príncipe Carlos; e insistió en representar a la familia real en el funeral de la princesa Grace en Mónaco en 1982.)

Los momentos de proximidad —como cuando Diana, su madre, su hermana Sarah y los niños fueron a la isla caribeña de Necker en 1989, o cuando la madre visitaba a su hija en el palacio de Kensington, o cuando Diana, Guillermo y Enrique pasaban una semana con «Granny Frances» en su casa campestre de la remota isla de Seil, en la costa noroeste escocesa— contrastaban con largos períodos de distancia y silencio, según un esquema que continuó hasta la muerte de Diana. Como observó su amiga y curandera New Age Simona Simmons a propósito de los encuentros esporádicos entre madre e hija, «Diana quería alegrarse al verla, entre otras cosas porque pretendía aprobar la asignatura pendiente de su infancia. Pero eran encuentros tormentosos y conflictivos».

Los vaivenes emocionales son un rasgo típico de la familia Spencer: son agudos, ingeniosos e intuitivos, pero presentan una tendencia incontrolable a decir o hacer lo indecible, cualidad que no mide las consecuencias ni los sentimientos de las personas afectadas, ya sean amigos, familia o desconocidos. «Era una familia muy voluble —observaba Vivienne Parry—, en el sentido de que nunca se sabía exactamente quién estaba peleado con quién. Pero estaban unidos, a pesar de las riñas constantes, y si un extraño criticaba a alguno de ellos, lo percibían como un ataque contra todos.»

Lo que tensaba periódicamente la relación de Diana con su madre, hasta el punto de ruptura, era la sensación de que no podía confiar del todo en ella. Las intervenciones de Frances en su vida, a pesar de su apoyo manifiesto, eran imprevisibles y a menudo poco diplomáticas. La tendencia se definió ya en los preparativos de la boda de Diana, cuando la futura princesa se quejaba de que su madre la «volvía loca» con sus lágrimas y quejas por la tensión que soportaba. («Yo tendía a pensar que *yo* era quien estaba presionada porque era la novia», comentó Diana posteriormente.) Aquello provocó un distanciamiento de varios meses, durante los cuales Diana se negaba a hablar con su madre, a pesar de que ésta estaba dispuesta a ofrecerle consuelo y consejos durante el arduo embarazo del primogénito, el príncipe Guillermo. Y aunque Diana agradeció mucho el apoyo de su madre en el bautizo del príncipe Enrique, cuando Carlos refunfuñaba porque quería una niña y porque el bebé era pelirrojo, no se alegró tanto cuando Frances escribió a Carlos para reprocharle que hubiera ido a la Ópera en 1991 mientras el príncipe Guillermo era operado de una grave herida sufrida en un accidente escolar, y hubiera dejado a Diana sola. La princesa, por suerte, interceptó a tiempo la carta, de la que presumiblemente su madre le había comentado algo, y se deshizo de ella antes de que Carlos tuviera ocasión de leerla.

Una vez más, durante el aciago verano de 1992, cuando Diana vivía una etapa muy turbulenta de su vida, la conducta errática e impulsiva de su madre le dio verdaderos motivos de alarma. Cuando Frances llamó en un estado de profunda angustia y acusó a su hija menor de haberla abandonado y la amenazó con autoagredirse, Diana se preocupó tanto, que envió un mensaje urgente a James Colthurst, quien a su vez se vio obligado a abandonar bruscamente una reunión del consejo de dirección para resolver aquella crisis familiar. Su consejo de que dejara hablar a su madre hasta que se calmara, al final dio resfiultado.

Por otra coincidencia infausta, en abril de 1996, cuando los príncipes de Gales acababan de divorciarse, Frances Shand Kydd fue detenida por conducir ebria, circunstancia que le valió la retirada del carnet de conducir durante un año. Diana, que tenía una concepción del crimen y el castigo muy inflexible, y creía que los conductores borrachos debían ser inhabilitados de por vida, sintió que su madre la había defraudado una vez más, máxime en aquella etapa tan difícil. La inestable relación acabó trágicamente en su fase de mayor distanciamiento tras la publicación de una entrevista de Frances en la revista *Hello!* el mayo de 1997. Frances comentaba que era «maravilloso» que su hija hubiera renunciado al título de Su Alteza Real: «Al fin es capaz de ser ella misma, de utilizar su propio apellido y buscar su identidad». Aquellos comentarios, que en sí parecían un flaco favor a su hija, Diana los interpretó como hirientes y superfluos, sobre todo porque la princesa había hecho un último intento desesperado con su cuñado, el secretario privado de la reina, sir Robert Fellows, para conservar el título honorífico. El altercado inicial entre las dos mujeres se agravó hasta crear un abismo infranqueable. Según Paul Burrell, la madre telefoneó al palacio de Kensington para lanzar una perorata sobre los hombres con los que salía su hija. Aunque la señora Shand Kydd ha cuestionado la versión de Burrell, reconoce que la princesa se negó a aceptar sus llamadas posteriores y le devolvió sin abrir las cartas que ella le remitió. Ni siquiera los intentos del mayordomo de mediar entre las dos surtieron efecto. Nunca volvieron a dirigirse la palabra.

Si bien la princesa reconocía las virtudes y los defectos de su madre, y llegó a comprender que no había abandonado voluntariamente a sus hijos cuando se rompió su matrimonio, en el corazón de Diana nunca se resolvió el trauma infantil de abandono y pérdida. «En su psique atormentada, todas las cosas despertaban lo ocurrido a los seis años de edad, cuando sus padres se separaron y la dejaron en una soledad que no se curaba con nada», escribió su amigo, el escritor de origen australiano y presentador de televisión Clive James.

Durante el último encuentro de la princesa con Debbie Frank en julio de 1997, poco antes de su muerte, Diana volvió sobre la misma historia una vez más, recalcando su necesidad casi visceral de consuelo, socorro y seguridad, deseo que se reflejó en las numerosas figuras maternas y familias adoptivas que acumuló a lo largo de su vida.

Lejos de su familia originaria, cada vez más alienada en la familia real, en especial durante los años noventa, la princesa recurrió cada vez más a una serie de mujeres mayores, de caracteres firmes e independientes, que pertenecían a otras clases sociales o vivían al margen de la clase dirigente británica. A mediados de los años ochenta, Mara Berni, copropietaria, junto con su marido Lorenzo, del célebre restaurante San Lorenzo, fue la figura materna más significativa de su vida; la expansiva madre italiana fue una suerte de guía espiritual, que le leía las cartas del tarot, le recomendaba videntes e interpretaba las estrellas. Se enemistaron durante un tiempo cuando la *signora* Berni invitó a Diana a la inauguración de una nueva tienda de ropa y no la avisó de que habría fotógrafos. Aunque aquella amistad se desgastó, como muchas otras, la princesa construyó vínculos afectivos con otras, principalmente con Lucia Flecha de Lima, Annabel Goldsmith, Hayat Palumbo y Elsa Bowker, que apoyaron y consolaron a la princesa durante los años siguientes a su separación. Estas mujeres, sofisticadas, avezadas y ajenas a los círculos convencionales, introdujeron un contrapunto cosmopolita en la vida que había llevado Diana hasta entonces. Al mismo tiempo eran conservadoras, cautelosas y estrictas en sus consejos; tanto Lucia Flecha de Lima como lady Palumbo, por ejemplo, se opusieron a su colaboración en mi biografía de 1992.

La figura materna más anciana era Elsa Bowker. Se conocieron en 1993, cuando lady Bowker era ya octogenaria. Había sido buena amiga de la abuela de Diana, y también de Raine Spencer, y a la princesa le atrajo de inmediato su origen exótico. Nacida en Egipto, de madre francesa y padre libanés, Elsa se casó con un diplomático británico, James Bowker, y se pasó gran parte de la vida viajando por todo el mundo. «Le gustaba mi forma de vivir, mi experiencia, y sabía que podía contármelo todo», recordaba lady Bowker poco antes de morir.

En 1990, cuando se iba a pique su matrimonio, la princesa conoció a Lucia Flecha de Lima, esposa del embajador brasileño en Londres. No cimentaron su relación hasta el año siguiente, cuando Diana viajó con ellos a Brasil en una visita oficial. «Me encantó —declaró Diana—. Lo pasé estupendamente desde el primer día hasta el último.» Para una mujer dominada por las emociones, un país de sensibilidades tan sensuales le resultó muy atractivo. El embajador de Brasil y su mujer representaban los valores de la unión familiar, una susceptibilidad latinoamericana exuberante y una sólida fe católica romana, conservadora y firme, que atrajo mucho a la princesa en su búsqueda de estabilidad y seguridad. Lucia, madre de cinco hijos y abuela, veinte años mayor que Diana, no sólo abrió su casa a la princesa, sino también ocasionalmente su dormitorio. Cuando su marido, Paulo Tarso, se levantaba de la cama conyugal, Diana se resguardaba allí con Lucia como una niña pequeña. «Era un miembro más de la familia y llegamos a tratarla como a una hija», declaró Lucia al *Daily Mail* en noviembre de 2003. «Creo que le daba una sensación de pertenencia que no tenía en otras partes. Sé que yo era una figura materna para ella, y ella para mí era como una hija. Diana se convirtió en un miembro más.» La princesa tenía incluso su propia habitación en la residencia londinense del matrimonio en Mount Street, Mayfair, donde Diana pasaba los fines de semana. «En mi casa, Diana era una niña atormentada, y yo la escuchaba y le daba consejos si ella quería. Yo sobre todo la escuchaba.»

Cuando Paulo fue destinado a Washington en noviembre de 1993 y con él se fue la familia adoptiva de Diana, ésta lo sintió como una pérdida. A ello se sumó que por la misma época dimitieron su detective Ken Wharfe y su chófer Simon Solari, y la princesa decidió retirarse de la vida pública durante un tiempo. Sin embargo, la amistad continuó, pues Diana los visitaba con regularidad. En una ocasión se reunió con Hillary Clinton y Lucia, en otra voló a Washington ex profeso para visitar a Paulo, cuando estaba convaleciente tras una operación cardíaca. Aunque pasaba con ellos las vacaciones, lo que más valoraba era que Lucia siempre estuviera accesible por teléfono para ofrecerle apoyo y consejos.

Si bien la princesa simpatizaba emocionalmente con su familia brasileña, adoraba el caos de la vida bohemia, aunque distinguida, de los Goldsmith. Lady Annabel Goldsmith, hija de la octava marquesa de Londonderry, pertenece al medio social de Diana, pero el hecho de que su extravagante marido, James, magnate de la industria alimentaria, viviera en Inglaterra con ella y en Francia con su amante dejaba a la familia al margen de las convenciones sociales; este aspecto conectaba con el lado rebelde de Diana, que quizá se sentía mejor con quienes no se guiaban por las normas sociales estándar. Que su hija Jemima se casase con Imran Khan, ex adalid del críquet paquistaní y posteriormente político, aumentaba el *glamour* familiar. Al menos dos veces al mes, la princesa se reunía con esta familia para compartir una comida dominical, rápida y caótica, y llevaba a Guillermo y Enrique para que jugaran con los hijos de los Goldsmith. En estas ocasiones, Diana se mostraba muy relajada y risueña, bromeaba con James, cuando éste le dejaba meter baza, conversaba con el personal, ayudaba a recoger los platos y nadaba en la piscina. «Mi casa era siempre la roca o el refugio donde ella podía recurrir en la huida, donde sabía que nunca sería traicionada», señaló lady Annabel después de la muerte de Diana.

Si los Goldsmith le ofrecían comida y seguridad, lord Palumbo y su mujer, Hayat, compartían la pompa de su fortuna, la dejaban utilizar su jet privado, la recibían en sus residencias de Inglaterra y Francia y la invitaban a bordo de su yate, el *Drumbeat.* Utilizaban sus contactos para ayudar a la princesa; Peter le recomendó al experto en relaciones mediáticas sir Gordon

Reece, amigo íntimo de Margaret Thatcher, para que la ayudara a pulir su imagen, así como a un venerable abogado, lord Mishcon, para que la asesorase en las negociaciones del divorcio. Fue Hayat, hija del director de un periódico libanés, musulmán chiíta moderado, asesinado por terroristas, quien organizó el primer viaje de Diana a París, donde, junto con Lucia Flecha de Lima, pasaron el fin de semana de compras y visitas turísticas. El hecho de que lady Palumbo se hubiera convertido de la fe musulmana al catolicismo romano introducía una dimensión absorbente en aquella amistad, pues Diana también había realizado un viaje espiritual similar (*véase el capítulo 6*). Paralelamente, la amistad de los Palumbo con el ex marido de la princesa Margarita, el fotógrafo lord Snowdon, así como con los duques de York —Peter Palumbo es padrino de la hija mayor de éstos, la princesa Beatriz—, confería a Hayat gran perspicacia y sentido crítico con respecto a las eternas intrigas y personalidades de la corte, asuntos que alguien como Lucia Flecha de Lima sólo podía atisbar de lejos. Aunque discrepaba profundamente de la colaboración de Diana en mi libro —al igual que Lucia—, comprendía mejor que otros las exigencias, ataduras y tensiones de la vida en el seno de la familia real.

Donde la princesa no encontró una figura materna fue en la familia real. Los sueños que otrora abrigó, conscientes o inconscientes, de que la reina madre o la reina fueran una suerte de guardianes maternos dispuestos a guiarla, criarla y protegerla, se esfumaron pronto. Cuando Diana comunicó su preocupación por Camila Parker Bowles antes de la boda, la anciana matriarca de los Windsor le sugirió que no se comportara como una «niña tonta» y cumpliera con su deber. Lejos de sentir que podía confiar en la reina madre, Diana siempre fue precavida. «No confío en ella. Me pregunta sobre los matrimonios de esta familia —dijo Diana—. Qué pienso y si puedo ayudar.» Años después, Diana explicó con arrepentimiento a Max Hastings, historiador, escritor y por aquel entonces director del *Daily Telegraph*, que la reina madre era mucho más severa de lo que creía la gente.

Para una mujer afectiva y necesitada, la vida en una familia cuya respuesta instintiva ante los asuntos personales es callar o mirar hacia otra parte —«hacer el avestruz», lo llaman ellos— era apenas tolerable. Diana no se sentía integrada. Ellos la veían como un problema; consideraban que su trastorno alimentario, evidente por las frecuentes ausencias de la princesa en las comidas familiares, era la causa de sus problemas conyugales, en lugar de un síntoma. Llegaron a verla como «un buque resquebrajado» que probablemente necesitaba atención psiquiátrica profesional.

David Puttnam estaba indignado. Aunque aceptaba que Diana era una «chica muy, muy, muy herida», no estaba «loca». En una ocasión me dijo: «Si mi hija, que es de la misma edad que Diana, hubiese caído en una familia tan disfuncional y sufriera las mismas presiones y falta de apoyo, no sería extraño que se hubiera desmoronado. Una de las cosas que realmente me irritaban es que si yo fuese su padre, la habría puesto inmediatamente en tratamiento. Ellos nunca llegaron a atenderla como merecía. Integrar a alguien en una familia es una enorme responsabilidad».

Aunque su separación del príncipe Carlos en 1992 rompió muchos de los vínculos entre Diana y el resto de la familia real, tuvo la astucia política de mantener un estrecho contacto con la reina. Los niños eran siempre su salvoconducto para entrar en las altas esferas de palacio. Cuando eran pequeños, Diana los llevaba a nadar al palacio de Buckingham y después tomaba el té con la jefa del clan. «La princesa aprovechaba también aquellas ocasiones para expresar lealtad y asegurar su voluntad de no herir ni a la institución ni a su marido, que acabaría heredándola —señala Patrick Jephson en su libro—. No era siempre sincera cuando hacía tales afirmaciones. A juzgar por la falta de réplica efectiva, probablemente se habían oído ya frases similares en el pasado.»

En la medida de lo posible, la princesa siguió el mismo criterio a partir de 1992, consciente de la necesidad de mantener estrechos vínculos con la fuente de autoridad y poder, no sólo por su propio bien, sino por el de los niños. Muy pronto comprendió que iba a ser una relación unilateral, pues la reina raras veces la visitaba a ella o a los niños, ni en el palacio de Kensington ni en Highgrove. «Nunca quiere verlos [a los niños] pero están siempre allí», dijo la princesa en respuesta a una noticia de prensa en la que se aseguraba que la reina se había quejado de que Diana le impedía ver a sus nietos. «Guillermo y Enrique se acercan a la gente que se gana su simpatía», declaró la princesa en una de las entrevistas con Colthurst. Su objetivo primordial, como señaló reiteradamente, era hacer lo que fuera más conveniente para sus hijos. «A la familia real le gustaría que yo desapareciera en el desierto y les dejara a los niños. Pero no lo haré», le dijo a Max Hastings.

A diferencia de las figuras maternas elegidas por Diana, la reina ejercía un verdadero control sobre muchos aspectos de la vida de la princesa, desde la forma y el estilo de sus responsabilidades y decisiones públicas sobre sus visitas al extranjero, hasta las relaciones con el gobierno; y en última instancia, el título de Diana y el acuerdo de divorcio. Aunque la reina no era muy proclive a la confrontación, tenía una amplia experiencia en cortar las alas a los sujetos excesivamente influyentes, ya fueran políticos o princesas. Después de la separación, Diana se doblegó en numerosas ocasiones, generalmente después de una intervención del palacio de Buckingham a instancias de la reina. Según Vivienne Parry, sin embargo, «aunque la reina era consultada en muchos asuntos relativos a Diana, ésta prefería creer que la culpa era de los hombres de gris de palacio, no de la reina».

Cuando dos niños resultaron muertos en un atentado del IRA en el centro de Warrington en 1993, por ejemplo, la princesa llamó a Wendy Parry, madre de una de las víctimas, Tim, para decirle que le encantaría abrazarla y consolarla en el funeral. A pesar de que reservó tiempo en su agenda para asistir al funeral, le explicó que el duque de Edimburgo era quien representaba a la familia. Cuando se reveló la noticia de la llamada de Diana a la señora Parry, la casa real comunicó que el duque era la «opción adecuada». «Me dieron un buen tirón de orejas, fue un lío monumental», afirmó Diana posteriormente, reconociendo que todavía tenía mucho «que madurar». El rechazo de una invitación para pronunciar la prestigiosa conferencia Dimbleby y la decisión de vetar una visita a Dublín para ver a la presidenta irlandesa, Mary Robinson, en septiembre de 1993 por «motivos de seguridad» convencieron a la princesa de que no llevaba las riendas de su propia vida. Esto nunca cambió. En marzo de 1997, en el primer aniversario de la masacre de Dunblane, en la que un loco había matado a dieciséis niños y una profesora, Diana protestó de que la casa real le hubiera impedido visitar la ciudad escocesa. «Sólo quería consolar a las familias. Pienso constantemente en ellas», declaró la princesa.

A pesar de que la veneración temerosa que caracterizaba la relación de Diana con la reina en los primeros años derivó, con el tiempo, en un respeto servicial y algo tenso, había recelos inevitables por ambas partes, sobre todo a raíz de la separación. El enfrentamiento en el castillo de Windsor por la conversación telefónica grabada y la campaña epistolar del príncipe Felipe tras la publicación de *Diana: su verdadera historia*, indicaba que en sus relaciones nunca predominó la confianza ni la serenidad. Diana sentía una suerte de admiración confusa por la reina, pues la intimidaba su estoicismo silente ante la rutina mundana de la monarquía, pero a la vez la amedrentaba, o incluso la decepcionaba, la extensa influencia de la reina sobre su vida. La irritaba que la reina, a quien continuaba considerando, algo ingenuamente, como el árbitro omnipotente de la familia, no hubiera intervenido para poner fin a la relación de su hijo mayor con Camilla Parker Bowles y que siempre se posicionase a favor de Carlos, circunstancias corroboradas por los cortesanos de aquella época. «La reina siempre se mostraba comprensiva con Carlos; de hecho, era bastante parcial en ese aspecto», comentó uno. Diana, sin embargo, también se quejaba de que la soberana observaba los conflictos desde fuera, y nunca cometía errores porque en realidad nunca intervenía. «Mi suegra ha sido un gran apoyo, pero es difícil obtener una resolución de su parte», observó Diana con diplomacia. Sabía imitar muy bien a la reina, pero no estaba tan segura en la valoración de su personalidad. Durante nuestras entrevistas, la única cuestión que no supo responder fue la relativa al carácter de la reina. «Es muy difícil responder.» Con el tiempo, Diana empezó a sentir «pena y tristeza» cuando comprendió que la reina era una mujer tan atrapada en una jaula de oro como ella misma. Expresó esa opinión en una carta, supuestamente fechada en octubre de 1996, que escribió para sí, donde perfilaba algunas ideas sobre la reina y la institución a la que había servido durante casi toda su vida adulta: «Solo deseo abrazar a mi suegra y decirle que entiendo profundamente lo que le ocurre en su interior. Entiendo el aislamiento, los equívocos y las mentiras que la rodean, y lamento profundamente *su* decepción y confusión». Aunque estas palabras revelaban parte de sus ideas, tal vez sería más exacto decir que esta actitud condescendiente enmascaraba sus sentimientos confusos de impotencia y afecto no expresado en presencia de una figura icónica, cuya influencia en su vida fue constante y muy marcada.

La sensación de perplejidad era mutua. La reina nunca conectó con la compleja personalidad de Diana, un hecho reconocido por su prima mayor, lady Kennard, madrina del príncipe Andrés, una de las pocas personas que han sabido explicar el pensamiento de la monarca. «Ni la reina ni nadie entendía a la princesa Diana —declaró en un documental de la BBC que contaba con la aprobación oficial de la reina—. [Diana] estaba muy herida, por sus orígenes y su infancia, y es muy difícil saber.» El hecho de que la única carta de la reina recibida por Diana fuese una nota formal a finales de 1995 en la que le pedía que se divorciase del príncipe Carlos, simboliza la distancia y disonancia de su relación.

Si bien es cierto que la princesa siempre intentó, sin éxito, tender puentes con su suegra, no se esforzó en adaptarse al resto de la familia. Existía una formalidad glacial entre ella y la reina madre, cuyo círculo —del que formaba parte, entre otros, su dama de honor, la abuela de Diana, Ruth, lady Fermoy— se posicionó incondicionalmente a favor del príncipe de Gales en su conflicto conyugal. Otros miembros de la familia real, a pesar de los recelos personales hacia el príncipe Carlos por su tendencia a la introspección autocompasiva, eran distantes o declaradamente hostiles con su mujer. Los encuentros familiares, que siempre habían sido una terrible experiencia para Diana y le provocaban crisis de su trastorno alimentario, en la última etapa adquirieron una frialdad bochornosa. Por ejemplo, cuando la reina la invitó a asistir a la conmemoración del Día D, junto con el resto de la familia real, en junio de 1994, su secretario privado vio que la princesa estaba muy tensa antes del acontecimiento y que se ajustaba nerviosamente el sombrero, preocupada por lo que iba a decir al bando hostil. Lejos de reflejar su larga experiencia de compromisos públicos, Diana parecía una novata que asistía a su primer baile escolar.

Aunque Diana no estuviera presente, los miembros de la familia real tenían la cautela de no expresar sus opiniones cuando salía su nombre en la conversación. Y su nombre salía con una frecuencia alarmante. No la comprendían, la consideraban excéntrica y no sabían tratar su temperamento, su bulimia o sus cambios de humor. «La familia está sumamente preocupada por el daño que se está causando», declaró uno de ellos a un amigo común.

Poco después de que Diana pronunciara el célebre discurso del tiempo y el espacio en diciembre de 1993, la nueva novia del príncipe Eduardo, Sophie Rhys-Jones, entonces condesa de Wessex, se vio atrapada en medio de este conflicto tácito entre los Windsor y los Spencer. Desde la perspectiva de la familia real, Sophie, hija de un vendedor jubilado de una empresa de neumáticos, encarnaba el polo opuesto a la princesa de Gales, prueba concluyente de que una plebeya podía codearse perfectamente con la familia real. Sophie, por su parte, había oído contar muchas anécdotas espantosas sobre la princesa al príncipe Eduardo, que nunca ocultó su aversión a los medios de comunicación o a quienes infringían el código real de silencio. De modo que cuando Sophie, entonces directiva de una empresa de relaciones públicas, conoció a Diana y otros miembros de la familia real tomando el té con la reina en el castillo de Windsor, estaba muy en guardia. Cuando la reina y el resto de la familia se sentaron a tomar el té y conversar con cortesía sobre los canapés y los pastelitos, Diana observaba fijamente, con las manos en la cara, a la novia de Eduardo. Sophie se sintió tan intimidada que salió del salón, no sin antes pedir permiso a la reina, como prescribe el protocolo real. Lejos de la presencia de la soberana, Sophie, enervada y afligida, rompió a llorar y recibió el consuelo del príncipe Eduardo.

En los siguientes encuentros, Sophie siempre se mostró muy cautelosa. Mientras charlaban unos instantes en los escalones de la iglesia, después de la boda de la hija de la princesa Margarita, lady Sarah Armstrong-Jones, con Daniel Chatto en julio de 1994, la novia de Eduardo sospechaba que Diana tenía otra motivación: intentaba salir a su lado en la fotografía. Aunque el cabello rubio y el estilo recatado de Sophie se compararon a menudo con el físico de Diana, en realidad la única similitud es que sabía imitar perfectamente su voz. Aquel día, la princesa estaba radiante, elegante y bronceada; y como se había colocado dos escalones más arriba que Sophie, destacaba infinitamente más. La novia de Eduardo posteriormente reconoció que su traje, que ella misma había elegido, era «espantoso». Sophie dominaba el mundo mediático hasta el punto de comprender que salía perdiendo en toda comparación fotográfica con Diana, de modo que prefería mantenerse alejada de las cámaras. Al margen de las motivaciones de Diana —que por aquel entonces comentó a sus amigos que le caía bien la recién llegada—, Sophie estaba influida por la familia real, que consideraba a Diana un ser «manipulador, taimado y maquinador». «La familia real le ha lavado el cerebro —dijo un amigo—. Lamenta mucho el modo en que Diana los ha tratado.»

La familia que Diana tanto valoraba, la familia de la que antaño se ufanaba de pertenecer, consideraba a la princesa un personaje corrupto y conflictivo. Según Patrick Jephson: «En opinión de la familia real, Diana se había mantenido al margen de su círculo de elegidos y por ello quedó relegada al papel de foránea». Sin embargo, los sentimientos de la realeza eran mucho más drásticos que la mera indiferencia o desagrado. La princesa de Gales era, según una frase que reiteraron varios miembros de la familia real en numerosas ocasiones, «la encarnación del mal entre nosotros».

# 5

## EN BUSCA DEL AMOR

Al pronunciar su conmovedor discurso «Tiempo y espacio» en diciembre de 1993, Diana anunció que se retiraba de la vida pública durante una temporada porque la presión de los medios de comunicación había convertido su vida en un infierno el primer año después de su separación. Sin embargo, tras esta dramática decisión se escondía otra razón. Estaba perdidamente enamorada y vio la oportunidad de sucumbir a la pasión lejos de las exigencias de su público o de la mirada atenta de la policía.

Su relación secreta con el marchante de arte Oliver Hoare, que duró cuatro años, la dejaría con un ego herido, con una reputación deteriorada y con el corazón roto. «Fue una relación sumamente dolorosa para ella —recuerda Debbie Frank—. Hablábamos del tema a menudo. Pero a través del dolor aprendió a conocerse más a sí misma.» En cuanto a lo de escapar de la atención de la prensa, era una opción simplemente irreal.

Si se vuelve la vista atrás, la fiesta celebrada en el castillo de Windsor durante las carreras de caballos de Ascot en junio de 1985 podría considerarse una cita trascendental. Una de las invitadas de Diana fue su amiga Sarah Ferguson, la bulliciosa hija del gerente del club de polo del príncipe Carlos, el mayor Ronald Ferguson. A Sarah le tocó sentarse junto al príncipe Andrés en la cena: congeniaron rápidamente y el resto, como se suele decir, es historia.

Otro de los invitados fue Oliver Hoare, que acudió acompañado de su mujer, Diane, la hija de una heredera con una gran fortuna, la baronesa Louise de Waldner, amiga de la reina madre. Al conocer a este hombre atractivo, taciturno, cortés y atento, dieciséis años mayor que ella, la princesa —como más tarde confesó a Ken Wharfe— se mostró tímida, y flirteó ligeramente con él. En cierta manera, debió de parecerle la imagen de lo que había sido su marido. Existen algunas similitudes entre ambos hombres, ya que ambos tienen un gusto refinado por las cosas más exquisitas de la vida y muestran interés por lo holístico y esotérico. Hoare, ex alumno de Eaton y experto en arte, se movía en círculos cosmopolitas y cultos que fascinaron a la princesa, y contaba entre sus amigos a Rudolph Nureyev, el bailarín ruso, y David Sulzberger, perteneciente a la familia de editores estadounidense propietaria de *The New York Times.* «Es un poco sibarita, aunque no en el mal sentido de la palabra. Le gusta vivir bien sin hacer grandes esfuerzos», dijo uno de los amigos de Hoare. Había vivido una temporada en Teherán y había entablado una amistad con el príncipe de Gales basada en el interés que compartían por el arte islámico, una materia en la que Hoare es especialista. De hecho, en 1985, el príncipe asistió a una exposición de arte islámico en la galería de Hoare en Belgravia, y cuando el negocio se vio sometido a un escrutinio judicial durante un juicio por robo ese mismo año, prosperó la amistad entre los príncipes de Gales y los Hoare.

Resulta irónico que mientras que el matrimonio entre los príncipes de Gales se desplomaba a principios de los noventa sumido en un clima de rencor y amargura, los celos de Diana hacia Camilla Parker Bowles la acercaran a Oliver Hoare. No sólo él y Diane eran amigos de Carlos y Diana, sino que formaban parte del círculo real interno que sabía de la relación del príncipe Carlos con Camilla. Estos últimos acudieron a cenas en casa de los Hoare en Chelsea y la madre de Diane, Louise de Waldner, invitaba con frecuencia al príncipe a su castillo cerca de Carpentras, en el sur de Francia, para que pintara y descansara; a este lugar acudió también para recuperarse tras romperse el brazo en 1990. En 1991, Diane y Oliver Hoare, junto con personajes impensables, como Jimmy Savile, una conocida figura televisiva, se vieron envueltos y se convirtieron en intermediarios que trataron de resolver las diferencias entre los príncipes de Gales.

Para empezar, Diana (que colaboraba entusiasmada en *Diana: su verdadera historia*) recurrió a Hoare en busca de consejo y consuelo —y para sacarle información sobre los movimientos de Carlos y Camilla—, y tanto fue así que esto llevó al inicio de una relación. En una situación normal, la amistad de Hoare con Camilla lo hubiera puesto contra la pared, convirtiéndolo en un personaje al que tratar con desconfianza y cautela. En ese momento clave de su matrimonio, en lo que concernía tanto al príncipe como a la princesa, los amigos, los miembros de la corte y el personal debían elegir de qué lado estaban. No se podía ser neutral. Por lo tanto, el hecho de que Diana estuviera decidida a mantener su amistad con Oliver Hoare era una muestra de su interés. En cuanto a Hoare, «se sentía halagado de que Diana estuviera enamorada de él —contó un amigo a la escritora estadounidense Sally Bedell Smith—. Él le daba pie sin saberlo». Este comentario parece tener poca credibilidad, puesto que hacía aproximadamente dieciocho meses Hoare, que por entonces tenía cuarenta y seis años y era sin duda un hombre de mundo, había acabado una relación de cuatro años con Ayesha Nadir, que había sido la belleza nacional de Turquía y ex mujer de Asil Nadir, un magnate de los negocios que cayó en desgracia.

Aunque Diana mantenía esta nueva relación secreta —tras haber dicho adiós a James Hewitt durante una comida en el palacio de Kensington en diciembre de 1991—, su obsesión por Carlos y Camilla persistía. Continuamente se consumía preguntándose dónde se encontraban, a quién veían y qué hacían, y su autoestima se deterioraba a medida que se acrecentaban sus celos. La información precisa que obtenía de Oliver Hoare la ayudaba a aliviar sus espeluznantes pensamientos y, en un terreno más práctico, le permitió conocer los detalles sobre los ratos que Carlos y Camilla pasaban juntos y, si ése era el caso, con quién estaban, y a su vez, transmitirme la información a mí. De ese modo obtenía datos concretos que procuraba corroborar de forma independiente. Por ejemplo, en una ocasión me envió las fechas en que el príncipe Carlos tenía previsto visitar el castillo de la suegra de Oliver Hoare, e incluso me proporcionó el número de teléfono del mismo. Supuestamente, la fuente era Oliver Hoare, aunque ni James Colthurst ni yo teníamos ni idea por aquel entonces de cómo conseguía la información.

Fue durante el febril verano de tramas y maquinaciones de 1991 cuando Diana empezó a visitar con asiduidad la galería de arte de Hoare en Pimlico, donde acudía un par de veces por semana. De hecho, en el mes de julio, para celebrar el trigésimo cumpleaños de Diana, Hoare le compró un pastel, y él y el personal de su galería le cantaron *Cumpleaños feliz* mientras ella permanecía sentada a su mesa, sonriendo ante el variopinto tropel de gente reunida frente a ella. Además de citarse con él en su galería, Diana también pasó mucho tiempo en la casa de Lucia Flecha de Lima en Mount Street, donde disponía de una habitación. Se encontraba a tan sólo unos metros del apartamento de Adrian Ward-Jackson, un destacado personaje en el mundo del arte, amigo también de Oliver Hoare y afectado de sida en fase terminal. Ella ayudó a su amiga Angela Serota, ahora lady Bernstein de Craigwell, a cuidarle, y en una ocasión, en agosto de 1991, condujo desde Balmoral para estar junto al lecho del enfermo.

Durante algún tiempo, Mount Street pasó a ser su segundo hogar, ya que la princesa se quedaba allí los fines de semana cuando el embajador de Brasil y sus hijos se ausentaban. De hecho, cuando en una ocasión le envié allí un capítulo del libro, Diana me dijo después que lo había leído en compañía de su amiga brasileña. En aquel entonces, la princesa estaba encandilada con Hoare, y a pesar de saber que al publicarse mi libro su vida amorosa despertaría un inmenso interés, esto no logró contener su amor obsesivo. A Ken Wharfe, que por su trabajo de guardaespaldas sabía más que la mayoría sobre lo que estaba sucediendo, Diana le confesó que «adoraba con todo su corazón» a Oliver Hoare (aunque insistía en que «nos limitamos a hablar»). Durante un viaje a Egipto en mayo de 1992, cuando se intensificaron las especulaciones sobre el contenido del inminente libro *Diana: su verdadera historia*, al parecer la princesa relató a su mayordomo, Paul Burrell, sus encuentros secretos en Mayfair, como él afirmó en su biografía: «La princesa utilizaba con frecuencia la embajada [brasileña] en Mount Street en Londres para quedar con alguien. No era James Hewitt». Se trataba de una confesión arriesgada, ya que en aquel momento Burrell se encontraba en el «bando enemigo», puesto que él y su mujer, María, seguían viviendo en Highgrove, empleados por el príncipe de Gales.

Si bien la embajada de Brasil en Mount Street era uno de los puntos de encuentro favoritos, según el ex chófer de Hoare, Barry Hodge, que concedió una entrevista a *News of the World* en febrero de 1995, la princesa y el marchante de arte también se reunían en otros sitios, como la casa de la restauradora Mara Berni en Walton Street, así como en cafeterías y restaurantes de Kensington y Knightsbridge. Poco después de la separación de Diana en diciembre de 1992, la princesa y Hoare desayunaban juntos con asiduidad en el club Chelsea Harbour, que ella empezó a frecuentar en la primavera de 1993, después de que ella y su entrenadora, Carolan Brown, fueran avisadas de que se podían estar haciendo fotos robadas en el gimnasio de Bryce Taylor, LA Fitness. «Solía acercarse a ella e intentaba besarla o tocarla —comenta Carolan, que ahora regenta su propio gimnasio—. Flirteaba abiertamente con ella, que solía apartarlo con la mano. Me dejó claro que tenían una relación.»

Como era habitual en ella, Diana cortejó a Hoare mostrando un intenso interés por su vida. Visitó a su madre, Irina, y cuando Hoare le habló sobre el sufismo, una rama mística del islam a la que se había convertido, no tardó en dejarse ver leyendo *Discovering Islam*, del profesor Akbar Ahmed, y pidió a amigos que le explicasen los puntos más sutiles de la oscura filosofía del sufismo.

Según su equipo de seguridad, a Diana se le fue un poco la mano en una ocasión en marzo de 1993, cuando estaba de vacaciones esquiando en Lech con sus hijos. Al parecer, una noche, cuando se suponía que estaba a buen recaudo en su habitación, se lanzó desde el primer piso del hotel, una caída de seis metros aunque amortiguada por un enorme ventisquero de nieve. Después se alejó, arropada por la oscuridad de la noche. Aunque su detective nunca llegó a saber con certeza qué había pasado, sabía que Diana había regresado a las cinco y media de la madrugada al hotel, del que no se la había visto salir. Tras examinar el lugar, encontró pruebas de que se había escapado por la nieve, y sabía que el amigo de Diana, Oliver Hoare, estaba esquiando en una pista cercana, de forma que no resultaba difícil imaginar lo sucedido.

Pero la princesa no sólo daba pasos temerarios en la nieve: Elsa Bowker relató cómo Diana saltó una vez del coche de Hoare en Sloane Square en medio de un embotellamiento porque sospechaba que él iba a ver a su mujer en vez de a su hija enferma, como le había dicho. Hoare la encontró más tarde sollozando sentada en un banco del parque, fuera del palacio de Kensington. No era extraño ver a la princesa llorando. En varias ocasiones durante este período, el chófer de la princesa Margarita, Dave Griffin, encontró a Diana llorando desconsoladamente en su coche en el exterior de su apartamento real. En su función extraoficial de tío, Griffin también la asesoró amablemente sobre la torpe manera en la que, durante algún tiempo, colaba a su amigo en su apartamento. Solía llevarlo escondido en el maletero del coche, que aparcaba en el patio de su vecina, la princesa Margarita. En ese momento, Hoare salía del coche y entraba sigilosamente por la puerta trasera del apartamento de Diana. El comportamiento de la princesa de Gales irritaba e intrigaba a la vez a su monárquica vecina. Si Diana aparcaba en su patio, la princesa Margarita se molestaba porque se estaba invadiendo su espacio privado, pero su disgusto no le impedía espiar por una de las puertas dobles que dejaba abiertas para intentar descubrir al visitante secreto de Diana. Transcurrido un tiempo, Dave Griffin advirtió respetuosamente a la princesa que llamaba más la atención adoptando ese misterioso comportamiento que dejando entrar a sus visitas por la puerta principal.

En una ocasión, el marchante de arte fue el centro de atención por sus actividades nocturnas. Aproximadamente a las tres y media de la madrugada se disparó la alarma de incendios del apartamento de Diana. El detective de la princesa se dirigió presuroso al lugar, y cuál fue su sorpresa al encontrar un Oliver Hoare de aspecto desgreñado y avergonzado, que se había fumado un cigarrillo en el pasillo.

Durante su relación con Hoare, la princesa parecía enfrentarse por primera vez tanto a un dilema emocional como a una posible resolución. A la vez que consideraba mi libro como la válvula de escape de su reprimida vida en la prisión real y de un matrimonio asfixiante, ahora resulta evidente que ella se había imaginado que la vida con Oliver Hoare sería como la tierra prometida una vez hubiera logrado huir. Le contó a lady Bowker, a quien Oliver Hoare le había presentado en una ocasión, que había pensado marcharse de Inglaterra y comprarse una casa en Italia con el marchante de arte. Comentaba con alegría que le gustaría tener dos hijas porque ya tenía dos varones, Guillermo y Enrique. No obstante, la ilusión era una cosa —ya se había planteado comprar una casa en el campo con su ex amante, James Hewitt— pero la realidad era otra muy diferente.

Al hacerse efectiva la separación de los príncipes de Gales en diciembre de 1992, Diana vio ante sus ojos la posibilidad de cumplir de verdad sus románticos deseos. Al año ya había prescindido de los servicios de protección de Scotland Yard, lo cual significaba que se había librado de los atentos guardaespaldas que vigilaban todos y cada uno de sus movimientos. Al mismo tiempo, su decisión de retirarse durante una temporada de la vida pública en diciembre de 1993 le ofreció la posibilidad de vivir la vida con el hombre que amaba. Según explicó ella a Stephen Twigg, éste fue el verdadero motivo para retirarse de la vida pública. «En su caso, el corazón realmente gobernaba la razón. Siempre se dejaba llevar por sus sentimientos», comenta Stephen.

No fue un camino fácil. También Hoare, según su chófer, Barry Hodge, parecía construir su futuro en torno a la relación con Diana. Unas semanas antes de que Diana pronunciara su discurso para anunciar su retirada de la vida pública en octubre de 1993, Hoare dejó a su mujer y se mudó al apartamento de un amigo en Pimlico. La suerte estaba echada, la princesa se encontraba muy cerca de hacer realidad el sueño que tanto había deseado. Estaba perdidamente enamorada de Hoare, o eso creía ella, y él había demostrado su compromiso en la relación al abandonar el hogar conyugal. Mientras planeaba su salida de la vida pública, se dejó ver en su coche en compañía de Oliver Hoare, con quien se quedó hablando dentro por espacio de una hora. Un periodista que los estuvo observando escribió que Diana «recostó la cabeza con toda confianza en el hombro de Hoare». Puesto que contaban con varias casas en las que podían encontrarse con total seguridad, su cita podría haber parecido arriesgada, pero también fue un modo de dejarse ver como pareja. Este encuentro privado realizado en público parece confirmar la paradójica máxima del psicoanalista D. W. Winnicott: «Es un placer estar escondido, pero un desastre que no te encuentren».

Ahora parecía probable que pudieran labrarse un futuro juntos. Sin embargo, esa Navidad, Diana hizo una breve aparición en Sandringham junto al resto de la familia real antes de volar a Washington para pasar el resto de las vacaciones navideñas con su amiga Lucia Flecha de Lima y su marido, Paulo Tarso, que se habían mudado a Estados Unidos para ocupar un cargo diplomático allí. Oliver Hoare no aparecía por ninguna parte, al menos en público.

Durante esas pocas semanas parece que Diana había recorrido un sendero familiar para muchos Romeos y Julietas, y se encontró inmersa en un sobrio lugar llamado realidad. Debía considerarse la parte práctica del asunto. En ese momento de la vida de Diana, el dinero era un tema muy delicado; por ejemplo, se puso furiosa cuando se publicó un artículo a principios de 1994 sobre su derroche anual en vestuario. Todavía dependía de su marido en el terreno económico y quería evitar a toda costa las malas críticas que pudieran influir negativamente en su acuerdo de divorcio; estas preocupaciones tuvieron finalmente un gran impacto en su vida. También era consciente de que la mujer de Hoare, Diane, la rica heredera, era la que administraba el dinero en el matrimonio. En opinión de Diana, Hoare no disponía en ese momento de los medios para mantenerla como ella estaba acostumbrada. Por supuesto, si se hubiera planteado en serio comprar un terreno en Italia y establecerse allí para formar una nueva familia, estas consideraciones hubieran sido irrelevantes.

Sin embargo, lo que importaba era que las reglas del juego habían cambiado, lo cual no era del agrado de Diana. Hasta que Oliver Hoare dejó a su mujer, ella había podido ser la actriz de una obra dramática y romántica de amor y desamor, esperanza y dolor, sin compromisos serios, como sucedió con James Hewitt. Pero al quedar libre Hoare, desaparecieron las limitaciones psicológicas que habían proporcionado a Diana seguridad y bienestar. «Se aterrorizó cuando Hoare se quedó libre y a su disposición», declaró un amigo de Diana. Su reacción no fue ni mucho menos extraña. Según un asesor matrimonial, la princesa se comportaba del mismo modo que muchas otras mujeres que se enfrentan a una separación. «Les gusta tener una relación con un hombre que no está disponible, normalmente casado, de forma que pueden disfrutar y sufrir con los altibajos sentimentales de una relación amorosa sin tener que comprometerse en serio.»

En enero de 1994, a las cinco semanas de que la princesa pronunciara su famoso discurso, Oliver Hoare volvió a casa con su mujer. Sin embargo, esto no impidió que Diana y el marchante de arte siguieran saliendo juntos, encontrándose en sus refugios habituales, como el club Chelsea Harbour y, por supuesto, el palacio de Kensington. En marzo se le fotografió en el coche de la princesa cuando regresaban al complejo de apartamentos reales tras cenar en un restaurante chino con Beatrix Flecha de Lima, la hija de sus amigos Lucia y Paulo. Mientras Diane Hoare estaba en Francia, Diana, hecha un mar de lágrimas, hizo una visita de noventa minutos a Hoare a finales de julio, justo cuando un diario investigaba las acusaciones de que la princesa había realizado llamadas telefónicas a casa de los Hoare y había colgado sin hablar. Incluso después de que saltara a la luz el escándalo de las llamadas, en agosto de 1994, siguieron viéndose, y el marchante fue visto un día, en enero de 1995, subiendo al maletero del coche de la princesa.

Aparte de estas exóticas excursiones, lo que en realidad sustentaba su relación era el teléfono móvil, testigo de llamadas tan frecuentes como intensas. Algunos días llegaba a llamarle veinte veces al móvil, mientras que un día tranquilo se limitaba a seis o siete. Si Oliver y su mujer, Diane, iban juntos en el coche, él solía desconectar el teléfono con disimulo para que no estuviera operativo. «Podría decir que Diana ha perseguido a Oliver todos los días durante tres años con llamadas telefónicas y encuentros —afirmó en televisión el chófer de Hoare, Barry Hodge—. Pero no era algo unilateral, sino que Oliver también la buscaba.» Por ejemplo, cuando viajaba por negocios a Estados Unidos, Hoare le enviaba una retahíla de mensajes de amor al busca.

Sin embargo, existía un lado oscuro, puesto que la princesa llamaba con asiduidad a casa de Hoare, se quedaba en silencio y colgaba cuando contestaba la mujer de éste. Esta desconcertante conducta empezó en septiembre de 1992, irónicamente, al mismo tiempo que las cintas del Squidgygate hicieron públicas las conversaciones a altas horas de la madrugada entre Diana y James Gilbey. Las llamadas siguieron durante un año, hasta que Diane Hoare insistió en que su marido recurriera a la policía para que averiguara de dónde provenían. En octubre de 1993, la policía colocó en el teléfono de los Hoare un aparato especial para localizar llamadas. No se tardó mucho tiempo en averiguar que algunas procedían del móvil de la princesa, otras de líneas telefónicas instaladas en su apartamento del palacio de Kensington y otras de cabinas de teléfonos de Kensington y Notting Hill Gate, no muy lejos de su residencia londinense. Poco después, la princesa discutió el asunto con Ken Wharfe, y aunque admitió haber realizado algunas de las llamadas, insistió en que la mayoría no las había efectuado ella.

Los demás no estuvieron tan seguros, ya que se sabía que la princesa era adicta al teléfono y dependía de él para obtener el confort que necesitaba de sus más allegados, fueran hombres o mujeres. En el caso Hoare, su conducta fue muy similar a la que mostró en sus relaciones con James Hewitt y James Gilbey; este ex oficial del ejército declaró altruistamente a una publicación sensacionalista dominical que también había sufrido estas molestas llamadas durante su romance con la princesa. Incluso si telefoneaba a James Colthurst (lo cual podía suceder veinte veces al día), en caso de que contestara su esposa Dominique, Diana colgaba sin identificarse. «Es importante darse cuenta de que ella telefonea en momentos en que se siente angustiada, a menudo llorando, y que sólo quiere hablar con una persona en concreto —explicó Colthurst—. Es lógico pensar que se sentiría avergonzada de hablar con alguien con quien no tiene confianza. Todo el mundo es consciente de la soledad que implica su cargo, de forma que hacemos concesiones.»

Esta vez se sintió desprotegida y humillada en público. En agosto de 1994, una publicación sensacionalista dominical, *News of the World*, sacó a la luz en sus páginas los detalles de las excéntricas llamadas y reveló que la investigación policial había indicado que procedían del palacio de Kensington. Los intentos de la princesa por ocultar su comportamiento no hicieron más que alimentar el sensacionalismo. Se fotografió un encuentro clandestino en su coche con un amigo, Richard Kay, periodista del *Daily Mail*, al que usaba con frecuencia para transmitir sus opiniones, lo cual despertó un gran interés por Diana en los medios de comunicación. En un artículo de una página, titulado «¿Qué he hecho yo para merecer esto?», la princesa se defendió de forma tajante y desafiante, asegurando que no había «nada de cierto» en las declaraciones de que ella acosaba por teléfono. Además, autorizó la publicación de su diario oficial para demostrar sus argumentos. «En cualquier parte hay alguien que se va a inventar que estoy loca, que soy culpable por asociación, que estoy atascada en el fango», dijo Diana. Con poco acierto, más bien socavó sus argumentos, al afirmar que no tenía ni idea de cómo usar un teléfono público, una defensa que fue acogida con un ridículo generalizado. Resultó muy apropiado que un chico que conocía a los hijos de los Hoare se apuntara como supuesto culpable y se le acusara de utilizar teléfonos públicos de la zona central de Londres para molestar a la familia del marchante de arte. De hecho, según puntualizó la madre del muchacho, el adolescente se encontraba en un internado en ese momento. Un año después, cuando Diana hizo su famosa aparición televisiva en «Panorama», reafirmó enfáticamente su inocencia, negando haber hecho las molestas llamadas: «Una vez más se trataba de una importante estrategia para desacreditarme, y estuvo a punto de acabar conmigo», le insistió al presentador de la

BBC, Martin Bashir. Aseguró que ella había «descubierto que un muchacho había realizado la mayoría de las llamadas».

Sin embargo, quedó patente que este argumento era mentira, dado que había confesado anteriormente a Ken Wharfe, así como a algunas amigas, como Elsa Bowker, que había llamado a Hoare setenta veces. Si bien a primera vista su comportamiento parecía el de una adolescente enamorada por primera vez, sus actos eran mucho más autodestructivos, y seguían patrones de conducta establecidos durante su peor etapa con el príncipe Carlos. En aquel entonces, y en el más extremo de los casos, se había llegado a cortar o magullar para llamar la atención del príncipe en un intento desesperado de solicitar ayuda combinado con la aversión que sentía hacia sí misma. Simone Simmons, su terapeuta, afirmó que Diana siguió causándose lesiones durante su romance con Hoare, lo cual implica que nunca superó la desesperación que sintió durante sus primeros años de casada. «El arsenal de Diana estaba guardado en el cajón de la cocina, y su arma preferida eran las finas púas de un tenedor», comentó; estas afirmaciones se fueron repitiendo en algunos artículos y biografías. Sin embargo, las declaraciones de Simmons fueron refutadas totalmente por Stephen Twigg, masajista de Diana entre 1988 y 1995: «Nunca vi ni el más mínimo rasguño en su cuerpo y, créame, lo hubiera visto».

Si bien la tendencia a la autolesión de Diana había quedado relegada al pasado, su inseguridad emocional seguía patente. Su vida sentimental era como una profecía que se cumplía por sí misma: buscaba el amor desesperadamente, con la certeza de que no podía ser amada, y si se le ponía el amor en bandeja, se alejaba e incluso provocaba rechazo para poner fin a la relación, lo cual confirmaba su sentimiento de que no servía para ello. Esto ayudaría a explicar las llamadas telefónicas en silencio, que seguro que sabía que sólo llevarían al rechazo

Cuando Oliver Hoare, quizá sensatamente, se negó a realizar ninguna declaración en público durante el escándalo de las llamadas telefónicas en agosto de 1994, o cuando su chófer, Barry Hodge, vendió al periódico sensacionalista *News of the World* la historia de la relación de Hoare con la princesa, su comportamiento no hizo más que confirmar los profundos sentimientos de Diana de abandono y rechazo. «Estaba dispuesta a dejarlo todo por él, así que imagine su desolación cuando él no salió en defensa de Diana», apuntó Stephen Twigg. Cuando Hoare le devolvió un par de gemelos que pertenecían al padre de Diana —había ofrecido regalos similares a otros hombres a lo largo de su vida—, quedó claro por ambas partes que la relación no iba a ninguna parte. «Ese hombre me decepcionó mucho», comentó Diana con amargura; sin embargo, lo cierto es que él se había arriesgado mucho para mantener y, posiblemente, formalizar la relación.

«Apuesto a que puedo lograr que Will Carling me invite a salir», dijo la princesa con desenfado a su entrenadora personal, Carolan Brown, mientras llevaban a cabo su rutina de ejercicios en el club Chelsea Harbour, del que el capitán de la selección inglesa de rugby era también miembro. Faltaban unos meses para que Carling se casara con la presentadora de televisión Julia Smith, en junio de 1994, y a Diana le venían a la cabeza ideas maliciosas. «Yo podría detener esa boda», anunció en un tono meditativo, riéndose por el retorcido pensamiento que había tenido. Su indolente propósito, más bien adolescente, comportaría que se siguiera manchando su imagen como mujer perniciosa, pero a la vez constituía un desarrollo en su personalidad.

Carolan comenta: «Era joven e inocente. En esencia, vivía la vida en sentido contrario, retrocediendo, porque no había pasado por la experiencia de tener citas con chicos. Por eso flirteaba con todos. Will Carling no se creía lo afortunado que era. Ella deseaba ansiosa ganarse su afecto y flirteaba de un modo atroz con él. Sin embargo, cuando él le pidió para salir, ella lo rechazó. Era como una chiquilla de risita tonta que flirteaba como una loca y luego se hacía la dura. Era como estar en el patio del colegio». Quienes la conocían desde sus días de soltera estarán de acuerdo con esta observación. «Se lanzó apresuradamente al matrimonio a los veinte —prosiguió Carolan— y ha vivido en un vacío durante diez años. Ahora está retomando esos sentimientos a los que renunció de adolescente. Le queda mucho para ponerse al día.»

La caprichosa conducta de Diana también reflejaba la confianza que acababa de adquirir en su cuerpo. Su programa de entrenamiento, que constaba de ballet y *steps*, le ayudó a desarrollar una silueta esbelta y delgada, poniendo énfasis en el saber estar de pie con elegancia y confianza. A principios de 1994, después de su tabla de ejercicios matutina, empezó a reunirse con Carling para tomar café y conversar. Poco después, Jenni Rivett sustituyó a Carolan Brown en el puesto de entrenadora personal, ya que esta última estaba embarazada de su primer hijo. Jenni puso un énfasis mayor en las pesas a fin de cambiar la definición corporal de Diana. «Si empiezas a tonificar los músculos, te sientes bien con tu cuerpo y sientes que controlas tu vida. Eso era muy importante para ella —explicó—. Estaba inspirada porque la obsequiaban con muchos piropos.» En un viaje a una reunión de diseñadores de moda celebrada en Nueva York en febrero de 1995, Diana se sintió tan a gusto con su silueta que llevó un vestido negro con la espalda al descubierto a una gala repleta de estrellas. «Espera y verás lo bien que voy a estar», le dijo a Jenni.

La gran importancia que tenía para ella su silueta quedó patente cuando los *paparazzi* le hicieron unas fotografías que dejaban entrever que tenía celulitis en los muslos. Se molestó tanto por esta ofensa implícita que no sólo permitió a su entrenadora que hiciera pública una declaración en la que negara que la princesa tenía celulitis, sino que se embarcó en un duro programa para erradicarla tan sólo para asegurarse de ello.

El creciente interés de Diana por estar en forma iba en consonancia, como es natural, con el propio interés de Carling en la belleza corporal; como había ocurrido en otras ocasiones con los hombres por los que se sentía atraída, la princesa se dejó absorber por lo que le interesaba a él. Como él mismo admite, él es un «anorak» en lo que respecta al entrenamiento con pesas y a las rutinas de ejercicio físico. Ambas entrenadoras no tardaron en mostrar su preocupación por el agresivo modo en que Diana levantaba pesas, y se dieron cuenta de que parecía cada vez más una amazona, con lo cual sacrificaba el aspecto elegante y esbelto por el que se había esforzado tanto por una silueta demasiado musculosa.

Como atleta profesional, Carling se tomaba muy en serio su programa de ejercicio físico y acudía con frecuencia a la clínica BiMAL Medical and Sports Rehabilitation junto a su fisioterapeuta, Alan Watson, para someterse a un exhaustivo chequeo de las funciones corporales, desde la capacidad pulmonar hasta la frecuencia cardíaca. Diana no tardó en seguir el ejemplo, y cada viernes por la mañana acudía a un centro del oeste de Londres para controlar su buena forma física en una revisión que duraba treinta minutos.

Hasta entonces habían quedado para comer un par de veces —en una ocasión, él y el ex capitán del equipo de Gales, Ieuan Evans, fueron al palacio de Kensington—, y Diana, según escribió Carling en su autobiografía (ingeniosamente titulada *My Autobiography*), «se interesaba especialmente por el rugby», e incluso le pidió si era posible que sus hijos presenciasen una sesión de entrenamiento en Twickenham. Cuando los hijos de Diana fueron a la sede del rugby inglés en marzo de 1995, ella los acompañó. Además de mostrar un gran interés por el rugby y por estar en buena forma, la princesa se preocupó por el matrimonio de Carling. Sus temas de conversación habían pasado de ser bromas sobre la astrología, los últimos cotilleos de los famosos y comentarios sobre los líderes mundiales —opinaba que Bill Clinton era sexy y su mujer, Hillary, demasiado ambiciosa— a cuestiones amorosas. Carling no llevaba casado ni un año y su relación ya empezaba a resquebrajarse. Al preguntarle Diana sobre el tema, y tras confirmar éste su infelicidad, la princesa le concedió el beneficio de ilustrarle con su propia experiencia en el caos de los fracasos amorosos.

Pero Diana no era noticia por sus habilidades como asesora matrimonial, sino como «destrozahogares». Frecuentes llamadas telefónicas, líneas de teléfono privadas especialmente instaladas, encuentros secretos en el palacio de Kensington y seudónimos cariñosos —Diana respondía al teléfono identificándose en broma como la «señora Carling» cuando llamaba un hombre al que denominaba «capitán»— formaban parte de un plan furtivo que la princesa parecía seguir. Gracias a las declaraciones realizadas en agosto de 1995 por la antigua asistente personal de Carling, Hillary Ryan, fueron los protagonistas de cinco páginas en una publicación dominical sensacionalista, el *Sunday Mirror*. Su ex empleada afirmó: «Él la rondaba como un perrito faldero. Era una situación patética».

El chófer real, Steve Davies, que ayudaba a llevar los palos de golf a Will Carling, también opinaba lo mismo, ya que creía que ella simplemente jugaba con la estrella del rugby, que estaba locamente enamorado. Carling, que visitaba habitualmente la oficina de Diana en el palacio de St. James, agravó a principios de septiembre su insensatez al llevar camisetas de rugby a Guillermo y Enrique al palacio de Kensington una vez destapado el escándalo, lo cual lo convirtió en un blanco fácil para sus detractores en los medios de comunicación. En aquel entonces, la princesa acudió a visitar a un amigo, Joe Toffolo, que se recuperaba en el hospital de un infarto de miocardio, y se quedó prendada de su cirujano, Hasnat Khan.

Aunque la relación clandestina entre Carling y Diana se parecía en gran medida a la que mantuvo con Oliver Hoare, a diferencia de Diane Hoare, Julia Carling, ex relaciones públicas ansiosa de protagonismo en los medios de comunicación, se negó a guardar silencio. «Esto ya le ha pasado antes a ella, y uno espera que no lo vuelva a repetir, pero es evidente que sí lo hace de nuevo —reveló a *Mail on Sunday*—. Ella ha elegido la pareja equivocada para actuar esta vez porque sólo ha servido para que nuestra relación sea más fuerte.»

Sin embargo, antes de un mes, en septiembre de 1995, los Carling se habían separado, alegando que Diana había acabado con el matrimonio. «Me duele mucho haber perdido a mi marido de un modo que ha escapado de mi control», anunció Julia Carling, una postura que reforzaba los titulares que calificaban a Diana de «destrozahogares» y de «princesa aburrida, manipuladora y egoísta». Por su parte, Will Carling argumentó que su matrimonio ya había tocado a su fin antes de hacerse pública su amistad con Diana. «Evaluar de esa forma nuestras diferencias me parece demasiado superficial, parece una excusa barata», escribió más tarde en su autobiografía.

En esta batalla entre el perro y el gato, Diana se desenvolvió lo mejor que pudo, dejando caer que creía que Carling había sido «tonto» y que el fracaso de su matrimonio no tenía nada que ver con ella. De hecho, según dijo Diana a Max Hastings, quedaba con él sobre todo por sus hijos. Aunque se dijo que Diana había dejado a Carling apresuradamente tan pronto como se destapó el escándalo, algunos meses después seguía pasando apuros para mantener la amistad con él. Días después de su reveladora entrevista televisiva en «Panorama», en noviembre de 1995, en la que la ausencia de preguntas sobre su relación con Carling fue muy discutida, estuvo a punto de retrasar su viaje a Argentina, como observó con aspereza su secretario personal, Patrick Jephson, «al tratar de encontrar la tarjeta SIM apropiada para el teléfono móvil que había adquirido especialmente para recibir llamadas de Carling». Sin embargo, en aquel entonces llevaba casi tres meses saliendo en secreto con el cirujano cardíaco Hasnat Khan.

«Era de ese tipo de personas a las que no les gusta estar sin pareja —afirma Carolan Brown—. No le gustaba estar sola porque necesitaba que le recordaran constantemente que la querían. Ése era su máximo sueño: encontrar el marido perfecto, tener más hijos y sentar la cabeza. Buscaba al hombre adecuado.»

Sin duda, no le faltaban los pretendientes, pues cada día llegaban flores, invitaciones y regalos al palacio de Kensington. «Como es natural, estas atenciones la halagaban y, en cierta medida, le gustaban —comenta Simone Simmons—. A veces pasaba una noche divertida con algún galán que otro, pero todavía faltaba mucho tiempo para que estuviera preparada para plantearse tener una relación en toda regla.» Aún más, se sentía intimidada y angustiada si su acompañante se ponía demasiado cariñoso y empezaba a proclamar su eterna devoción y afecto. «Tan pronto como te dicen que todo el mundo está locamente enamorado de ti, se siente un rechazo instantáneo. Es totalmente repugnante», explicó a James Colthurst, refiriéndose a un devoto admirador en concreto.

Diana solía encasillar a los hombres que se cruzaban en su vida y, junto a sus peluqueros y Paul Burrell, ideó a modo de diversión un «hipódromo», para el que se elegían nueve admiradores, entre los que, además de Hasnat Khan, que siempre iba en cabeza, figuraban un músico, un novelista, un político, un empresario y un abogado. Los participantes avanzaban o retrocedían en la carrera dependiendo de lo que Diana sentía por ellos. Durante un tiempo, el millonario norteamericano Teddy Forstmann estuvo bien considerado, ya que la relación no sólo tenía el carácter transatlántico apropiado, sino que contaba con el beneplácito de Patrick Jephson, que opinaba que su dinero, amabilidad y sentido común lo convertían en un compañero ideal. El millonario la conoció en 1994 en una cena con motivo del Día de la Independencia, organizada por su amigo lord Rothschild (del consejo de dirección de la compañía de Forstmann, Gulfstream Aerospace) en Spencer House (una magnífica casa de campo del siglo XVIII sita en St. James's, Londres, construida por el primer conde Spencer y más tarde adquirida por la compañía de Jacob Rothschild, que finalizó su restauración en 1987). Forstmann la llevó posteriormente al restaurante Le Manoir aux Quat' Saisons en Oxfordshire, y ella le devolvió el gesto invitándolo al palacio de Kensington. Más adelante, ese mismo verano, jugaron a tenis, vistiendo ropa a juego, mientras ella estaba de vacaciones con su amiga Lucia Flecha de Lima en Martha's Vineyard, Estados Unidos. Las lenguas viperinas se pusieron en marcha cuando en octubre de 1994, Forstmann, al que también se había relacionado con la actriz Liz Hurley, la llevó en uno de sus aviones privados de Nueva York a Washington, donde la acompañó a una cena en honor de Katherine Graham, presidenta y ex editora del *Washington Post.* Cuando la princesa volvió al palacio de Kensington, llamó por teléfono a su anfitriona norteamericana para contarle que había recibido un sorprendente ramo de cincuenta rosas rojas de tallo largo (acompañadas de un mensaje «más que familiar» que, supuestamente, era de Forstmann).

Además de Forstmann, Diana se relacionó con Christopher Whalley, un promotor inmobiliario; con Bryan Adams, el cantante canadiense (su novia danesa, la actriz Cecilie Thomsen, lo acusó de tener una aventura con la princesa después del divorcio de ésta), así como con Gulu Lalvani, empresario de la industria electrónica asiática, e incluso con un conde italiano. Se barajaron otros muchos nombres, tanto si la princesa los conocía como si no. Su amiga Lucia Flecha de Lima comentó a Daphne Barak, productora de televisión: «No sabe en quién puede confiar. Y todos los hombres intentan que se los relacione con ella... No hay que olvidar de qué va todo esto. Es evidente que se está tratando de asociar su nombre al de algún hombre. Es el típico quebradero de cabeza que acarrea el divorcio».

Si bien la emoción de la conquista proporcionó entretenimiento y diversión, no ocultó totalmente la aflicción que reinaba en el alma de Diana, una tristeza y soledad que surgían de su personalidad y de su situación. «Se me antojó como una persona increíblemente solitaria —observó Will Carling—. Podía aliviar el sufrimiento físico y sentimental con mucha gente, pero conservaba una curiosa aura de tristeza.» Eso le recriminaban constantemente quienes la conocían bien. «Está sola y es solitaria —opinaba Lucia Flecha de Lima—. Todos la critican cuando comete un error, pero estos errores son fruto de su soledad.»

En su libro *The Impossibility of Sex,* Susie Orbach describe un tipo de personalidad que denomina «casanova vampiro», dado que quienes la poseen se rigen por un patrón previsible de búsqueda, seducción y, más tarde, indiferencia. Lo que importa es la conquista, pero sólo en la medida en que alivia el «terrible vacío» que sienten. Se trata de un individuo por el que debe sentirse lástima más que juzgarlo; son criaturas asustadas y ansiosas, agujeros negros desde el punto de vista sentimental. El parecido con la princesa y su vida amorosa es inequívoco.

Aunque podía sentirse agobiada por sus necesidades y su pasión, Diana llegó a dominar gradualmente la capacidad de abstraerse y observar desde fuera, a menudo de forma divertida, su vida y posición. No obstante, como se publicó en el *Daily Mail* el 14 de julio de 1997, la princesa comentó con tristeza a la modelo Cindy Crawford: «Mi foto sale cada día en los periódicos. ¿Quién va a querer estar conmigo?».

Tras la separación de los príncipes de Gales en diciembre de 1992, Diana empezó a comprender —junto con su visión idealizada de vivir feliz para siempre, en el extranjero, con el hombre de sus sueños, lejos de las preocupaciones cotidianas y las limitaciones en su vida— que podía usar su cargo para hacer algo que valiera la pena. «Su mente le dice que le gustaría ser embajadora del mundo, y su corazón, que le gustaría ser cortejada por un millonario adorable», comentó James Colthurst. Un amigo y consejero de Diana se mostró de acuerdo con la opinión de Colthurst sobre la «mente» de Diana, pero no con la del «corazón»: «Por la trayectoria que seguía iba a hacer algo en el mundo que iba a ser realmente valioso. Su ambición no era conquistar a todos los hombres que se cruzaran en su vida».

En cuanto a lo de ser «cortejada», aunque resultaba evidente que disfrutaba con el galanteo, «ya fue lo suficientemente duro acostumbrarse a ser la "señora W" ["señora Windsor"] como para encima tener que educar a otra más», se lamentó ante James Colthurst.

Por mucho que la princesa se esforzase por aceptar el pasado, la separación proyectó, inevitablemente, una gran sombra en su vida. Aunque había supuesto que sería un paso adelante, apenas le facilitó las cosas. Vivía en un constante estado de agitación e incertidumbre, no sólo por el hombre con el que salía, sino también por su marido; sus miedos y su ansiedad se avivaron por las especulaciones que circulaban entre sus amigos o en los medios de comunicación sobre lo que el príncipe y sus defensores podrían estar tramando. No obstante, en medio de la maraña de titulares sensacionalistas sobre las silenciosas llamadas telefónicas y los romances con hombres casados, es fácil pasar por alto que ella y el príncipe Carlos llevaron su separación de un modo bastante civilizado, aunque comprensiblemente se acompañara de inquietud, de recelo y de un estado a la defensiva. De no poder soportar estar en la misma habitación que su marido, llegó un día en que se sintió lo suficientemente fuerte como para visitar con frecuencia al príncipe Carlos en sus aposentos de Colour Court en el palacio de St. James.

No fue una separación normal y corriente. No sólo tuvo que enfrentarse a la realidad de que Camilla Parker Bowles ocupaba un lugar en el corazón de Carlos, sino que tuvo que luchar contra los intentos de degradar su puesto como miembro de la realeza, contra una campaña de críticas a sus espaldas («Pobrecita, está loca», opinó una persona del círculo del príncipe) y contra la tediosa hostilidad de la familia de su marido al completo. De hecho, si algo le había enseñado su propia experiencia era que las mujeres como ella, que se habían casado y habían pasado a formar parte de familias poderosas, si no se consideraban ya miembros gratos de la familia, se arriesgaban a perderlo todo. Esto no sólo se confirmó con la cruel expulsión de la duquesa de York del seno de la familia real, sino también con el trato que recibieron otras amigas aristócratas de su generación. Diana se sintió identificada de inmediato con la nieta de Annabel Goldsmith, lady Cosima Somerset, que se sintió excluida al dejar a su marido, el hijo menor del undécimo duque de Beaufort, lord John Somerset. «Compartíamos la experiencia de estar separadas de nuestros maridos y la incertidumbre acerca de qué nos depararía el futuro —recuerda Cosima Somerset—. Nos habíamos separado de grandes familias poderosas y, por lo tanto, habíamos perdido toda protección. A ambas se nos consideraba "histéricas, desequilibradas, paranoicas y necias".»

A diferencia de su conducta durante una conquista amorosa, la actitud de Diana hacia el príncipe y la familia real fue en muchos aspectos el triunfo del comedimiento y de un asesoramiento perspicaz. Era consciente de que, dado que los precedentes jurídicos del divorcio de los príncipes de Gales eran insuficientes, la final de su matrimonio se jugaría en el tribunal de la opinión pública. Ella sabía que esto significaba que, en última instancia, su grado de popularidad definiría el veredicto, como la duquesa de York («el canario en el fondo del pozo de extracción», como la llamaba Diana) había descubierto a su costa. La princesa había sido testigo de cómo todo el peso del sistema cayó sobre Fergie en julio de 1993, cuando aceptó el cargo de embajadora de buena voluntad del Alto Comisionado para los Refugiados de las Naciones Unidas y se le retiró rápidamente la oferta. Diana, una mujer que ahora se consideraba loca, mala y peligrosa, se dio cuenta de que tenía que seguir su camino con diplomacia y astucia. «Se comportó con mucha madurez en esa parte de su vida», observó Vivienne Parry.

El camino que siguió no fue fácil ni uniforme. Aunque ya no la atormentaba la espeluznante idea de que Camilla Parker Bowles fuera, con sus palabras, «una máquina sexual», todavía consultaba las predicciones astrológicas de su rival, chismeaba sobre el supuesto olor de su casa, escuchaba con rabia e incredulidad los relatos de los que antaño consideraba amigos y que habían protegido a los amantes, y en una ocasión desplegó un mapa oficial donde delineó las tortuosas rutas por las que la mujer a la que todavía llamaba «el Rottweiler» iba para encontrarse con el príncipe Carlos. Así, aunque Diana se disgustó porque Camilla estaba presente en el funeral del duque de Westmoreland el 3 de noviembre de 1993, al que también asistió ella, esto no la afectó tanto como en el pasado.

Paradójicamente, el final de su obsesión por Camilla llegó unas semanas después de la separación. Si las cartas de amor de Camilla al príncipe Carlos, que Diana había leído en agosto de 1991, habían confirmado la intensidad del deseo de esta mujer entrada en años por su marido, la conversación telefónica a altas horas de la madrugada entre el príncipe y la señora Parker Bowles, grabada sin permiso, retransmitida por radio y más tarde publicada en periódicos sensacionalistas en enero de 1993, fue una prueba irrefutable de que los sentimientos eran recíprocos. Las llamadas cintas del «caso Camilla» avergonzaron enormemente al príncipe de Gales, puesto que en ellas revelaba su desagradable deseo de ser el tampón de su amada (Diana lo consideró «de mal gusto»). Lo más conveniente es que las cintas pusieron de manifiesto el motivo por el que la princesa había sido siempre el segundo plato en su matrimonio. En medio de la autoabsorción y del desasosiego de su marido, él reveló que la única razón de la existencia de Camilla era dar valor a la suya propia.

—Estoy tan orgulloso de ti —le dice a Camilla.

—No seas tonto, nunca he logrado nada —contesta.

—Tu gran logro es amarme —responde el príncipe Carlos.

En circunstancias más afortunadas, éstas podrían haber sido las palabras de la propia princesa.

En lo que respecta a Diana, el caso Camilla fue traumático, si bien también catártico. Aunque seguía de cerca la relación entre Camilla y su marido, su mente ya no estaba totalmente absorbida por la relación amorosa entre ellos. «No podía sacarse ese tormento de la cabeza —comentó una buena amiga de Diana—. Ahora no le importa dónde está él, no le interesa, ni tampoco quiere saberlo.» Diana seguía en estos momentos los altibajos de la relación de Carlos y Camilla con una especie de fascinación desinteresada, y a veces incluso sentía pena por Camilla, que había esperado tanto a su príncipe que todavía no era capaz de creerse su futuro en común.

Diana también sentía un poco de lástima por su marido, ya que se dio cuenta, mientras analizaba en una sesión de terapia su propio pasado, que su educación había hecho de él el hombre que era. La relación con su padre era «intrincada, muy intrincada». «Él debe poner en orden su infancia antes de ponerse en orden a sí mismo», dijo Diana a una amiga. Además, al empezar a pronunciar más discursos en público, ella comenzó a entender la frustración que sentía su marido cuando la prensa hacía caso omiso de sus palabras o las cambiaba por una foto de Diana yendo de compras. «Es muy infeliz, es un suicida —comentó Diana a Penny Thornton—. Le preocupa mucho que no se le tome en serio, le duele mucho y ahora lo entiendo.» Ella también se enfureció mucho cuando se habló muy poco en la prensa de un discurso que pronunció para la Cruz Roja en 1993, tanto que rompió en pedazos una nota explicativa de Dickie Arbiter. Incluso aunque se sospechaba que Arbiter era un agente doble que trabajaba para los dos bandos, ya que hasta diciembre de 1993 era secretario de prensa tanto del príncipe como de la princesa, él consideró más tarde que la implacable guerra entre lo que Diana llamaba el equipo A (su bando) y el B (el de Carlos) se había amortiguado tras la separación: «Creo que maduró. La princesa sintió que se había quitado un peso de encima. Podía vivir sin estar inmersa en una mentira, e ir a la suya».

Se trataba de una especie de espejismo. Si bien no había acabado del todo la guerra, su armisticio estaba dotado de la complejidad de una tregua armada, en la que reinaba un sentimiento de sospecha recíproco, intercalado con rebrotes esporádicos del conflicto. Se registraron las oficinas de ambos bandos en busca de aparatos de escucha, ya que el príncipe y sus acólitos estaban convencidos de que el «bando de Diana» escuchaba sus conversaciones telefónicas. Se vigilaba cada movimiento de reojo. Por ejemplo, en noviembre de 1993, un mes antes de que Diana anunciara su decisión de retirarse de la vida pública, tuvo una incómoda reunión con su marido, que estaba irritado y temía pagar las consecuencias de la decisión de la princesa. Al fin y al cabo, él había dicho a su círculo que quería que Diana «se retirara totalmente de la vida pública». Diana comentó a James Colthurst: «Carlos no ha dejado de insistir en que quiere que le deje todo el escenario para él; pues ahora ya lo tiene. Voy a buscar mi propio escenario».

La decisión del príncipe Carlos, a principios de 1992, de permitir que Jonathan Dimbleby, locutor de la cadena de televisión ITV, escribiera su autobiografía y confeccionara un documental de dos horas de duración para la televisión, como complemento, puso de manifiesto la complicada relación de la pareja. Sin tardar, Diana le advirtió molesta que estaba cometiendo un «grave» error, ya que le preocupaba que el programa la afectara muy negativamente y le inquietaba el posible efecto que tendría en sus hijos. Esta advertencia estaba un poco fuera de lugar, dada la colaboración de la princesa en *Diana: su verdadera historia.* Sin embargo, aunque su participación en mi libro seguía siendo secreta, creía que el documental tendría mayor repercusión, puesto que el príncipe Carlos era una figura pública importante. Durante dos años, el documental puso mucha atención en la vida de la princesa, y las conversaciones con sus amigos estaban salpicadas de referencias a Dimbleby. Le preocupaba que la película, que pretendía celebrar el vigésimo quinto aniversario de la investidura de su marido como príncipe de Gales, manchara su reputación y, de algún modo, jugara a favor del príncipe en las negociaciones en torno a su matrimonio.

Antes de la retransmisión, Patrick Jephson organizó un almuerzo entre el locutor y la princesa con la «maliciosa» esperanza de que Dimbleby pudiera conocer a la Diana «de verdad» en vez de la Diana que le había pintado el círculo de Carlos. «Mi intención era demostrarle que gran parte de los comentarios eran demostrablemente falsos o, por lo menos, incompletos», escribió Jephson en *Shadows of a Princess.* Después de comer, Dimbleby tenía en su rostro la aturdida mirada de otros muchos hombres de mediana edad, desde editores de periódicos hasta políticos de renombre, a los que la princesa había obsequiado con su encanto. Su magia había surtido efecto. Dimbleby se marchó diciéndole a su secretaria personal que ahora tenía dudas acerca de lo que le había contado el círculo del príncipe (un comentario que Dimbleby ha negado desde entonces).

Aunque se acusaba a menudo a la princesa de manipular a los medios de comunicación, durante todo este episodio se mantuvo deliberadamente en un segundo plano para dejar vía libre a su marido. En aquel momento la cortejaban con frecuencia la locutora norteamericana Barbara Walters, así como Oprah Winfrey, presentadora de un programa de tertulia, a las que finalmente Diana invitó a comer al palacio de Kensington. Rechazó sus propuestas de realizar una entrevista cara a cara, como hizo, a regañadientes, cuando Mike Brennan, productor de ITV, le ofreció la posibilidad de realizar un documental de una hora de duración sobre sus actos benéficos. «Fue la oferta acertada en el momento equivocado —comentó Brennan—. No ayudó el hecho de que palacio tratara continuamente de dejar el proyecto a un lado.» Ese año, 1994, era, según la princesa, el año de Carlos.

La noche de la histórica retransmisión del reportaje, el 29 de junio de 1994, la princesa, lejos de pensar en ganar puntos respecto a su marido, estaba hecha un manojo de nervios. Tenía previsto desde hacía tiempo asistir a una cena en la galería Serpentine, de la que era benefactora, pero hubiera preferido más pasarse la noche sola entre cuatro paredes en el palacio de Kensington. «¿Cómo voy a superar esta noche?», le preguntó quejumbrosa a James Colthurst. Todo parecía conspirar contra ella. Para más inri, la casa Valentino había anunciado prematuramente al mundo entero que Diana llevaría uno de sus vestidos, de forma que en el último momento decidió ponerse otra cosa, y eligió una coqueta prenda de Christina Stambolian. (Por ponerse este vestido algunos comentaristas acusaron a la princesa de tratar de quitar protagonismo al programa sobre su marido.)

Cuando la princesa caminó con paso confiado por el patio para estrechar la mano de su amigo lord Palumbo, pocos se dieron cuenta del esfuerzo que estaba haciendo. En todo caso, el documental televisivo, que, de hecho, se centró en la vida profesional del príncipe, se recordaría únicamente por la confesión de que había cometido adulterio y, posteriormente, por iniciar un debate sobre su capacidad para reinar. Según Dickie Arbiter:

«El programa fue un fracaso total, un terrible gol en propia puerta que no sólo afectó a la relación entre los príncipes, sino también entre el palacio de St. James y el de Buckingham».

Incluso aunque los medios de comunicación elogiaron el aplomo de Diana mientras colmaban de oprobio al príncipe, el triunfo no dejó a la princesa muy buen sabor de boca. Fue testigo de las desastrosas consecuencias al día siguiente, cuando al visitar a sus hijos en el colegio Ludgrove, Guillermo, refiriéndose a los espeluznantes titulares, preguntó a su madre: «¿Es verdad que papá nunca te ha querido?». Si bien les aclaró el asunto lo mejor que pudo, se sintió lo suficientemente agraviada como para escribir a los abogados del príncipe Carlos a fin de quejarse del efecto que el programa había tenido en los niños.

Fue admirable que aunque Diana tuvo una fabulosa oportunidad para sacar partido de la situación, optó por culpar de la debacle a los asesores del príncipe, en concreto a su secretario personal, Richard Aylard, en vez de a su enajenado marido. Su magnánima conducta formaba parte de una percepción más amplia del acercamiento entre ellos, respaldada por la mezcla de señales que ella emitía. Empezó a hablar con más benevolencia de su función de padre, aunque ella y los niños no se inmutaron cuando los tuvo dos horas esperando en un picnic familiar que se celebró el Día del Deporte en el colegio Ludgrove en junio de 1995. Una de sus amigas, Mara Berni, creía sinceramente que Diana seguía enamorada del príncipe y quería reconciliarse, y que soñaba con el día en que él regresara de rodillas. En varias ocasiones, James Colthurst le preguntó cómo reaccionaría si el príncipe Carlos la abrazara y le dijera lo bien que se había comportado. «Me estremecería y le perdonaría», respondió ella. Sin embargo, no eran más que pensamientos idealistas.

Como me contó una buena amiga, a la que la princesa revelaba a menudo sus verdaderos sentimientos hacia el príncipe Carlos: «La idea de que seguía enamorada de él nunca fue creíble. Se sentía humillada, avergonzada, furiosa y herida. Cualquiera en esa situación quiere que la otra persona vea la luz, pero esto no quiere decir que le quiera. Ella sentía desprecio, dolor y decepción». Le bastaba con pensar durante un segundo que era el mismo hombre que se llevaba su propio asiento de retrete de madera de estilo victoriano, sus toallas y su papel higiénico cuando iba de visita a casa de sus amigos, y enviaba memorándums a los anfitriones sobre el tamaño y el grosor de los sándwiches que quería comer. Incluso su padre, el príncipe Felipe, según una biografía sancionada por las autoridades (*Elizabeth: The Woman and the Queen,* de Graham Turner), le consideraba «refinado y extravagante». «Ella le amaba platónicamente pero no quería vivir con él», declaró una de las confidentes de Diana.

A pesar de las grandes diferencias existentes entre los príncipes de Gales, su relación era bastante cordial en todo lo que concernía a sus hijos. Incluso el personal de palacio se quedaba sorprendido por el civismo y la compostura con que pactaban los regímenes de visita de los niños, que anotaban en sus respectivas agendas. Dado que las apuestas eran muy altas, y a tenor de su propia experiencia, Diana tuvo que tener una gran fuerza de voluntad para mantenerse a flote. Por un lado, quería que sus hijos nunca se sintieran culpables ni conocieran el sentido de la responsabilidad que ella, de joven, había adquirido con el divorcio de sus propios padres; también era consciente de la deprimente experiencia de su madre cuando se había enfrentado a la sociedad. Por otro lado, se dio cuenta de que no se trataba de un proceso de divorcio normal y corriente. A diferencia de lo que ocurre en una separación normal, los hijos de Diana eran tanto el escudo que la protegía de sus enemigos, dentro y fuera de la familia real, como su pasaporte para lograr sus mayores ambiciones. Sabía que, como madre del futuro rey, no podía quedar al margen con tanta facilidad como la duquesa de York, cuyas hijas, las princesas Beatriz y Eugenia, estaban lejos de la línea de sucesión al trono. Además de definir su propia posición, la princesa era plenamente consciente de su responsabilidad en la educación de sus hijos. A menudo hablaba seriamente de su papel de madre con su ex detective, Ken Wharfe. «La princesa creía que la preparación de Guillermo, y en menor grado de Enrique, para su cargo público era su principal obligación. Decía repetidamente que sus hijos deberían ser totalmente conscientes de lo que se esperaba de ellos, pero que también debería permitirse que se desarrollaran como personas jóvenes.» Siempre que soñaba con vivir en un país lejano, en el fondo de su corazón sabía que debía quedarse en casa por el bien de sus hijos. «Hago lo que es mejor para mis hijos», afirmaba con decisión.

Comprensiblemente, en lo que concernía a sus hijos, el clima podía variar rápidamente del deshielo a la congelación, ya que la princesa guardaba celosamente el afecto de los niños y velaba por su bienestar. Las pequeñas cosas adquirían una relevancia que desde fuera era difícil de captar. Por ejemplo, cuando el ayuda de cámara del príncipe Carlos, Michael Fawcett, encargó ropa para los chicos a sus sastres preferidos del West End, la princesa se erizó. Sospechaba totalmente de esa figura poderosa que ejercía, en su opinión, una influencia poco saludable en su marido. Creía que Fawcett, que podía mejorar o acabar con la trayectoria profesional en palacio con una palabra bien elegida al oído de su jefe, ampliaba ahora su considerable área de influencia para incluir a los hijos de Diana, una sospecha confirmada cuando su discípulo, Clive Allen, fue designado como ayuda de cámara a tiempo parcial del príncipe Guillermo.

Por si la intromisión de Fawcett no fuera ya lo suficientemente perjudicial, la contratación de una niñera para cuidar de los muchachos cuando se quedaban con su padre, aunque era de sentido común, la hirió y ofendió profundamente.

A pesar de guardar las apariencias y de la buena voluntad, los niños estaban en el epicentro de la batalla entre los príncipes. La princesa creía sinceramente que el hombre con el que se había casado, al que había amado y con el que había convivido no era un aspirante adecuado al trono. Pensaba que la corona debería saltarse una generación y recaer directamente en el príncipe Guillermo, la viva encarnación de su legado y el testamento para su vida. Diana manifestaba esta opinión en privado en alguna ocasión. «Estoy totalmente empeñada en que Guillermo suceda a la reina. No creo que Carlos deba reinar», le dijo a Max Hastings, una opinión que ella reiteró, aunque de forma un tanto dubitativa, cuando hizo su aparición histórica en el programa «Panorama» en noviembre de 1995. «Dado que lo conozco, me atrevo a pensar que el máximo cargo, como yo lo llamo, puede reportarle enormes limitaciones, y no sé si se podría adaptar a ellas», declaró al presentador de la BBC, Martin Bashir. Inevitablemente, la entrevista, que hizo temblar las paredes de los pasillos cubiertos de alfombras rojas de los palacios reales, se consideró una punzante respuesta al documental sobre el príncipe Carlos del año anterior. Pero como se ha destacado antes, y como en muchas otras cosas en el mundo de la princesa, nada en Dianalandia es lo que parece.

## 6

## UNA PRINCESA DEL MUNDO

Mientras se acomodaba en su asiento de clase turista en un vuelo de la North West Airline de Minneapolis a Denver, Heather Rodd estaba pensativa. Se compadecía de ella misma. Había dejado a sus dos hijos en Inglaterra para que pasasen las Navidades con su familia política mientras ella se iba con un grupo de extraños a una lujosa casa para esquiar durante una semana en Vail, Colorado. No resultaba de ningún modo la forma ideal de empezar el nuevo año, sobre todo después de que sus planes de tostarse al sol en Ciudad de El Cabo se hubieran venido abajo porque la reina tenía previsto visitar Sudáfrica a finales de ese año. Aunque oficialmente estaba separada de su marido, y por lo tanto de la familia real, la «señora Rodd», quizá más conocida como princesa de Gales, todavía estaba sometida al protocolo real. Durante el largo vuelo con su compañera (su entrenadora personal, Jenni Rivett, que había organizado la salida con Mike Flannery, magnate de la prensa, y su familia), Diana reflexionó con calma sobre su futuro, meditando sobre su propio viaje de exploración y revelaciones, un viaje que había puesto a prueba sus limitaciones personales y los límites de su insólito papel.

En general, aunque la ausencia de sus hijos le nublaba la mente, las perspectivas eran mucho más positivas que en cualquier otro momento de su vida adulta. Controlaba más su cuerpo y su vida personal, y se atrevía a retroceder al pasado para entender el futuro. Desde su vuelta a la vida pública tras pronunciar su famoso discurso de retirada en diciembre de 1993, exploró de forma gradual sus cualidades, sus intereses y su excepcional posición como «miembro adosado de la familia real», calificación usada por la prensa. Desde su breve salida al escenario en 1993, la princesa estaba ahora firmemente afianzada en la escena mundial como una mujer hecha y derecha.

Su posición internacional quedó reflejada en la recepción que se le dio a ambos lados del Atlántico antes de emprender sus vacaciones de esquí. Al asistir en diciembre de 1994 a un banquete en el salón de los Espejos del palacio de Versalles, en las afueras de París, los personajes más destacados de Francia le hicieron una ovación en pie; y unas semanas antes, en octubre, fue tratada como de la familia cuando se unió a la élite del poder de Washington en una cena en honor de Katherine Graham. La transformación era casi palpable. Mientras que antaño se sentía intimidada en compañía de la entonces primera dama, Hillary Clinton, de Katherine Graham y del general Colin Powell, ex presidente de la Junta de Jefes de Estado Mayor (el máximo cargo militar de la nación), ahora la princesa se sentía como en casa y entre amigos. «Es una ciudad acogedora y agradable en un país fabuloso —comentó Diana a su público norteamericano—. Simboliza la esperanza y la promesa de las cosas buenas que están por llegar.»

Esa opinión le sirvió de guía para su propia forma de pensar. A pesar de ser una mujer propensa a dudar de sí misma, cuya vida se había caracterizado por los sentimientos de inutilidad e inferioridad, se sintió con frecuencia reconocida y aceptada por derecho propio, con sus virtudes y defectos, no sólo por la gente de a pie, sino también por las personas que estaban en el poder. En definitiva, empezaba a sentirse valorada tanto como personaje público como ser humano.

Diana demostró una y otra vez su misteriosa capacidad de conectar con la gente, desde las personalidades más importantes hasta los individuos más indeseables y marginados. Pocos días después de experimentar el *glamour* de Washington, volvió a la cruda realidad al visitar centros hospitalarios de alta seguridad y mezclarse con los miembros más peligrosos de la sociedad. Un día se la vio intercambiando bromas con Colin Powell, que estaba sentado a su lado en una reunión del comité de pacientes en el destacado hospital de alta seguridad de Broadmoor, rodeados de presos que estaban aislados por lo peligrosos que eran. Su compañera en un viaje posterior al hospital de alta seguridad de Carstairs, en Escocia, fue Jayne Zito, cuyo marido fue asesinado a puñaladas en un andén del metro de Londres por un esquizofrénico y que desde entonces se había embarcado en una campaña para mejorar la atención en la comunidad de los enfermos mentales. Con estas dos visitas quedó patente su trayectoria pública, la de acercarse a los rincones ocultos y marginados de la sociedad e iluminarlos, no sólo por su cargo, sino también por sí misma. La princesa sentía cierta perturbación al entrar en estos centros penitenciarios hospitalarios, rodeados de alambre de púas y vallados en todo su perímetro —nerviosismo que paliaba comentando en broma que entendía estas instituciones, pues ella había pasado la mayoría de su vida adulta en una similar—, pero nunca le faltó coraje.

Al regresar de su viaje a la nieve —«lo que me gustaba de ella es que convivía con todo el mundo», declaró más tarde Jenni Rivett— aprovechó ese estado de ánimo optimista para organizar sus propios planes de futuro en la vida pública. En su esbozo de programa planteó reducir el protocolo en las visitas reales, gestionar una moderna oficina que estuviera bajo su control, y utilizar a la vez lo que ella consideraba su «capacidad de curación» en un plano global. En definitiva, no ser tanto la princesa de Gales, sino una princesa del mundo, una embajadora itinerante para los marginados. Si bien sus reflexiones no alcanzaban a constituir una declaración de misión diplomática coherente, sus ideas eran mucho más que una retahíla de propósitos temporales para el nuevo año. De hecho, sus pensamientos sentaron las bases de la insólita unión entre lo espiritual, lo político y lo humanitario a la que se había encaminado su vida. Como mínimo se planteaba más su trayectoria en el futuro que la mayoría, si no todos, de los miembros de la familia real.

Aunque Patrick Jephson podía haberse burlado (si bien no delante de la princesa) de las contradicciones y veleidades inherentes a sus planes, esto constituía, sin duda, un progreso auténtico y significativo desde un pasado no tan lejano en el que James Colthurst la había persuadido para que hiciera algo positivo en vez de limitarse siempre a reaccionar ante los acontecimientos. De hecho, Diana y Jephson habían decidido seguir caminos diferentes el año anterior por ese mismo tema.

A principios de 1994, Colthurst organizó reuniones privadas entre la princesa y Anthony Robbins, un prestigioso instructor estadounidense, a fin de que éste impartiera a Diana sesiones de pensamiento positivo. Dado que Colthurst se había mudado fuera de Londres, estaba enfrascado en su propia trayectoria profesional y ya no podía dedicar el tiempo necesario para asesorar a Diana, creyó que ella precisaba más ayuda profesional para enfrentarse por sí misma a las vicisitudes de su vida. Consideró que Robbins podía ofrecer la orientación psicológica necesaria, por lo que preparó un encuentro entre el millonario gurú, su esposa, Becky, y la princesa en el palacio de Kensington. Robbins no tardó en percibir que tenía ante él a una joven con un gran potencial oculto, que, a pesar de toda la tristeza y soledad, era una mujer fuerte y valiente que había lidiado sin vacilar con muchas adversidades. Puesto que a Diana le gustó la energía que desprendía el gurú, le confesó que aunque se levantaba con una mente positiva, a mediodía ya se sentía «más deprimida que una cucaracha en Bulgaria».

Tras este encuentro, Colthurst dispuso que la princesa visitara a Robbins en Washington para realizar sesiones privadas. Pensó que Diana podía quedarse con Lucia Flecha de Lima, pero sus planes se vinieron abajo. Cuando se acordó otra cita, esta vez en Houston, con un avión privado y guardaespaldas, Diana puso objeciones y Colthurst, consciente de que ella se había echado atrás, le envió una nota de tipo *«carpe diem»*. Ella se excusó, alegando que el Ministerio de Asuntos Exteriores le había advertido que había un asesino suelto en Estados Unidos, y que en ese momento había demasiados miembros superiores de la realeza fuera de Gran Bretaña; también dejó caer, de forma extraña, que tenía que enfrentarse a sus profundos sentimientos de ira antes de ver a Robbins. Esto hacía pensar que la princesa mostraba aprensión a avanzar en su vida o, quizá para ser más exactos, no quería seguir el camino sugerido por Colthurst. Tras una agria conversación telefónica de cuarenta y cinco minutos, los viejos amigos decidieron poner tierra de por medio, y el resultado fue un período de indiferencia, familiar para muchos de los allegados a la princesa.

Sin embargo, al cabo de un año, Diana hizo lo que Colthurst y otros, como David Puttnam y Patrick Jephson, le habían aconsejado durante tanto tiempo, trazar su propia trayectoria pero bajo sus propios criterios y a su ritmo. El hecho de que tomara estas decisiones ella misma reflejaba su sentido creciente de la independencia y la autoridad, así como la confianza en sí misma que le daba la madurez.

Para el año siguiente, 1995, había fijado más de ciento veinte compromisos en su país y había organizado no menos de diez visitas al extranjero, desde Hong Kong y Japón hasta Argentina, Italia y, por supuesto, Estados Unidos. Todos los actos se regían por el modelo que Diana, en su papel ideado por ella misma de embajadora independiente de beneficencia, había logrado mantener con su esfuerzo, y cada uno de ellos representaba el triunfo del *glamour* armonizado con la compasión. Incluso Patrick

Jephson intervino, describiendo el viaje de la princesa a Hong Kong en abril de 1995 para recaudar fondos como «el modelo de cómo podría haber evolucionado su trayectoria profesional». En esta ocasión, la princesa combinó las visitas de beneficencia de alto nivel con una cena de alto voltaje con una mujer a la que siempre había admirado, Margaret Thatcher, ex primera ministra, que también se encontraba de visita en Hong Kong. El trabajo de Diana en estos viajes fue impecable, y su atractivo, universal, además de demostrar una vez más que no era una cabeza hueca, por mucho que así les hubiera gustado que fuera a quienes estaban en su contra en el palacio de Buckingham y en el Ministerio de Asuntos Exteriores. Ni era la duquesa de York ni, para el caso, el duque de Edimburgo, propenso a los accidentes y a las meteduras de pata, y la gran cantidad de telegramas de felicitación de embajadores británicos y funcionarios del Ministerio de Asuntos Exteriores reafirmó su posición a escala internacional.

En una cena de gala organizada en diciembre de 1995 en Nueva York por la Fundación de Parálisis Cerebral estadounidense, nada menos que Henry Kissinger, veterano diplomático, la aclamó como una «personalidad llena de luz». Al entregarle un premio por su misión humanitaria, declaró: «Aunque está aquí como miembro de la familia real, honramos a la persona de la princesa, que se acerca a los enfermos, a quienes sufren y a los marginados».

Durante el discurso de agradecimiento, en el que Diana habló de la necesidad de «tener buen corazón, comprender y compartir el dolor de los demás», tuvo que salir del paso con habilidad frente a la malintencionada pregunta de una mujer: «¿Dónde están sus hijos?». La tranquila respuesta de la princesa —«En la cama»— le valió una ovación en pie.

Ese año se consolidó en el circuito internacional. Ahora segura de sí misma y sofisticada, la chica que antaño se escondía tras su marido en los viajes oficiales eligió a propósito un par de zapatos de tacón para visitar el palacio imperial de Tokio en febrero de 1995, de forma que destacara por encima del diminuto emperador. «Su visita de cuatro días [a Japón] tiene todos los números para convertirse en un paso importante en el camino hacia la rehabilitación de la imagen pública de la princesa», publicaba el rotativo londinense *Evening Standard*, una observación que coincidía con lo que Jephson denominaba los «términos eulogísticos» utilizados por el embajador británico para describir la visita en un informe para el Ministro de Asuntos Exteriores.

Tal vez el mayor logro de la misión de Diana en el extranjero ese año llegó en noviembre, durante un viaje a Argentina, un país con el que se estaban restableciendo las relaciones diplomáticas tras el conflicto de 1982 en las Malvinas. Esta misión se adaptaba perfectamente a su forma de pensar. Aunque no tenía interés en las cuestiones políticas, vislumbró la necesidad de mantener abierta la comunicación entre los países enfrentados aunque tan sólo fuera para el suministro de ayuda humanitaria.

Puesto que Diana mostraba con frecuencia desavenencias con su propia familia, tenía poca relación con los demás miembros del palacio de Kensington y parecía estar enfrascada en un duelo a muerte con su enajenado marido, la opinión pública consideraba sus aspiraciones de ser embajadora de buena voluntad tanto ingenuas como falsas. Sin embargo, el presidente argentino, Carlos Menem, no lo vio así, y se mostró sumamente encantado con la visita de la princesa. «La princesa Diana ha logrado entrar en el corazón de mi pueblo», declaró, calificando su visita de «excepcional, totalmente positiva».

«Lo he hecho lo mejor que he podido», dijo Diana con modestia, plenamente consciente de que conseguir la aprobación de palacio y del gobierno para realizar la visita, así como otros viajes al extranjero, había requerido mucho esfuerzo, ya que fue una ardua tarea convencer a miembros de la corte y diplomáticos recelosos de que ella era capaz de hacerlo. Había pugnado estratégicamente para alcanzar su posición, no sólo manteniendo los vínculos diplomáticos con la reina, sino también cortejando y encandilando a políticos, personajes destacados de los medios de comunicación y funcionarios de alto nivel, con una abrumadora mezcla de encanto y adulación. Como había demostrado en tantas otras ocasiones, era más astuta de lo que parecía.

En el terreno nacional, su amigo David Puttnam la acompañó a una reunión con sir Hayden Phillips, que en 1995 era secretario permanente del Ministerio de Cultura, Medios de Comunicación y Deportes, en la que debatieron durante horas la forma y los recursos que le permitirían usar su posición de una manera más productiva en el Reino Unido.

Su verdadero valor y atractivo residía en el papel de embajadora humanitaria, como ella lo percibía de manera instintiva. En los primeros meses tras su separación acompañó a la baronesa

Chalker, por aquel entonces ministra de Estado, en una visita a Nepal en febrero de 1993, y se propuso llegar a conocerla, llevándose bien con la ministra todo lo que duró su mandato; la baronesa afirmó en una ocasión: «La considero mi nieta favorita». Además de reunirse con Chalker, la princesa visitaba al primer ministro como mínimo una vez al año y mantenía un contacto amistoso con Douglas Hurd, entonces secretario de Asuntos Exteriores, que la calificó de «patrimonio nacional de valor incalculable». Como afirma en sus memorias: «Ella recurría a mí para que la apoyara únicamente en un asunto que era importante para ella, su misión en el extranjero. Yo me alegraba, o para ser más exacto, estaba encantado de ofrecerle mi apoyo».

No obstante, Hurd dejó claro que, dada su posición indeterminada en el seno de la familia real, ella no podía representar oficialmente a la nación, incluso aunque cuando visitara un país extranjero, ostensiblemente en un acto de beneficencia, el jefe de Estado requiriera reunirse con ella. «Por lo que sé, nunca se cuestionó el hecho de que ella tuviera una cita formal como embajador itinerante», escribió.

Si bien Diana era consciente de los límites formales que existían para cumplir sus aspiraciones con el gobierno conservador en el poder, descubrió una mayor afinidad con el líder de la oposición, Tony Blair, ahora primer ministro. Como le sucedía muchas veces en su vida, estableció este importante contacto político por casualidad. Maggie Rea, un miembro del equipo legal que llevaba el tema del divorcio, era amiga de los Blair y fue quien los presentó. A partir de entonces, la princesa y el político se reunieron en varias ocasiones, sin que ello trascendiera a los medios, en casa de amigos comunes desde finales de 1994 y durante los dos años previos a la victoria del Partido Laborista de 1997. Blair se percató pronto del potencial que albergaba la princesa. «Tony sabía perfectamente que ella tenía la capacidad de conectar de inmediato con la gente al tocarla —según expresó un asistente personal—. Conversaban con franqueza, existía una empatía auténtica. Ella se mostraba muy indiscreta respecto a la familia real y bromeaba sobre Fergie.» Tony Blair fue uno de los primeros líderes políticos que reconoció que las aspiraciones humanitarias de Diana se fundaban tanto en su aspiración de llevar a cabo una misión espiritual como en su deber público.

En una de sus primeras reuniones, Diana se pasó la mayor parte de la tarde hablando de Alastair Campbell, el jefe de prensa de Blair, que estaba esperando fuera en un coche. «Hay alguien que quiere conocerte», le dijo Blair a Campbell mientras se marchaban. Diana estaba tan impresionada por la forma en que Campbell controlaba la imagen del Partido Laborista que le ofreció sin pensárselo el puesto de director de su oficina de prensa.

En lo que respecta al ámbito de Westminster, Diana había tratado de domar las grandes bestias de la jungla mediática ella sola, pero la habían dejado gravemente herida. Había organizado numerosos almuerzos con editores y periodistas consolidados, agasajando tanto a sus defensores como a sus detractores, quienes nunca tenían una palabra bonita para ella. Los más satisfactorios eran los encuentros en que lograba tener a sus «enemigos» bajo control. Personajes tan espinosos como el columnista Paul Johnson y el humorista Auberon Waugh se marcharon elogiándola, ya que su escepticismo innato se había desvanecido al ver que ella no se tomaba muy en serio a sí misma, pero que se mostraba seria en sus propósitos y en su cargo. En un almuerzo con el personal editorial de primer nivel del *Sunday Times*, le divirtió ver cómo intimidaba a una mesa llena de hombres brillantes que se comportaron durante la mayor parte del tiempo como adolescentes cohibidos. «Manejó la situación de un modo que hubiera sido inconcebible tan sólo unos pocos años antes», comentó Geordie Greig, ahora editor de la revista *Tatler*. La princesa llegó a hablar en un almuerzo de *Literary Review*, organizado por Waugh, en el que explicó con ironía a una audiencia embelesada que había escrito un poema en honor del evento entre «sesiones de terapia y citas amorosas secretas».

Sin duda, no se celebraban almuerzos gratuitamente, y la princesa, en los que organizaba en el palacio de Kensington, cumplía su propio programa, al debatir con franqueza su postura y sus problemas con sus influyentes invitados. Como observó Stephen Twigg: «Ella trataba de crear un vínculo auténtico con el público a través de los medios de comunicación. Sabía que el único poder en contra de la familia más poderosa de la nación era el poder equilibrante del público».

Andrew Neil, ex editor del *Sunday Times*, que respaldó la publicación de *Diana: su verdadera historia* y que incluyó por capítulos en su rotativo, recuerda a una joven serena y confiada: «Hablaba del futuro de la familia real, y lo que decía tenía sentido». En 1995, su actitud hacia su enajenado marido, la amante de éste y la familia real tenía más matices de lo que los medios de comunicación caricaturizaban como un antagonismo mutuo. Al regresar a casa en enero de 1995 después de haber pasado unos días esquiando y enterarse de que Andrew y Camilla Parker Bowles habían anunciado su divorcio, su reacción sorprendió a Stuart Higgins, editor del *Sun*: «Lo siento por Camilla. La mujer lo ha perdido casi todo en la vida y ha ganado… ¿qué ha ganado exactamente?».

Ahora era evidente que Diana evitaba el enfrentamiento con su marido, según descubrió el cineasta David Puttnam cuando organizó un almuerzo en el hotel Claridge para que la princesa conociera a estrellas de los medios, como Alan Yentob, entonces director de la cadena BBC One, y Michael Grade, en aquella época consejero delegado de Channel Four Television. Se mostraron entusiasmados con la idea de financiar y promocionar la Fundación Princesa de Gales (una propuesta que yo mismo, Stephen Twigg y otros habíamos planteado en los años previos), pero por mucho que le agradaba la idea a Diana, no quería tener más desavenencias con su marido.

A lo largo del año 1995 pudo permitirse ser magnánima. El intento de su marido de celebrar, el año anterior, el vigésimo quinto aniversario de su investidura como príncipe de Gales había sido un completo fracaso en el ámbito de las relaciones públicas. El documental de la cadena ITV, de dos horas y media de duración, sólo se recordó, como se ha mencionado en el capítulo anterior, por la fugaz confesión de adulterio del príncipe Carlos, y la extensa biografía del príncipe escrita por Dimbleby, publicada en noviembre de 1994, lo retrató como un hombre que nunca había amado a Diana y al que su intimidante padre obligó a casarse. Esta imagen no sólo disgustó y ofendió a la reina y al príncipe Felipe, duque de Edimburgo, sino que numerosos cortesanos de primer nivel del palacio de Buckingham, junto con ilustres miembros del gobierno, como el primer ministro, John Major, y Douglas Hurd, se pusieron más a favor que nunca de la princesa de Gales.

A lo largo de todo aquel año, Diana tuvo una conducta moral impecable, no sólo en cuanto a la vida pública, sino también en lo concerniente a las refriegas que rodeaban el inevitable divorcio entre ella y Carlos. Esto justificó totalmente la estrategia de «esperar y observar» propuesta por su abogado de divorcios, lord Mishcon, una postura que coincidía totalmente con su punto de vista de que dado que Carlos había estado enamorado de otra mujer durante todo su matrimonio, debía ser él quien pidiera el divorcio. «Siempre ha actuado sobre la base de que ella no va a ser la causa de la crisis porque cree que eso la afectaría negativamente —apuntó James Gilbey—. Tiene un miedo patológico a que se la culpe.» En numerosas ocasiones, en conversaciones con políticos, editores y demás, la princesa puso de relieve, con disimulo, dada su colaboración secreta en mi libro y sus propias relaciones extramatrimoniales, que no había querido separarse. Se afanaba por dejar claro que no tenía ni planes ni ganas de divorciarse, no sólo por sí misma, sino por sus hijos y por toda la nación. Sus buenos amigos, como Lucia Flecha de Lima, reforzaban constantemente sus instintos. «Le dije que podían llevar vidas aparte y seguir casados. No se trataba de un matrimonio normal y corriente. No tenía que pedirle dinero, ni plancharle las camisas, ni cocinar para él», declaró Lucia al *Daily Mail* en noviembre de 2003.

A Diana le dolía que la tildaran de «manipuladora», un adjetivo que odiaba. Este calificativo surgió cuando la fotografiaron mientras entraba a hurtadillas en el coche de Richard Kay, periodista del *Daily Mail*, a quien proporcionaba información con asiduidad para que pudiera escribir artículos que la favorecieran. Este encuentro, en el verano de 1994, en la época en que las molestas llamadas telefónicas a Oliver Hoare llenaban todos los rotativos, sirvió para desenmascarar toda la estrategia que había desarrollado bajo mano.

Aunque la princesa se enorgullecía de captar la atención de los medios, jamás entendió realmente que ella nunca podría ser el titiritero si los medios de masas creían que eran ellos los que manejaban los hilos. «¿Era maquiavélica? —preguntó Stephen Twigg, que se respondió a su pregunta—: No. No tenía tanta experiencia en la manipulación de los medios de comunicación. Con frecuencia se sentía muy descontenta con el modo en que se la retrataba en la prensa. Recuerdo cuando vino a verme hecha un mar de lágrimas y dijo, quejándose: "¿Por qué no pueden entender que todo lo que quiero es dar amor a todo el mundo?" Ahora ésta parece una declaración insensata, pero en términos de quién era y lo que era, eso era todo lo que realmente quería hacer.»

Lejos de la sofisticada maquinación de la mitología popular, Diana se mostraba con frecuencia como una persona reservada e inocente en el trato con el resto de la humanidad. Por ejemplo, ella creía, un tanto ingenua, que podría haber ayudado en el proceso de pacificación de Irlanda del Norte, visitando con regularidad a lo largo de los años a las víctimas de la campaña sectaria de bombardeos. Como puntualizó su amiga Vivienne Parry, que colaboraba asiduamente con Diana en sus obras de beneficencia: «Si se presentara al certamen de Miss Mundo, estoy segura de que habría dicho: "Deseo la paz mundial, quiero que acabe el sufrimiento"».

A lo largo de 1994 y 1995, la princesa salía del palacio de Kensington para dirigirse a los lugares que frecuentaban los sin techo, y les daba dinero, comida y consejo; según su mayordomo, incluso se preocupó de ayudar a las prostitutas de la zona. A una mujer, que tenía dos hijos que alimentar, le dio dinero para que se comprara un abrigo. En otra ocasión dejó su abrigo de piel en un contenedor con la esperanza de que lo encontrara algún indigente. Se sentía incesantemente intrigada por saber cómo vivía la otra mitad. En otoño de 1995, por ejemplo, pasó una noche en la degradada área londinense de King's Cross en compañía de un detective de paisano, observando cómo se vendía la droga, aunque desde una distancia prudencial. «Me siento cerca de las personas, independientemente de quiénes sean. Por eso se molestan determinados círculos —le comentó a Annick Cojean en una entrevista, la última que concedería, publicada en *Le Monde* en agosto de 1997—. Esto se debe a que estoy mucho más cerca de la gente de abajo que de la de arriba y estos últimos no me lo perdonan.»

Esta cualidad fuera de lo corriente, el profundo sentido de la misión espiritual que tenía Diana, al que solía quitarse importancia alegando que era simple interés por el misticismo New Age, se hizo más evidente cuando se dedicó a explorar el espectro religioso durante los meses y años posteriores a su separación. Se especulaba que, al igual que su madre, Frances Shand Kydd, Diana podría convertirse al catolicismo romano. Aunque le gustaba el sonido de las campanas y el aroma de la High Church,[1] contaba con muchos católicos entre sus mejores amigos y había conversado sobre la fe con el párroco de su amiga Rosa Monckton, el padre Anthony Sutch, lo cierto es que Diana estaba ansiosa por explorar y analizar todas las creencias e ideas espirituales, con cualquiera y en cualquier momento. Así, se sentaba en el suelo con las piernas cruzadas junto a Jimmy Choo, un diseñador de zapatos, para hablar sobre su fe en el budismo; conver-

1. Sector de la Iglesia anglicana más cercano a la liturgia y los ritos católicos. *(N. de la T.)*

saba sobre Dios y el diablo con el cura de la parroquia de Kensington, el padre Frank Gelli, mientras tomaban una taza de té; y analizaba las palabras del doctor Deepak Chopra, especialista en medicina ayurvédica y base de la filosofía New Age, a quien había leído con admiración. Y además, visitaba a uno de sus amigos, el actor Terence Stamp, para degustar una comida macrobiótica casera.

«Le interesaba mucho la filosofía oriental —recuerda Richard Greene, un abogado californiano que educó la voz de la princesa a mediados de los noventa—. Creía en la reencarnación y opinaba que ésta era su última vida, y que fuera cual fuera la misión que se le había encomendado iba a cumplirla durante toda su vida. Llevaba a cabo una misión espiritual.»

La princesa, que creía que en una vida anterior había sido monja, se estremeció al descubrir que compartía su viaje espiritual con un antepasado de los Spencer. A mediados de los noventa, su amiga y acupuntora Oonagh Shanley-Toffolo le entregó un panfleto sobre su tío tatarabuelo, el padre Ignatius Spencer, cuya canonización se está considerando en la actualidad por su obra durante la época victoriana, al intentar unificar las iglesias católica y protestante, por no mencionar su arduo trabajo desinteresado con los pobres y necesitados. Se adelantó a su época. Repudiado por su propia familia por haberse convertido al catolicismo romano y ridiculizado por la alta sociedad, el padre Ignatius fue considerado un profeta rebelde, o bien un inadaptado ingenuo, cuando intentó crear en vano un movimiento a favor de la unidad cristiana universal. El trato que recibió de su familia y de la sociedad, junto con su ayuda a los enfermos y los pobres, así como sus esfuerzos por cruzar las fronteras religiosas, calaron hondo en la princesa. «Sentía afinidad con él —reveló Oonagh—. Creyó que el destino la había llevado a formar parte de un grupo similar de personas. Lo que ella admiraba era la gran calidad humana. En la trayectoria del antepasado se vio un tanto reflejada.»

Diana había iniciado el viaje de niña, al sentir que era diferente a los demás. Siempre se sintió «muy independiente», y en una ocasión le dijo a su padre que creía que un día iba a ser embajadora. En aquel momento pensó que se casaría con un diplomático. Sin embargo, tardaría muchos años en empezar a darse cuenta de su promesa espiritual y de cumplirla, al estar tan limitada de por vida en el seno del sistema monárquico. Desde los inicios de su trayectoria como miembro de la familia real se hizo evidente que aunque se comportaba de un modo impecable en los acontecimientos oficiales, los consideraba incómodos y frustrantes. «Desde el primer día en que entré a formar parte de esa familia, ya no podía hacerse nada con naturalidad», declaró a *Le Monde* en agosto de 1997. Poco a poco empezó a alejarse de la falsedad y el protocolo, adoptando una postura más interactiva. Diez años antes, al estrecharle la mano a un paciente con sida en el hospital Middlesex, Diana empezó a comprender su potencial como icono internacional. En un plano más personal, comprobó que su actitud de compasión y afecto era un reflejo de su espíritu interno, un sentimiento que se vio reforzado cuando ayudó a cuidar a su amigo Adrian Ward-Jackson, que murió de sida en 1991. «Caló tan hondo dentro de mí como nunca creí que fuera posible —escribió después a Angela Serota—. Mi punto de vista sobre la vida ha cambiado su curso y se ha vuelto más positivo y equilibrado.»

Esto dio a la princesa las fuerzas para emprender su obra a favor de los enfermos y necesitados fuera de su círculo; confortar a extraños en visitas secretas a hospicios, abrazar y consolar a los moribundos la llenaba. Esto suponía un cambio. En su mundo lleno de dudas, engaños y recelo, en el que no se fiaba de nadie, halló una integridad y una honestidad totales en aquellos que estaban al borde de la muerte. Era reconfortante y enriquecedor. La propia Diana dijo a James Colthurst: «Me encanta ir a lugares como el hospital Stoke Mandeville. No me afligen tanto los que se están recuperando, sino que siento una necesidad más profunda de estar con los que están a punto de irse de este mundo». Por lo tanto, no sorprende que se mostrara completamente de acuerdo con el comentario de una amiga, que le dijo que, en otras circunstancias, Diana podría haber sido enfermera. «Tengo muchas ganas de dedicarme a esto, es como el hambre —le reveló a su astrólogo, Felix Lyle, en 1991—. Me he descubierto a mí misma. Es una vía de transformación extraordinaria. Y esto es sólo el principio.»

Su intenso sentimiento de encontrarse en un viaje espiritual se vio confirmado de nuevo en 1991, cuando Stephen Twigg, su masajista, le regaló el libro *Please Understand Me*, de David Keirsey. Contenía el conocido test psicológico Myers-Briggs, que indica cuál es el tipo de personalidad en función del temperamento. Según la fórmula, existen cuatro temperamentos básicos: guardián, artesano, racionalista e idealista. Cada tipo de temperamento tiene cuatro subtipos, de forma que, por ejemplo, el temperamento idealista se divide en otras cuatro categorías: profesor, sanador, campeón y consejero. Tras responder a setenta preguntas de respuesta múltiple, Diana se definió con el temperamento «INSP», es decir que era introvertida e intuitiva, una mujer gobernada por los sentimientos y la percepción.

Su tipo de temperamento, que sólo corresponde al uno por ciento de la población, le demostró que era una sanadora con una capacidad para cuidar de los demás que no solía encontrarse en otras personas. Mientras Stephen Twigg leía en voz alta la descripción del tipo INSP de personalidad, Diana iba identificando mentalmente muchas de esas cualidades, bien como cualidades que mostraba, bien como cualidades que quería desarrollar. Se quedó asombrada y maravillada por la precisión del test. «¡Ésta soy yo, soy yo!», exclamó.

El análisis de Keirsey dice lo siguiente:

> Los sanadores se preocupan profunda y apasionadamente de unas pocas personas especiales o de su causa preferida, y su ferviente deseo es que reine la paz en el mundo y que ellos mismos y sus seres queridos se sientan realizados. Basan la imagen que tienen de ellos mismos en el hecho de ser considerados empáticos, benevolentes y auténticos. A menudo entusiastas, se fían de la intuición, anhelan el romance, buscan su identidad, el reconocimiento a través de premios, y aspiran a tener la sabiduría del sabio.

Este popular test seudocientífico, basado en las teorías de Carl Jung, reforzó sus propios instintos y la creencia de que tenía una misión sanadora en la vida. Fue un pilar significativo, puesto que le dio más confianza para seguir adelante a la vez que, en el camino, desdibujaba la frontera entre los sentimientos personales y su deber público.

La primera visita al extranjero en solitario de la princesa (a Pakistán, en octubre de 1991) acentuó más el desarrollo de su personalidad tanto personal como pública. Estaba nerviosa antes de ir —una amiga recuerda haberle dado un remedio natural de flores de Bach para tranquilizarla—, pero recordó una y otra vez las estimulantes palabras de Felix Lyle: «Debes creer que el mundo es como tu familia. Debes salir y convertirlo en un lugar mejor». Ese viaje tuvo un profundo efecto en ella, según le contó a James Colthurst. «Lo que resulta tan irónico es que cuando se suponía que tenía que ir [la visita se había previsto en un principio en 1990], mentalmente podría haberlo hecho pero hubiera sido muy superficial.» Durante su visita conoció a niños que se habían quedado sin hogar por los conflictos regionales, y por primera vez fue consciente de las calamidades que causaban las minas terrestres al visitar el centro protésico de Peshawar, en la turbulenta frontera afgano-paquistaní, que había sido fundado por Sandy Gall, ex presentadora de noticieros y corresponsal de guerra.

Un año después, la inspiración de Diana creció tras visitar los hospicios de Calcuta, en la India, que gestionaba la Madre Teresa y su consagrada orden religiosa. Su visita a un hospicio en el que cientos de enfermos graves pasaban sus últimas horas fue «lo que más la impactó», pues se dio cuenta de que «era probablemente la primera vez de sus vidas que alguien se preocupaba por ellos». En una carta a Oonagh Shanley-Toffolo, Diana escribió: «Los sentimientos que reinaban en el hospicio eran muy intensos, y el efecto que me causó me hizo ser consciente de lo mucho que deseaba participar en todo esto a escala global». Se le ocurrió llevar a Guillermo y Enrique a Calcuta para contemplar la obra de la Madre Teresa, de modo que fueran testigos de primera mano del opresor yugo de la pobreza con el que muchos vivían. A partir de 1995, habló cada vez con más frecuencia de establecer una red de hospicios por todo el mundo. «Diana realmente quería cambiar el mundo. Se creía predestinada», comentó Oonagh.

Tal vez era inevitable que durante su viaje espiritual, su ayuda a los enfermos y moribundos, y su misión humanitaria, Diana se sintiera atraída por un hombre dedicado al cuidado de personas. A principios de septiembre de 1995, la princesa recibió una llamada urgente de Oonagh, cuyo marido, Joe, había sufrido una recaída tras una intervención de cirugía cardíaca. Su desconsolada amiga le pidió si podía ir a visitar a Joseph al hospital Brompton, donde estaba ingresado en la unidad de cuidados intensivos. A la mañana siguiente, Diana entró en la habitación 125, seguida tan sólo cinco minutos más tarde del médico de Joseph y de su cirujano, Hasnat Khan, acompañado de su equipo. Estaban preocupados por el estado de salud del paciente y pidieron permiso a su mujer para volver a operarle. Mientras el doctor Khan explicaba a Oonagh los problemas médicos que tenía Joe, ella le presentó a Diana, que se encontraba de pie en un segundo plano. Sin reconocerla, asintió brevemente con la cabeza, dejando entrever que llevaba despierto toda la noche y no tenía tiempo para cortesías.

Aún manchado de sangre de Joseph, Khan salió de la habitación, dejando un corazón latiendo mucho más rápido. Diana se quedó prendada. «¡Es guapísimo!» fueron sus primeras palabras. «Diría que fue amor a primera vista —opina Oonagh—. Estaba tan aturdida que sólo podía tratarse de un encuentro entre almas.»

Al parecer, Diana, que se consideraba a sí misma extraña y sanadora, y que había dedicado su vida a ayudar y consolar a los demás, había encontrado en Khan un reflejo de sus propios ideales y creencias. Se trataba de un hombre perteneciente a una minoría étnica (había nacido en Pakistán) consagrado a salvar vidas. «Era la primera vez en su vida que admiraba realmente al hombre con quien estaba por el trabajo que desempeñaba —señaló Debbie Frank—. Él se preocupaba mucho por la gente, y eso caló muy hondo en ella.»

La relación empezó camuflada (la princesa visitaba a Joseph Toffolo con más frecuencia de la necesaria para ver a Khan) y continuó totalmente en secreto. En el otoño de 1995, Diana solía combinar sus visitas a pacientes hospitalizados con las citas con el nuevo hombre que había entrado en su vida. Visitaba el hospital con ropa informal, vistiendo un pantalón tejano y una gorra de béisbol, y se sentaba junto a los pacientes más graves, algunos de los cuales acababan de salir del quirófano. Finalmente se descubrió la tapadera de la princesa porque fue fotografiada una noche en noviembre de 1995 por unos *paparazzi* a los que se les había dado un chivatazo. Para adelantarse a los inevitables chorros de tinta en la prensa, Diana decidió resolver el asunto ella misma, y tomó prestado un teléfono móvil de uno de los fotógrafos. «Hay cientos de pacientes allí dentro que no tienen cerca a sus seres queridos y que necesitan calor humano. Disfruto ayudándolos, parece como si me dieran fuerza», le dijo a un atónito Clive Goodman, entonces corresponsal real del *News of the World*, después de que los fotógrafos que tomaron las instantáneas se hubieran identificado como colaboradores de esa publicación dominical.

Con esta inteligente solución, que convirtió en un mérito sus visitas al hospital a la vez que ocultó su verdadero motivo, Diana logró despistar a los medios de comunicación, al menos por un tiempo, y en su mayor parte la relación que mantuvo durante dos años con Hasnat Khan se llevó totalmente en secreto, hasta el punto de que Diana ingeniaba algún tipo de disfraz cuando se atrevían a salir juntos.

Solía conducir uno de los coches de su personal y seguir rutas tortuosas para reunirse con su nuevo amor, disfrazada a menudo con una peluca diseñada por su peluquero, Sam McKnight; a veces llevaba gafas de sol o gafas sin graduar. La mujer que se había deleitado en la Casa Blanca y el palacio de Versalles cenaba ahora con su novio en un anónimo restaurante de comida rápida cerca de la casa de éste en Chelsea o, con más frecuencia, en el palacio de Kensington. En el otoño de 1995, cuando aún sonaban ecos de su desastrosa relación con Will Carling, el capitán del equipo de rugby, mantener la actual relación en secreto era fundamental no sólo para proteger la intimidad de la pareja, sino también para que no se viera afectada la delicada situación conyugal de la princesa. En una ocasión, Diana saltó por una ventana de la planta baja cuando visitaba a Khan en el hospital Harefield, al oeste de Londres, para evitar que la vieran. Cuando él la visitaba en secreto en el palacio de Kensington, Diana confió a su mayordomo la tarea de llevarle a hurtadillas a su apartamento real.

Como sucedió en otras relaciones, la princesa se volcó en la vida e intereses de su enamorado. Sin duda, como en anteriores romances, trató de ser amable con la familia de su novio. En los primeros meses de relación, ella y Hasnat Khan habían cenado con su tío Omar y su mujer Jane, de nacionalidad británica, en su casa de Stratford-upon-Avon. Cuando Diana visitó Pakistán, quiso conocer a los padres de su novio.

Del mismo modo en que había seguido las actividades y los intereses de James Hewitt, Oliver Hoare y Will Carling, la princesa centró ahora su atención en la anatomía humana, en concreto la del corazón, para poder entender con más claridad el trabajo de Khan. Para una mujer que no se perdía un solo capítulo de la serie «Urgencias», sentada religiosamente frente al televisor cada sábado por la noche, y que se había pasado la vida visitando pacientes hospitalizados, estudiarse el tratado de anatomía de Gray no era una tarea realmente ardua; de hecho, aprobó el «examen» improvisado que le hizo un amigo tras haber estudiado durante unos pocos días. El funcionamiento de su propio corazón era mucho más complejo y contradictorio.

En el palacio de Kensington, el sonido de la música coral se sustituyó por las roncas voces de Ella Fitzgerald y Louis Armstrong, puesto que Diana empezó a compartir el gusto de Khan por el jazz, e incluso lo acompañó, disfrazada, al club de jazz Ronnie Scott's, en el barrio londinense de Soho, donde experimentó la emoción de no ser reconocida. Aunque se había interesado ya por la cultura y la religión oriental, las obras sobre el Corán hicieron crecer su pequeña montaña de libros apilados en la sala de estar, en lo que denominaba su «esquina del saber». Además, amplió su vestuario con más de media docena de *shalwar kameez* de seda brillante, el conjunto de túnica y pantalón que llevan las mujeres musulmanas. Si bien se tomaba en serio su misión de asistencia a los enfermos, Hasnat Khan era, en muchos aspectos, un amante incongruente, ya que tenía sobrepeso, fumaba mucho y le gustaba beber cerveza, y sólo podía contar con su sueldo de cirujano. Para una mujer que había sido aceptada como novia del futuro rey por ser blanca, aristócrata y protestante, el hecho de salir en serio con un musulmán cuya familia vivía en Pakistán era una prueba más de lo lejos que había llegado esta joven, que se consideraba rebelde, en su viaje personal. «Fue una prueba de su devoción —observó Debbie Frank—. La lenidad de una mujer enamorada.»

Las relaciones amorosas de Diana en el pasado habían estado a punto de poner a prueba los propios límites de la princesa, que había disfrutado de la emoción y el dolor del romance sin dar el paso final del compromiso; ahora se planteaba ir más allá de las religiones y de las fronteras raciales para empezar una vida junto a su novio paquistaní. El matrimonio de su amiga Jemima Goldsmith, la hermosa hija de sir James y lady Annabel Goldsmith, con Imran Khan, ex capitán del equipo de críquet paquistaní y aspirante a político, fue un punto de referencia amoroso para Diana y le dio la esperanza de que algún día ella podría seguir un camino semejante. Lo que impresionó sobre todo a Imran Khan fue que Diana parecía no dejarse afectar por la religión, la nacionalidad o el color: «Parecía estar por encima de todo eso. Era esta mezcla de ingredientes lo que la hacía tan fabulosa».

Así, en otoño de 1995, su vida, aunque no era perfecta, tuvo su cupo de emociones, oportunidades y posibilidades de realizarse del que había carecido durante gran parte de su vida adulta. La vida de Diana, durante mucho tiempo confusa, solitaria y sin rumbo, empezaba a tener sentido. Tal era su popularidad que estaba cerca de lograr su aspiración de convertirse en embajadora itinerante, independientemente de lo que opinaran en palacio o en el gobierno. Una y otra vez había demostrado que sus credenciales eran impecables, a pesar de los numerosos obstáculos que se habían interpuesto en su camino. Aún más, se estaba ganando a regañadientes el respeto de sus enemigos, un reconocimiento que indicaba que tenía el coraje, el desenfado y el carisma para desempeñar un cargo significativo y de peso en materia nacional. Mientras ella avanzaba a zancadas hacia la soleada cima, su marido estaba perdido en las tinieblas, al considerársele indulgente consigo mismo, introspectivo y falto de razonamiento. Ella no sólo exploraba y ponía a prueba sus límites personales, ya fueran espirituales o políticos, sino que en el otoño de 1995 creyó que había encontrado el verdadero amor de su vida.

A los pocos meses, se mancharía su reputación y se pondría en peligro su posición de princesa real. A la reina se le acabaría la paciencia con su nuera itinerante, lo cual la llevaría a escribir una carta formal a Diana en la que abogaba por el divorcio. Al mismo tiempo, se evaporaría cualquier simpatía que quedase entre los miembros de palacio, y los ministros moverían la cabeza con consternación ante lo que se consideró un acto intencionado de autodestrucción. Lo que provocó esta respuesta hostil fue su entrevista de cuatro horas de duración emitida en el programa «Panorama» de la BBC en noviembre de 1995. El programa, que fue visto por la mitad de la población británica, fue tanto su vía de escape como su trampa, y la princesa se quedó tambaleándose en el aire, con la familia real reacia a perdonarla y furiosa por haber aireado aún más sus trapos sucios en público, y un indignado gobierno que creía que había traicionado la fe depositada en ella.

Tanto sus defensores como sus detractores se rasgaron las vestiduras estupefactos. Durante el último año, la princesa había conquistado todo lo que se ponía ante ella, y su sintonía con el público y las autoridades nunca fueron mayores. Estaba en el punto de mira. Su estrategia no podría haber sido peor. Pero ¿por qué se puso una soga al cuello?

# 7

## «QUIEREN MATARME»

El apartamento de Diana en el palacio de Kensington, con sus velas de iglesia color crema encendidas en las ventanas y el olor a incienso flotando por el salón, seducía a sus invitados por su tranquilidad monástica. Sólo rompía esa quietud el sonido de la música coral o de las partituras para cine de Vangelis, el compositor del tema musical de *Carros de fuego*, que Diana ponía a todo volumen para enojo ocasional de sus vecinos. Dave Griffin, su vecino de al lado, le gritaba cuando conseguía encontrarla en la ventana de su apartamento situado en la primera planta: «¡Los policías de la música te persiguen! Has estado destrozando esa canción en la última media hora».

En apariencia, uno tenía la impresión de que la vida dentro de los apartamentos 8 y 9 marchaba al fin con armonía, y de que disfrutaba de un ritmo y una rutina mucho más pacíficos que la discordia que había existido durante la vida de casada de la princesa. Con todo, detrás de esa existencia real orquestada con suavidad se encontraba un mundo de traiciones y conspiraciones. Durante gran parte de su vida adulta, Diana vivió en un ambiente de aprehensión, desasosiego, desconfianza y sospecha prácticamente incomprensibles para los de fuera. De puertas para dentro, no se descartaba ninguna fantasía, intriga o conspiración, por más absurda que fuese, y era raro que transcurriese un día sin que la inquietara algún complot o alguna alarma.

Los acontecimientos, reales o imaginarios, zarandeaban continuamente a Diana. Un día típico podía comenzar con una llamada telefónica urgente de la duquesa de York para transmitirle un aviso cargado de fatalidad de alguno de sus «videntes» (la colección de místicos y adivinos que solía consultar); o quizá llegaba a oídos de la princesa un rumor sobre una historia hostil hacia ella y que estaría a punto de salir en los periódicos. No era de extrañar, por consiguiente, que Diana comenzara el día con los nervios de punta, ansiosa y aprensiva acerca de lo que las horas siguientes podrían depararle.

Más tarde, si el secretario particular del príncipe Carlos, Richard Aylard, la llamaba inesperadamente para concertar un encuentro, ella entraba en un estado de gran agitación y se ponía a imaginarse que «el enemigo» le podía estar preparando una posible emboscada, y empezaba a preocuparse por ello, pues temía que fuera alguna propuesta relativa a la controvertida cuestión del divorcio. Al final resultaba tratarse, casi siempre, de algún prosaico asunto administrativo. Su propia personalidad reforzaba ese estado de agitación permanente. Vulnerable, impresionable e ingenua, la princesa, a quien, como señaló su astróloga Penny Thornton, le encantaba la intriga y la emoción propia de las novelas de capa y espada, tenía una predisposición natural a la credulidad. Para Diana, su vida era un melodrama en el que el problema era ella; en primer lugar, para sus padres, al haber nacido niña; luego, para su marido, por haberse interpuesto en su matrimonio sustituto; y, por último, por ser una extraña que desafiaba el orden establecido. Mientras que su personalidad alentaba su sentido del victimismo y su sensación de ser una mártir de las oscuras fuerzas que se habrían alineado contra ella, los que se denominaban a sí mismos sus amigos explotaban esa tendencia. Porque no eran sólo los «hombres de traje gris» de palacio ni el círculo de amigos del príncipe Carlos los que obraban en su contra. Ésos, al menos, eran fáciles de identificar. Sin embargo, como la princesa terminó por darse cuenta, hasta sus amigos más cercanos, sus empleados y sus consejeros deseaban que ella siguiese siendo débil y dependiente para así poder ser fuertes para ella. La fuerza de aquéllos se basaba en la incertidumbre y la inseguridad de Diana.

Sabía también que, por detrás de la apariencia siempre servicial de la vida en el palacio de Kensington, el menor fragmento de su existencia era recogido, discutido y guardado. A principios de 1990, Diana se compró una máquina para destruir documentos porque sospechaba que el personal de la limpieza husmeaba en la correspondencia que tiraba a la basura; desconfiaba, asimismo, de que los empleados de la casa enseñaran el apartamento a amigos y conocidos a cambio de dinero. (Esos recelos tenían fundamento: más tarde se publicó en un dominical que al menos uno de los empleados dirigía visitas privadas. Otro de los empleados reveló en diciembre de 2002 a *News of the World* que «por doscientas libras se podía hacer una excursión con guía por el dormitorio de Diana».) También le inquietaba el entorno del príncipe Carlos, pues temía que las personas cercanas a él la estuvieran utilizando para sus propios fines.

En efecto, cuando hacía poco tiempo que la duquesa de York había pasado a formar parte de la familia real, la princesa sospechó que su amiga registraba su correspondencia y después informaba sobre sus hallazgos al príncipe de Gales para buscarse favores. Diana le contó esas sospechas a su astróloga, Penny Thornton, quien comentó: «Diana me dijo que Sarah había estado haciendo cosas a sus espaldas». De lo que no hay duda es de que la princesa no confiaba en nadie dentro del mundo de la realeza, pues guardó durante años las famosas cartas del príncipe Felipe, duque de Edimburgo, en un cofre de la embajada brasileña. «Todo tipo de personas podría entrar y salir de su apartamento», como explicó Lucia Flecha de Lima.

Resulta fácil comprender la cautela de Diana. Cuando entró en el palacio de Buckingham, todavía siendo una adolescente, descubrió que nada era como parecía en el mundo de Alicia en el País de las Maravillas de la familia real. Desde inicios de los años ochenta hasta que el príncipe Carlos confesó su adulterio públicamente en 1994, ella estuvo en el centro de una red de engaños, organizada y coordinada para encubrir la relación del príncipe con Camilla Parker Bowles. Como he descrito en los capítulos anteriores, todos —guardaespaldas, mayordomos, cortesanos, miembros de la familia real, amigos y la propia abuela de Diana, lady Fermoy— estaban implicados de forma activa o pasiva. Cualquier pregunta que Diana hiciera sobre la relación que mantenía su marido se ignoraba como si se tratase de los desvaríos de una mujer aquejada de celos, depresión o algo peor. «Diana es inestable y Diana es desequilibrada mentalmente», dijo la princesa sobre la actitud de las personas de la clase dominante hacia ella. «Y, por desgracia, eso parece haber sido aceptado de tanto en tanto a lo largo de estos años.»

Lo que en verdad le dolía a Diana y la desconcertaba era que, mientras una discreta red de amigos y de casas seguras protegía al príncipe Carlos para que mantuviera su relación a la manera tradicional de la realeza, sus propios intentos de encontrar la felicidad estaban condenados a la divulgación, la vergüenza y la congoja. Durante los años ochenta no sólo existía una trama para proteger al príncipe Carlos, sino que también había, o al menos eso pensaba Diana, una conspiración para ponerle a ella trabas y para condenar a los que se le acercaban demasiado.

Diana lo verificó en la primera ocasión en que disfrutó de cierto tipo de relación, cuando ya parecía que su matrimonio se había acabado, poco después del nacimiento del príncipe Enrique en septiembre de 1984. Su instinto le decía que Carlos, según sus palabras, «había regresado con su señora», y poco después Diana intimó con el sargento Barry Mannakee, que había pasado a formar parte de su equipo de guardaespaldas a finales de la primavera de 1985. Era un hombre cautivador, con maneras de pillo y un sentido del humor desenvuelto, y a la princesa le resultó simpático de inmediato; si, al principio, disfrutaba con los halagos bromistas del guardaespaldas sobre su apariencia, más tarde pasó a hacerle confidencias. Padre de dos criaturas, Mannakee se convirtió en un hombro en el que llorar y en alguien que le proporcionaba consejos mundanos. Diana llegó incluso a consultar a su astróloga Penny Thornton y a preguntarle por el signo astrológico del guardaespaldas —era Géminis— y por si éste era compatible con el suyo, Cáncer. «Él realmente la dejó entusiasmada», recuerda Penny. La propia Diana le contó a James Colthurst: «Significaba mucho para mí. Era mi figura paterna, era todo. Sencillamente, me cuidaba». Años más tarde fue más allá y, por lo visto, le confesó al escritor Anthony Holden que Mannakee era «el amor de mi vida». Existía un cierto grado de hipérbole en esa declaración; a lo largo de su vida adulta, raramente estuvo sin un hombre que fuera para ella el hombre de su vida. En su momento, el acercamiento entre los dos no pasó desapercibido a los oficiales superiores, por lo que en poco más de un año, en julio de 1986, trasladaron a Mannakee a otras funciones, para frustración de Diana. «Yo llevaba el corazón en la mano y todos hablaban sobre nosotros y le hacían pasar un mal trago», contó la princesa a Colthurst.

En cierto modo, el sargento Mannakee recibió el traslado con alivio, pues le resultaba difícil hacer frente al estado de intensa necesidad que presentaba Diana. Como me confió un amigo del guardaespaldas: «Era un hombre que no temía por su vida, sino por su empleo. Sólo tenía un contrato temporal de inspector, y le preocupaba que la relación pudiese tener implicaciones negativas en su trabajo».

Mannakee murió trágicamente en un accidente de moto en mayo de 1987, menos de un año después de haber sido trasladado. Diana se quedó deshecha cuando se enteró de la noticia, mientras estaba de viaje hacia el Festival de Cine de Cannes con el príncipe Carlos. La princesa había querido tanto a Mannakee que, en el aniversario de su muerte, hizo hincapié en visitar el crematorio de Redbridge, donde se esparcieron las cenizas del guardaespaldas, y escondió la cara en un pañuelo para la cabeza a fin de evitar que la reconocieran. Más tarde recurrió a un vidente para intentar entrar en contacto con Mannakee en el mundo espiritual. Durante mucho tiempo pensó que los servicios secretos lo habían asesinado a raíz de su amistad. En efecto, cuando empecé a trabajar en la biografía de Diana, en 1991, en seguida me solicitó que averiguara más cosas sobre la verdadera causa de su muerte. Por fortuna, un conocido mío, que era entonces corresponsal de sucesos para un periódico, regresaba a su casa en Loughton, Essex, y llegó a la escena del accidente a los pocos minutos de suceder. Pudo confirmar que no existió nada de más siniestro que un trágico accidente en el que se vieron envueltos el conductor de un coche que se acababa de sacar el carnet y un ciclomotor que llevaba como pasajero a Mannakee.

Diana, sin embargo, nunca llegó a convencerse del todo, pues respiraba la atmósfera de un mundo repleto de conspiraciones, rumores y cotilleos, una realidad desconcertante en la que nada era lo que parecía, por lo que no podía creer en nada.

Tras la ocasión en que forzaron la entrada a mi despacho, Diana, James Colthurst y yo nos compramos teléfonos dotados de un aparato para perturbar las emisiones telefónicas —los cuales, a decir verdad, raramente funcionaron bien—, mientras que la princesa contrató a una empresa de vigilancia que Colthurst le había recomendado, para que detectara aparatos de escucha en su sala de estar. Ésa fue la primera de las numerosas ocasiones en que hizo inspeccionar su apartamento del palacio de Kensington en busca de micrófonos; además, ella misma retiraba en muchas ocasiones la alfombra intentando encontrar pruebas. A pesar de que nunca se halló nada, la posible presencia de aparatos de vigilancia se convirtió en una broma recurrente, y la princesa salpicaba sus conversaciones con alegres referencias al MI5 y al MI6.[1] Cuando estaba al teléfono, siempre que oía algún ruido en la línea, decía: «Hola, chicos... es hora de cambiar la cinta».

1. El MI5 es el Departamento de Contraespionaje británico. El MI6 es el Departamento de Inteligencia británico. *(N. de la t.)*

Se demostró que la princesa tenía razón acerca de la relación de su marido con Camilla Parker Bowles y de la conspiración para escondérsela, por lo que quizá estuviera en lo cierto al suponer que sus teléfonos estaban pinchados, o lo habían estado en algún momento. Cuando, en junio de 1992, el príncipe Felipe se enfrentó a ella en el castillo de Windsor y le dijo, en presencia de la reina y del príncipe Carlos, que tenían una cinta con la grabación de su conversación telefónica con un señor cuyo nombre no constaba y en la que hablaban sobre la publicación en entregas de *Diana: su verdadera historia,* la conclusión lógica era que sus teléfonos, en efecto, habían estado vigilados constantemente y que los contenidos de sus conversaciones permanecían archivados.

Es posible que se tratara de un sofisticado farol, pero también que indicara un conocimiento excesivo del libro para que así fuese. Pocas semanas más tarde, en agosto, el contenido de las hoy famosas cintas del Squidgygate, grabadas de manera ilícita tres años antes, y que versaban sobre las conversaciones que Diana había mantenido a altas horas de la madrugada con James Gilbey, se publicaron en el *Sun.* Si bien Stella Remington, por entonces la directora del MI5, siempre negó oficialmente cualquier participación en las grabaciones telefónicas, el hecho de que también se publicaran, en el transcurso de un año, el Camillagate (otra charla de madrugada, en este caso entre Carlos y Camilla) y una conversación grabada a escondidas entre el duque y la duquesa de York, hace pensar incluso a los más crédulos que las coincidencias parecen excesivas. El único consuelo para Diana era que la conversación del Camillagate constituía una prueba para todos sin excepción de que sus sospechas acerca de su marido no eran fruto de la imaginación de una mujer desquiciada.

Cuando el príncipe y la princesa se separaron en diciembre de 1992, las cosas tomaron un cariz más siniestro. Diana se encontraba sola y tenía una percepción aguda de las fuerzas que se alineaban en su contra. Es posible que no tuvieran la intención de perjudicarla, pero ciertamente no la apoyaron en todo lo que ella deseaba para sí. Entonces, como si respondiera a una señal convenida, la princesa empezó a oír todo tipo de conjeturas, desde las al parecer bien fundadas hasta las claramente falsas, acerca de que su vida podría estar en peligro.

A principios de 1993, Stephen Twigg supo, por mediación de

clientes suyos bien relacionados, que circulaban historias en los salones de sus amigos según las cuales la princesa podría ser objeto de una atención no deseada por parte de los servicios secretos de seguridad británicos. «Era muy posible que alguien, en alguna parte, con la atmósfera de animosidad y enfado que predominaba en aquellos momentos, pudiera intentar hacer algo tan estúpido como llevar a cabo un atentado contra la vida de Diana —comentó Twigg años más tarde—. Parece que otras personas opinaban lo mismo.»

Twigg se alarmó lo suficiente como para contarle esos rumores a Diana durante una sesión de masaje en el palacio de Kensington y sugerirle que, si ella poseía alguna prueba que pudiera resultar embarazosa para sus enemigos, debería dejarla en manos de alguien en quien confiara, como medida de seguridad. Además, debería hacerles saber a sus enemigos que había hecho tal cosa. Parece que Diana se tomó en serio su consejo y entregó a personas amigas varias cartas en custodia. «En el clima reinante entonces, la idea de que la mataran no era excesivamente fantástica, y así se mantuvo, con distintos grados de credibilidad, durante el resto de su vida —me relató Stephen Twigg años más tarde—. Ella era consciente de eso. Su determinación y empuje posteriores para convertirse en la mujer que quería ser fueron sin duda extraordinarios.»

Abrumada cada día, y en ocasiones cada hora, por todo tipo de historias sensacionalistas, de las cuales algunas eran verdaderas, aunque la mayor parte sólo especulaciones, la princesa no podía hacer más que investigar su veracidad cuando podía, por más absurdas que parecieran. Así, una noche de 1993, Diana le preguntó, después de cenar, a un anonadado Max Hastings, entonces director del *Daily Telegraph*, si conocía un plan financiado por un conocido suyo, el magnate canadiense del oro Peter Munk, de Barrick Mining, para contratar al experto en relaciones públicas David Wynne-Morgan con el fin de «deshacerse de mí a cualquier precio». Esa historia, al igual que muchas otras, resultó ser falsa.

Si bien se puso de moda tachar a Diana de paranoica o de trastornada, ella tenía en esa época bases perfectamente legítimas para preocuparse. «Lo que parecía sorprendente era lo sana que estaba —afirmó Patrick Jephson—. Ante las provocaciones más extremas, yo la vi mantener la calma una y otra vez, e incluso soltar una carcajada, cuando otros con menos categoría hubieran tenido una rabieta, costumbre que ella, con orgullo, rechazaba copiar de su marido.»

Si ella se mostraba desconfiada, también lo estaba la mayor parte del público británico. Era tan generalizada la creencia de que los servicios de seguridad eran culpables de grabar las llamadas telefónicas de Diana que, en 1993, John Major, entonces primer ministro, hizo una declaración pública según la cual los servicios de seguridad no habían participado en ninguna intervención de las comunicaciones de los miembros de la familia real. Su afirmación no contribuyó demasiado a detener la marea de especulaciones y rumores. Un año más tarde, en septiembre de 1994, el Partido Laborista solicitó una investigación parlamentaria después de que un ex infante de la Marina Real declarara que había dirigido una operación de vigilancia en la que, supuestamente, se habría filmado a la princesa y a James Hewitt teniendo relaciones sexuales en el jardín de la casa de la madre de Hewitt, en Devon. Glyn Jones, ex sargento del ejército, afirmó que la operación tuvo lugar en 1988 y que consistió en la colocación de aparatos de escucha y cámaras que grabaron el encuentro. Los infantes de la Marina Real —al igual que Ken Wharfe, que declaró que el tamaño minúsculo del jardín hacía que fuera físicamente imposible el supuesto escenario del espionaje— tacharon las afirmaciones de Jones de ser «una tontería». Las conversaciones que yo mismo mantuve con él me hicieron dudar mucho de la veracidad de sus declaraciones. Sin embargo, eso no acalló la fábrica de rumores en funcionamiento incesante, lo que con toda probabilidad alimentó la inquietud de Diana en esa época.

No obstante, una y otra vez acontecimientos inexplicables que afectaban no sólo a la princesa, sino también a otras personas, hacían que sus antenas se pusieran a vibrar. Mientras los incidentes curiosos, cuando vistos de forma aislada, hacían que sus amigos y empleados se detuvieran un momento antes de proseguir con sus vidas, la princesa, como destinataria de gran parte de ese espionaje inquietante, era capaz de formarse el cuadro general, consistente en un enigmático control telefónico, en una vigilancia disimulada y en robos misteriosos. Los ejemplos abundan: un amigo detective de James Gilbey se encontró hablando con un oficial del MI5 cuando, en una ocasión en que estaba ocioso, encontró el número de teléfono de Gilbey en el ordenador de la policía. La conclusión era que el aparato de Gilbey estaba ya bajo vigilancia. En el palacio de Kensington, la mayor parte del personal actuaba partiendo de la base de que todos los teléfonos estaban controlados, una creencia que se vio reforzada una noche, a mediados de la década de los noventa, por la experiencia de un oficial uniformado que usó la cabina de la policía, al final del palacio, para hacer una llamada a su novia. Cuando terminó de hablar y colgó, el teléfono empezó a sonar de inmediato. Lo cogió y escuchó por el aparato la grabación de la conversación que acababa de mantener. Le resultó una experiencia inquietante, por lo que el oficial advirtió sin demora al personal del recinto del palacio para que estuvieran en guardia.

El robo parecía ser un riesgo ocupacional para los amigos y empleados de la princesa. Cuando su jefe de cocina, Mervyn Wycherley, dimitió en enero de 1995, forzaron su casa en Shropshire a los pocos días de su salida del palacio de Kensington. Los despachos de los abogados del divorcio de Fergie, en Londres, sufrieron un robo, y sus archivos con los documentos referentes al divorcio fueron manipulados; además, el periodista Richard Kay, uno de los confidentes de Diana, tuvo dos robos en su casa, y sospechó que, al menos, el segundo fue un trabajo de investigadores profesionales. Kay contrató a un detective privado cuando se percató de que en varias ocasiones le seguía el mismo coche. James Hewitt se quejó a Ken Wharfe, guardaespaldas de Diana, porque, incluso después de terminar su relación con ella, continuaba siendo seguido por extraños y, de forma melodramática, se temía que, al igual que Barry Mannakee, él representase un objetivo al que eliminar. (Incluso Wharfe, a pesar de ser un oficial de policía, se preguntaba si él también podría convertirse en un blanco. Cuando publicó en el año 2002 sus memorias de la princesa, *Diana: Closely Guarded Secret*, estaba completamente convencido de que en diversas ocasiones la policía secreta le había seguido desde su casa hasta el norte de Londres.)

No era de extrañar, por consiguiente, que Diana mencionara a menudo en sus conversaciones las actividades confidenciales de los servicios secretos, lejos de constituir un síntoma de paranoia, eran sencillamente un hecho de su vida trastornada. David Puttnam recordó, cuando lo entrevisté: «Es totalmente verdad que ella me dijo en varias ocasiones que la estaban escuchando con micrófonos ocultos, que la seguían y que la gente iba a por ella. Se lo creía realmente. Cuando alguien vuelve una y otra vez sobre lo mismo, uno tiende a descartarlo. Había mucho más de paranoia que de realidad. Sin embargo, era indudable que sus teléfonos estaban pinchados. Eso llegó hasta sus oídos, y también a los míos. Con toda probabilidad, la estaban siguiendo por su propio bien. De ese modo, la realidad estaba desencadenando determinadas neurosis».

Puttnam pertenecía al grupo cada vez más reducido de los consejeros, empleados y amigos que rodeaban a la princesa. No se trataba de una mera coincidencia el hecho de que, a medida que las sospechas de Diana aumentaban, su círculo se estrechaba, por lo que en 1995 había reducido su personal a un puñado de personas en las que confiaba, e ideaba pruebas cada vez más retorcidas para asegurarse de su lealtad para con ella. Tal vez la más estrambótica fue cuando informó a Patrick Jephson de que alguien le había disparado un tiro sin más, a plena luz del día, cuando atravesaba Hyde Park al volante de su coche. Quedaba implícito que deseaba verificar con qué seriedad se la tomaría él y con qué empeño investigaría el asunto. Amigos como Kate Menzies, Catherine Soames, Julia Samuel y otros que Diana había conocido desde la infancia fueron cayendo por el camino, postergados por una ecléctica y algo excéntrica colección de personajes que se desvivían por ella. «Permitió que los falsos amigos y los impostores entraran en su vida», observó Patrick Jephson, quien argumentó que esos tipos dudosos llenaban el vacío que la ausencia de un marido y de una familia cercana habían dejado. Eso no era todo, sin embargo. La princesa también estaba consultando y cautivando a personas con conocimiento y experiencia de la vida, así como a intelectuales, como Richard Attenborough, Douglas Hurd y Jacob Rothschild, al igual que a figuras de los medios de comunicación, como Clive James y David Puttnam. Como observó Patrick Jephson: «Algunos de los consejos que buscó y recibió fueron de la más alta calidad: sabios, humanos, pacientes y ofrecidos con una singular comprensión de su difícil situación de aislamiento». No obstante, con demasiada frecuencia, Diana desoyó tales consejos bien intencionados, pues cada vez se fiaba más de su instinto, que no le había fallado en el pasado, en especial con respecto a su sospecha sobre Carlos y Camilla. David Puttnam comentó: «Lo que me frustraba era que ella escuchaba y pedía consejos tan bien, que la decepción era mucho mayor cuando a todas luces no los seguía. Personalmente, solía sentirme muy defraudado».

En el palacio de Kensington, Diana redujo el personal de forma gradual, de modo que en 1995 algunos criados leales, como el jefe de cocina Mervyn Wycherley y, antes de él, el mayordomo Harold Brow, se encontraron de patitas en la calle. Cada vez más, la vida de Diana giraba alrededor de un hombre, su mayordomo Paul Burrell, pues había pasado a confiar por completo en su devoción y discreción. «En 1995 mi papel empezó a evolucionar a asistente personal, mensajero, conductor, chico de los recados y confidente —escribió Burrell en sus memorias—. Yo intervenía cuando ella no deseaba usar su chófer, su gurú de relaciones públicas o su secretario particular, porque no deseaba que ojos profesionales fueran testigo de determinadas amistades, mensajes y misiones privadas.»

A lo largo de los años, Burrell se había introducido poco a poco en su vida, de modo que, a mediados de 1990, se había convertido en indispensable, y mantenía con la princesa una relación inusitadamente cercana y dependiente. Según contó Diana en una ocasión a su amigo el abogado Richard Greene: «Él es mi todo. Sabe quién soy y lo que quiero». Era una asociación de necesidad mutua. «No podía imaginarme la vida sin la princesa», comentó Burrell.

Richard Greene observó: «Es casi imposible no desarrollar algunas emociones muy poderosas cuando se arropa a alguien en la cama todas las noches. Paul era un hermano mayor, un padre, un amigo y alguien con quien ella podía coquetear sin riesgos, pues él sabía mantener los límites. Cuando ella deseaba sentirse mujer y él era el único hombre alrededor, él estaba allí para ella. Ella podía portarse como una niña pequeña que tiene una rabieta, o ser muy calculadora y centrada. Paul la aceptaba como era y la apoyaba en cada uno de esos papeles. Era para ella como un camaleón».

Burrell es, él mismo, una personalidad compleja; ambivalente desde el punto de vista sexual (ha admitido tener un pasado homosexual, aunque su esposa María dijo a la prensa con firmeza que «el pasado es pasado»), y femenino en algunos aspectos, era el típico servidor de la realeza que se institucionaliza a consecuencia de los rituales y la rutina diaria del ambiente; pero, por encima de todo, Burrell ansiaba la seguridad del empleo. Su profunda necesidad de seguridad fue lo que le impulsó a adaptarse a todo y a llevar a cabo cualquier trabajo que Diana quisiera, con tal de permanecer en su puesto. La vida con la princesa era incierta; Burrell había visto cómo demasiados empleados y amigos de Diana caían en desgracia, en general por alguna supuesta deslealtad, y eran apartados o abandonaban su círculo. A menudo, sin embargo, el mismo Burrell fue el arquitecto de esas marchas, al defender su terreno sin contemplaciones. Darren McGrady, uno de los jefes de cocina del palacio de Kensington, reflejaba el punto de vista de muchos antiguos empleados del palacio con los que hablé, al decir: «Él [Burrell] era un manipulador sin escrúpulos que no dudaba nunca en apuñalar por la espalda a sus compañeros si pensaba que, de esa forma, conseguiría socavar sus carreras mientras que él ascendía».

El propio Burrell ya había superado la más rigurosa prueba de lealtad de Diana y, posiblemente, más cruel, cuando la princesa despidió a su esposa, María, que había trabajado como camarera para ella durante un año. María se marchó del palacio de Kensington envuelta en un silencio sepulcral, mientras que su marido permaneció al lado de la princesa. A lo largo del tiempo, el matrimonio y la vida familiar de Burrell ocuparon siempre un lugar secundario en relación con su inquebrantable lealtad hacia Diana.

Era más que un empleado, pues se convirtió en su sombra. En efecto, su presencia invasiva le granjeó el apodo de «Señora Danvers» —en alusión a la siniestra ama de llaves de *Rebeca,* de Daphne du Maurier— por parte de los demás habitantes del complejo del palacio de Kensington. Además, se convirtió en el guardián de la princesa, ya que le filtraba sus llamadas telefónicas y sus faxes, con lo que manipulaba y controlaba, de hecho, la vida de Diana según sus propios prejuicios y percepciones. Por consiguiente, Burrell distorsionaba y teñía la realidad cotidiana de la princesa, y era capaz de alimentar su ansiedad, sus temores y preocupaciones con una palabra aquí y una advertencia allí.

Resulta irónico que Diana mostrara una gran satisfacción por la manera en que había recortado su personal, sin percatarse de que, al hacerlo, no había más que concentrado el poder y la influencia en unos pocos criados. Se guiaba para administrar la casa por el deseo virtuoso de interponer una limpieza cristalina entre ella y el príncipe Carlos. Se preocupaba mucho por el servilismo, las dimensiones y la naturaleza aprovechada de la corte de su marido, y se sorprendía por las excentricidades de éste, cada vez más frecuentes y acentuadas. No era la única. Como escribió Max Hastings en *Editor: A Memoir*:

> Si hubiera llegado al conocimiento público que algún otro excéntrico rico, como Howard Hughes, se llevaba sus propias toallas y papel higiénico a todas las casas en que se hospedaba... se consideraría que estaba a un paso de necesitar atención médica.

Durante su matrimonio, a Diana le resultaba embarazoso que, cuando viajaba con el príncipe de Gales, él llevara más equipaje que ella: «Siempre me horroriza que el príncipe Carlos se lleve veintidós bolsas como equipaje de mano. Eso, además de las otras cosas. Yo tengo cuatro o cinco». Después de su separación, ella tenía a gala el que su personal administrativo se limitara a cuatro personas, mientras que, como hizo notar Patrick Jephson, el príncipe empleaba a 35 personas. (Ahora son 85, entre ellos nueve jardineros, cuatro ayudas de cámara, tres mayordomos, cuatro jefes de cocina y dos chóferes.) En ese ambiente de extravagancia, permisividad y exceso, tal vez fuera inevitable que la actitud de Diana repercutiera sobre el personal del príncipe. Ya en julio de 1991, Diana recibió un informe confidencial del entonces subsecretario privado de los príncipes de Gales, Peter Westmacott, hoy sir Peter y embajador en Turquía, acerca de que los empleados usaban el nombre del príncipe y el papel timbrado del palacio de St. James para obtener ventajas. En sus conversaciones con la princesa, mencionó con frecuencia el nombre de Michael Fawcett, el ayuda de cámara del príncipe Carlos. En efecto, Diana comentó más tarde a James Colthurst que, cuando abordó ese tema con su marido, fue una de las primeras veces en que él la tomó en serio.

Al principio, Diana consideró que Fawcett, un hombre que, supuestamente, lo resolvía todo, era una persona divertida y sociable que utilizaba sus contactos, y sus descuentos, con Turnbull, Asser y otros sastres para ayudarla a conseguir camisas, corbatas y otros artículos de vestir masculinos, que ella regalaba a sus amigos y a los miembros del personal de la casa. Sin embargo, con el tiempo, el papel de Fawcett como portero del príncipe, que controlaba quién tenía acceso a Carlos —y esto incluía a la princesa—, empezó a originar rencores. «Ah, ya veremos qué tiene que decir el príncipe sobre eso», era su respuesta habitual a los que lo cuestionaban, frase con la que evidenciaba su cercanía al heredero.

Fawcett había trabajado duro para alcanzar esa posición elevada. Al igual que Burrell, había comenzado como lacayo en la planta baja del palacio de Buckingham, y se había abierto camino hasta llegar al lado del príncipe por medio de su fuerza de voluntad y de su imaginación, puesto que se creó un interesante pasado que no resistía el examen más superficial. Solía decir que su padre había perdido cantidades millonarias en la bolsa canadiense y que su madre pertenecía a la pequeña aristocracia.

Un incidente describe a la perfección su mezcla de jovialidad amanerada, condescendencia de abuelito y agresividad encubierta. Cuando Ken Wharfe le presentó a un nuevo recluta de Scotland Yard, Fawcett miró al joven de arriba abajo, puso una mano cordialmente en la manga del jersey acrílico más bien modesto del recluta y le dijo: «No la frotes, cariño, podrías terminar hecho humo».

En muchos aspectos, Fawcett, un personaje teatral, tipo bufón de la corte, y con unas desafortunadas maneras intimidatorias, estaba cortado por el mismo patrón que el famoso ayuda de cámara de Carlos, Stephen Barry, que trabajó para el príncipe hasta 1981. Sociable, divertido y con frecuencia escandaloso, Barry, que murió de sida en 1986, fue el único ayuda de cámara, que se recuerde, que acompañó al príncipe en sus paseos, cuando a menudo recogía ramos de flores para su real señor. Al igual que Barry, Fawcett hacía de todo para el fastidioso príncipe, desde prepararle el baño hasta extender por completo su larga toalla blanca, para que así el príncipe pudiera envolverse en ella con más facilidad; incluso empleaba el exprimidor de plata de tubos de pasta de dientes, decorado con las plumas del príncipe de Gales, para poner el real dentífrico en el real cepillo de dientes. Con todo, fue más lejos que Barry. Cuando, en junio de 1990, el príncipe se rompió el brazo jugando al polo y fue hospitalizado, Fawcett tuvo el honor de sujetar la botella real mientras su amo le proporcionaba una muestra de orina.

Diana empezó a sentir que el ayuda de cámara tenía una influencia antinatural sobre su marido y pasó a preocuparse cada vez más por la intimidad de la relación. El general de división sir Christopher Airy, que había sido secretario particular del príncipe, se encontraba tan perplejo como la princesa. No lograba comprender por qué el príncipe Carlos se dejaba influir tanto por un hombre que, en términos militares, tenía un cargo equivalente al de sargento. «Diana no conseguía entender la relación entre Michael Fawcett y su marido. Creía que era enfermiza. Pienso que realmente creía eso», comentó Ken Wharfe. Era el estribillo constante de Diana, que repetía una y otra vez a su familia y a sus amigos, entre ellos Vivienne Parry, quien recordó: «La princesa Diana decía a menudo que él tenía algo con el príncipe Carlos. Se lo contó a bastante gente, con seguridad. Se lo dijo a personas de la familia Spencer. Diana parecía estar obcecada por la relación entre su marido y Fawcett. Mi impresión es que no se trataba de una broma».

Diana pasó a contemplar la relación del príncipe Carlos con Michael Fawcett con una mezcla de desprecio, sospecha y mucho humor, pero resultaba irónico que tal relación fuera análoga a la suya con Burrell. «Puedo arreglarme sin apenas nadie, a excepción de Michael», observó el príncipe en una ocasión, un sentimiento que presentaba ecos de las palabras de su esposa con relación a su propio mayordomo: «Él es mi todo».

Cuando el estilo de vida decadente de Carlos pasó a ser objeto de la atención pública, la escritora Joan Smith comentó: «Para un hombre de su edad, el príncipe tiene un estilo de vida que se podría describir como infantil, pues depende de los empleados para llevar a cabo las tareas cotidianas más simples. Fawcett era para Carlos lo que Burrell era para Diana, una combinación de lacayo, niñera y confidente».

Si la princesa llegó a considerar a Fawcett la cuarta pata de su matrimonio, una vez que ella y su marido se separaron y que Fawcett, por supuesto, permaneció con firmeza al lado del príncipe Carlos, ella obviamente sintió que no tenía necesidad de hacer ninguna demostración de amistad hacia el empleado. Después de que Fawcett fuera a recoger al palacio de Kensington los objetos personales del príncipe, Diana, al parecer, ordenó que se cambiaran las cerraduras. Como me dijo un antiguo empleado de la princesa, que consideraba a Fawcett una «persona amable y encantadora»: «Ella no se fiaba de él. Sabía que todo lo que dijese llegaría a oídos del príncipe».

Por más que el poder que Fawcett tenía sobre los empleados de la casa del príncipe le molestara a la princesa, y por más que desconfiara de él, sentía menos resentimiento hacia él que hacia Alexandra *Tiggy* Legge-Bourke, la hija de una dama de honor de la princesa Ana, que había sido contratada como niñera y acompañante para los niños. El trabajo de Tiggy consistía en entretener a Guillermo y a Enrique y en organizarles diversiones cuando se quedaban en la casa del padre, pero Diana veía las cosas de otro modo porque sentía que Tiggy estaba usurpándole su papel más codiciado y valorado: el de madre de los chicos. Era seguro que el personal del palacio de Kensington sabía que les esperaba un mal día siempre que surgía en los periódicos alguna foto de Tiggy en la que apareciera favorecida. Una fotografía de Carlos abrazando a Tiggy en el colegio de Enrique, historias sobre que había perdido peso para agradar al príncipe; el hecho de que admitiera que, al igual que Diana, había estado enamorada, cuando era estudiante, del heredero del trono, y sus comentarios acerca de que los chicos la veían como a una madre sustituta, hicieron que se hablara mucho al respecto y que la imaginación de Diana se disparara. Según un amigo de Tiggy, al que citó el *Sunday Times* en enero de 1996, la niñera, que había crecido en una finca de seis mil acres en Gales, afirmaba que ella les proporcionaba a los príncipes «lo que ellos necesitan en esta etapa: aire fresco, un rifle y un caballo. [Diana] les da una raqueta de tenis y una bolsa de palomitas en el cine».

La princesa era tan sensible a la implicación de Tiggy en la vida de sus hijos que le envió una nota a su marido en la que le solicitaba que aclarara en qué consistían las tareas de la niñera. El personal del palacio de Kensington sabía que la llamada telefónica más difícil de todo el día era cuando Tiggy llamaba para dar detalles de los movimientos de los chicos. Como la princesa se negaba a hablarle, Paul Burrell tenía que actuar de recadero.

Es indudable que la relación de Tiggy con los hijos de Diana desencadenó en ésta una profunda sensación de inseguridad que la hacía sentirse vulnerable y acorralada. Con los años, su secretario particular, Patrick Jephson, que había presenciado de cerca su pauta de comportamiento, observó: «Como siempre, cuando se veía forzada a actuar a la defensiva, la princesa se protegía agrediendo. Le importaba muy poco quién estuviese en la línea de fuego».

Ése era el paisaje, escarpado y suspicaz, en que vivía la princesa, un mundo bipolar en el que, en determinado momento, se la alababa, y al siguiente, las conspiraciones se la tragaban; su casa era tanto un refugio como una prisión abierta, en la que sus amigos varones tenían que entrar a escondidas para evitar las miradas de los espías.

Ese ambiente se había convertido en un hecho de su vida en la realeza, y se hizo más malévolo antes de la separación, a medida que la guerra de los príncipes de Gales consumía a Carlos y a Diana. Cuando se separaron en 1992, su antagonismo adquirió una nueva forma, pues el hecho de que estaban desde entonces en dos campos oficialmente separados alimentó las inquietudes y preocupaciones de Diana. A partir del otoño de 1995 ocurrió una transformación clara en su carácter. A pesar de que, como he expuesto en el capítulo anterior, ella se situaba en un plano moral más elevado que el príncipe Carlos, disfrutaba de un apoyo generalizado dentro y fuera del palacio, se ejercitaba con habilidad en el dominio del escenario mundial, y, después de conocer a Hasnat Khan, parecía haber encontrado el amor de su vida, era una mujer que vivía con miedo.

Antes de que acabara el año, Diana creyó realmente que su vida corría peligro, hasta tal punto que pensó en dejar el país a cambio de encontrar seguridad y protección en Estados Unidos. Patrick Jephson fue testigo directo de los cambios drásticos en el comportamiento de la princesa. «Su paranoia había alcanzado un grado más elevado que nunca. Veía conspiraciones por todas partes», escribió acerca de esa época desesperada en otoño de 1995.

La convicción de que existían micrófonos ocultos en su apartamento la obsesionaba; afirmó a Jephson que un atacante desconocido y al que nadie vio le había disparado un tiro sin más en Hyde Park a plena luz del día, y sospechaba que, por encargo del príncipe Carlos, habían manipulado los frenos de su coche. Al fin escribió una carta al respecto, como «seguro». En lo que aún fue más grotesco, la princesa hizo en público un comentario a Tiggy Legge-Bourke insinuando que la niñera había abortado y que, además, el hijo era del príncipe Carlos. Fue una declaración completamente infundada y que produjo un hondo dolor.

Entonces, Jephson pensó que Diana debía de estar volviéndose loca y que sus miedos eran el producto de una imaginación calenturienta. O eso, escribió en enero de 2004 en el *Evening Standard*, o, al expresar en voz alta esos temores y verificar si él se los tomaba en serio, le estaba sometiendo a la más retorcida de las «pruebas de lealtad», en una época en que él pensaba dimitir. Sin embargo, incluso con la ventaja de la mirada retrospectiva, Jephson admite ahora que podía recordar unos cuantos ejemplos de comportamiento paranoico, e incluso irracional, por parte de la princesa a lo largo de los ocho años en que estuvo a su lado.

A partir de su muerte, esos pocos meses críticos antes de que grabara su famosa entrevista a la BBC en noviembre de 1995 sirvieron para darle una nueva caracterización en la imaginación popular, como la combinación trágica e inestable de reina del drama y de princesa mentalmente trastornada. Esa imagen les vino de perlas a los que, como los defensores del príncipe Carlos, siempre sostuvieron que Diana era guapa, pero chiflada.

Por lo tanto, ¿estaba loca o tenía pruebas provenientes de fuentes creíbles que respaldaran sus acusaciones? La respuesta breve y sorprendente es que ella creía que poseía pruebas irrefutables que había de tomar con seriedad dadas las circunstancias. A lo largo de 1995 había oído todo tipo de rumores sobre una relación entre el príncipe Carlos y Tiggy Legge-Bourke, y durante algunos meses creyó que los vínculos entre su ex marido y su amante de muchos años, Camilla Parker Bowles, se habían aflojado y que él ahora intimaba con la niñera de los chicos. Desde el punto de vista emocional, Diana no estaba demasiado trastornada por ese giro de los acontecimientos. Como me contaron algunos amigos a los que confió sus pensamientos: «Sentía más curiosidad que dolor. Realmente pensaba que ella estaba manteniendo una relación con el príncipe Carlos y que Tiggy ocupaba el lugar que antes había pertenecido a Camilla. Lo "sabía" hacía mucho. En esa época de su vida ya no se obsesionaba con Camilla, por lo que se trataba más de un asunto para reírse con disimulo que para preocuparse con lo que hacer al respecto». En todo caso, le inquietaba más la repercusión que pudiera tener sobre sus hijos que sobre su marido, o incluso sobre ella misma.

Sin embargo, fue perdiendo importancia y desapareciendo ante su sensación de seguridad y de estar en su lugar. Las insinuaciones y alusiones de los medios de comunicación —que, por ejemplo, sacaron mucho partido a un cariñoso beso dado en las mejillas en las pistas de esquí de Klosters el día de los deportes del colegio del príncipe Enrique en junio de 1995, así como los titulares del estilo de uno que apareció en el *Mail on Sunday*: «¿Por qué necesitan mis hijos adolescentes que los cuide una joven y voluptuosa niñera?»— incitaban al público y a la princesa a ver mucho más de lo que en realidad existía en esa relación.

Con todo, los cotilleos de los periódicos y las conjeturas sin fundamento de su círculo eran una cosa, mientras que la información detallada de fuentes creíbles y no pertenecientes a la corte era algo muy distinto.

Durante el verano y el otoño de 1995, personas en apariencia fiables contaron a Diana que Tiggy había ido dos veces a la consulta de su ginecólogo, lo que había redundado en dos ingresos hospitalarios para someterse a actuaciones médicas en ese otoño. Al parecer, esas mismas fuentes fiables también le hicieron creer que Tiggy había llevado a cabo la interrupción de un embarazo. Como la princesa pensaba que su ex marido y Tiggy mantenían una relación, se tomó como un hecho el que la niñera había abortado de un hijo del príncipe Carlos. Dado que confiaba en la veracidad de sus fuentes, Diana se acercó a Tiggy durante una fiesta de Navidad del personal de la casa en el hotel Lanesborough de Londres, en diciembre de 1995, y efectuó el comentario que se hizo famoso: «Siento mucho lo que he oído sobre el bebé».

Tiggy se quedó tan sorprendida con esa declaración vengativa que el ayuda de cámara de Carlos, Michael Fawcett, tuvo que ayudarla a salir del salón. Más tarde, el abogado de Tiggy escribió a los de Diana exigiendo que se retractara de sus «afirmaciones falsas». El biógrafo real Brian Hoey definió la horrorizada opinión general: «Demuestra señales de paranoia. Eso es extremadamente desagradable».

Una investigación interna realizada por el secretario particular de la reina, sir Robert Fellowes, confirmó la exactitud de la fuente de Diana en relación con el historial médico de Tiggy —en efecto, había ido al ginecólogo y había estado hospitalizada durante el período en cuestión—, pero se trataba de «problemas femeninos», y no de las conclusiones maliciosas que habían hecho creer a Diana. Cuando la princesa le proporcionó a sir Robert la fecha concreta del supuesto aborto, él la verificó y descubrió que, en el día en cuestión, Tiggy había estado en Highgrove con los jóvenes príncipes. En una nota manuscrita, Fellowes instó a la princesa a retirar sus declaraciones y a confesar que había entendido todo «terriblemente mal». Con todo, parece que Diana nunca llegó a disculparse.

Sin embargo, hasta la intervención de sir Robert, la princesa creía sinceramente que la información que le habían proporcionado era cierta. Le parecía que su marido se estaba rebajando, pero lo podía comprender. Pese a lo amargada que estaba por el comportamiento del príncipe Carlos, y el desprecio y la desconfianza que sentía por su corte, nada podía haber preparado a Diana para la historia con que se encontró en octubre y noviembre de 1995. Se trataba de la declaración que había realizado un joven empleado del príncipe Carlos, según la cual había sido violado en dos ocasiones por un miembro del personal de Carlos. Además, afirmaba que se había encontrado al príncipe Carlos con un sirviente cuando fue a llevarle el desayuno al dormitorio.

Esas declaraciones aparentemente absurdas fueron realizadas por George Smith, un ordenanza de la casa del príncipe Carlos, cuando la princesa le visitó en la clínica privada Priory, en la zona sudoeste de Londres, donde seguía un tratamiento para el alcoholismo. Diana, que solía visitar a menudo en el hospital a los empleados reales que enfermaban, sentía un cariño especial por el guardia galés, al que llamaba «el guapo George». Alegre y servicial en extremo, George Smith había encajado bien en el equipo de la casa, en el que había ingresado en 1987, pues su disposición animosa le había granjeado el cariño de la princesa de Gales y de muchos empleados, en especial de las chicas de la oficina. (Es posible que Diana no se sintiera tan bien dispuesta hacia él si hubiese sabido entonces que su marido había confiado al ordenanza la organización de sus encuentros clandestinos con Camilla.) No obstante, tras esas bromas alegres se escondía una personalidad dañada, pues Smith, que había servido durante la guerra de las Malvinas, se había quedado muy traumatizado con la experiencia, y estaba atravesando un divorcio especialmente doloroso. Era una persona débil y fácilmente manipulable que a menudo ahogaba sus problemas en la bebida. En noviembre de 1995, angustiado y voluntarioso, ingresó espontáneamente en la clínica Priory, después de una estancia en la finca de Highgrove del príncipe, en octubre, donde no había logrado solucionar sus problemas psicológicos.

Al igual que había hecho con otros empleados que habían estado enfermos —Vic Fletcher, el alabardero de la Silver Pantry; Graham Smith, ex guardaespaldas de Diana, que falleció de cáncer; e incluso Ken Stronach, ex ayuda de cámara de Charles, que padecía problemas de columna—, Diana se encargó de visitar en el hospital a Smith para alegrarle. «Superarás esto; yo he pasado por cosas peores», le dijo, en alusión al alcoholismo de Smith y, posiblemente, a su propia bulimia. Es posible que hubiera otro motivo para su visita. Smith, que se encontraba en un estado de extrema angustia y perturbación, había efectuado declaraciones acerca de un antiguo empleado del príncipe Carlos a, al menos, otro miembro del personal de la casa real. Por lo tanto, cuando Diana lo visitó en Priory, acompañada por su secretaria Victoria Mendham, él le contó una historia terrible. Parece que le dijo a la princesa que la verdadera razón de su cambio de carácter residía en que, en 1989 y otra vez en 1995, un empleado del príncipe de Gales lo había violado tras emborracharlo. No está claro si en esa primera visita él también le relató una historia todavía más sorprendente: que había sido testigo, al prepararse para servir el desayuno, de un incidente en el que estaban envueltos el príncipe Carlos y un sirviente. Es cierto que, en los posteriores encuentros que mantuvieron en el palacio de Kensington y en su casa, en Twickenham, Smith confió esa historia extraordinaria y poco creíble a la princesa, quien, según el relato de Smith, pareció «conmocionada».

Aunque Diana intentó tranquilizarle, ella se marchó de la clínica perturbada y preocupada por él, y aún más por su propio bienestar. Consideraba que conocía demasiados secretos perjudiciales y peligrosos para su propio bien. Se alarmó hasta tal punto que, a principios de 1996, realizó una grabación de las declaraciones de Smith, tanto por política de seguridad como en calidad de prueba independiente de los, al parecer, tejemanejes disolutos, aunque increíbles, de la corte del príncipe Carlos.

Por entonces, en octubre y noviembre de 1995, la princesa creía estar siendo espiada y, en última instancia, temía por su seguridad, como observó Jephson. Le parecía muy plausible que se llevara a cabo algún atentado contra su vida, tal vez manipulando su coche para que tuviera un accidente. De manera que, cuando Diana sufrió ese año un pequeño accidente al fallar los frenos de su coche cuando volvía a casa de la clínica Hale, en Marylebone, resultaba comprensible que se inquietara. A pesar de que los mecánicos de su taller le informaron de que la causa había sido un simple fallo mecánico, Diana no se convenció y llevó el coche a otro taller para que lo revisaran.

Diana escribió una carta, que al parecer confió a su mayordomo, acerca de las sospechas que albergaba sobre una trama para matarla:

> Estoy sentada a la mesa de mi despacho hoy, octubre, y anhelo que alguien me abrace y me anime a mantenerme fuerte y con la cabeza alta. Esta fase en concreto de mi vida es la más peligrosa. Mi marido planea «un accidente» con mi coche, con un fallo

> de los frenos y una lesión cerebral grave, que le despeje el camino para poder casarse.

Sólo se reveló la existencia de esa nota y de la presunta participación del príncipe Carlos en una conspiración después de que se hiciera público, en enero de 2004, que había una investigación sobre la muerte de Diana. Según afirma Paul Burrell, la carta fue escrita en octubre de 1996 —diez meses justos antes de la muerte de Diana— y ella se la entregó en custodia. Ha existido un debate considerable acerca de la fecha en que fue escrita —los amigos sospechan que fue en octubre de 1995—, pues en octubre de 1996 Diana había dejado atrás la inquietud de los años anteriores y se enfrentaba a otros asuntos y desafíos. «La vi en tres ocasiones durante el mes de octubre, y en todas ellas estaba con un excelente estado de ánimo y no mostraba gran amargura hacia el príncipe de Gales», declaró Rosa Monckton; y Richard Kay se encontró a Diana en un restaurante y relató que parecía estar con una «disposición estupenda» y que bromeaba con su madre.

Por otra parte, está claro que, en el otoño de 1995, creía que existía una conspiración para perjudicarla. En el mundo nervioso en que vivía, donde todos sospechaban de todos y todos parecían tener algo que esconder, y donde personas fiables de fuera de ese ambiente y otras de dentro, trastornadas, alimentaban sus sospechas y sus miedos, Diana estaba asustada. Como hizo notar un confidente con el que ella hablaba habitualmente sobre esas preocupaciones: «Era capaz de ponerse paranoica; ¿quién no se pondría, en aquella situación?».

La princesa estaba hasta tal punto segura de que existía un complot contra su vida y de que el «enemigo» planeaba hacerle daño que llegó a considerar dejar el país. ¿Quién habría estimulado e incitado esa sensación de terror? Durante esa etapa crítica, un desconocido periodista de la BBC, Martin Bashir, había entrado en su vida. Las historias espeluznantes que, al parecer, le contó a Diana, así como los documentos que le enseñó, la llenaron de temor y alarma. No es una exageración afirmar que el día en que Bashir entró en su mundo, la vida de Diana —y su legado— cambiaron para siempre.

# 8

# IMPOSTORES, FALSIFICACIONES Y CINTAS SECRETAS

Hoy en día es uno de los grandes nombres de la televisión, con un gran número de entrevistas importantes, algunas controvertidas, en su haber. Pero cuando Martin Bashir empezó a participar en «Panorama», buque insignia de los programas de actualidad de la BBC, en la primavera de 1992, era uno de tantos en el numeroso equipo formado por grandes nombres.

Bashir nació en 1963, hijo de una familia inmigrante (sus padres llegaron al Reino Unido provenientes de Pakistán), y posee el impulso para buscar el éxito, quizá el exceso de éxito, típico de una primera generación de inmigrantes. Es probable que sus antecedentes difíciles —su padre padecía trastornos psiquiátricos y su hermano falleció de distrofia muscular— contribuyeran a fortalecer su voluntad, y Bashir se licenció con matrícula de honor en Inglés y en Historia por la Universidad de Southampton, a pesar de que, como le gustaba decir, el único libro que poseían en su casa de protección oficial al sur del municipio de Londres era aquel en el que se anotaban los pagos del alquiler. Cuando entró en «Panorama», Bashir, que había sido con anterioridad periodista deportivo, tenía fama de ser un «perdedor obsesivo», un personaje al estilo de Walter Mitty, defensor de extravagantes ideas que raramente llegaban a algo. En el ambiente de la BBC, en el que predominaban los blancos de clase media, era visto como un extraño y un solitario. Si bien se le respetaba como un trabajador afable y listo, según comentó la periodista Sonia Purnell al *Independent on Sunday*, «apenas se había hecho un nombre tras nueve años en la BBC».

Existe una historia que caracteriza su encanto zalamero, una fuerte combinación de adulación, humildad y también fingimiento. Cuando comenzó en «Panorama» forzó una aproximación a Tom Mangold, el decano de los periodistas de investigación, en el bar de la BBC en el oeste de Londres. Se acercó a éste con deferencia y le preguntó si podía estrechar la mano al gran hombre. Siguió relatándole que, cuando su hermano Tommy estaba a punto de morir, uno de sus últimos deseos fue que él, Martin, siguiera los pasos del veterano periodista, al cual, no hacía falta decir, consideraba el mejor del mundo. Mangold, al que la conmovedora historia tocó por igual su ego y las fibras de su corazón, inmediatamente congenió con esa figura algo solitaria y, en apariencia, desolada. Mangold se volvió algo más escéptico al respecto cuando, cerca de un año después, charlaba en una fiesta con John Humphrys, el gran inquisidor del programa «Today» de Radio Four. Según se supo, Humphrys había mantenido con Bashir precisamente la misma conversación, al igual que le había ocurrido, en otra ocasión, al muy respetado corresponsal de guerra de la televisión Michael Nicholson. Como comentó una persona de dentro de la BBC: «Un tipo así es digno de admiración. Ha salido de Hollywood. Eso dice todo lo que hay que saber sobre él».

Tras una apariencia mansa, existía un periodista ambicioso que ansiaba labrarse un nombre. Sus dos programas anteriores, en 1993 y 1994, sobre el ex entrenador de fútbol inglés Terry Venables y sus transacciones financieras, habían conseguido despertar la atención, además de una demanda por difamación de parte de Venables, que se quejaba, entre otras cosas, de que Bashir había utilizado documentos financieros falsos. Según parece, Bashir, que había conducido el programa con un compañero productor, Mark Killick, había recurrido a las habilidades de un diseñador gráfico, Matt Wiessler, para recrear un material que existía pero que no estaba disponible, a fin de ilustrar la historia.

A mediados de 1995, mientras Bashir y Killick se enfrentaban a las consecuencias del programa sobre Venables, el primero empezó a ahondar en el tema de las relaciones entre los servicios secretos y la familia real, y asimismo en la supuesta campaña «sucia» que los enemigos de la princesa, de dentro y fuera del palacio, habrían desatado contra ella. Al igual que muchas otras personas, no se había creído a pies juntillas las palabras tranquilizadoras del primer ministro y del director del MI5, y estaba ansioso por explorar más a fondo la historia. En 1995, cuando comenzó a investigar el asunto, ya eran muchos los que lo hacían, y, además, él contaba con pocos contactos y fuentes que pudiesen ayudarle en ese sentido. «Teníamos algunas pequeñas ideas, nada muy significativo, pero algo aquí y allí», recordó uno de sus compañeros de entonces. Conmigo mismo, que era en aquella época el equivalente a los grandes almacenes en lo que a historias sobre Diana se refería, había contactado un gran número de reporteros, incluso algunos periodistas de la BBC, para solicitarme ayuda en ese oscuro asunto. Por ejemplo, una empresa de televisión independiente denominada 20/20, con sede en la zona norte de Londres, se había pasado semanas investigando el origen del Squidgygate, del Camillagate y de otras cintas con grabaciones secretas de conversaciones íntimas de la realeza. Había evidenciado un mundo sórdido, en el que millares de modernos radioaficionados empleaban su tiempo libre registrando las ondas con la esperanza de escuchar charlas salaces. Las noches eran más populares, pues entonces se hacían más íntimas las conversaciones a través del móvil, y los enamorados se murmuraban dulces tonterías. Al mismo tiempo, la posible participación de los servicios de seguridad del Reino Unido en la grabación de las conversaciones reales constituía hasta tal punto una parte aceptada de la vida nacional que incluso se había emitido una obra de televisión basada en esa idea. Desde la perspectiva editorial, por consiguiente, las investigaciones de Bashir parecían una idea pasada para venderse entonces.

Además, si Bashir tenía grandes ambiciones y deseaba obtener una entrevista con la princesa, era un periodista de televisión más en una cola que representaba a los *Quién es quién* de los medios de comunicación internacionales. Era raro que transcurriese una semana sin que algún entrevistador de televisión importante, por lo general norteamericano, me llamara y me solicitara utilizar mi influencia con la princesa para acceder a ella. La ingenuidad de algunos con relación al protocolo real era sorprendente y halagadora. «Si llegamos en el Concorde el jueves, podrías quedar con la princesa de Gales para el viernes», me pidió la productora de una televisión norteamericana. «¿Y sería posible ver a la reina madre el viernes?» Dado que la reina madre no ha concedido entrevistas desde 1923, le informé de que las perspectivas no eran muy esperanzadoras. Otras estrellas de los medios de comunicación, como Oprah Winfrey y Barbara Walters, fueron mucho más sofisticadas y astutas. A Oprah se le ocurrió realizar y enviar a la princesa una cinta de vídeo filmada en su finca de la zona central de Estados Unidos, en la que exponía por qué la princesa del pueblo debería sentarse en el estrado al lado de la reina de los programas de corazón de la televisión. Al final, Oprah fue invitada al palacio de Kensington a comer con la princesa, que se sentía un poco abrumada por su huésped televisiva, la cual se mostraba muy segura y se expresaba muy bien. Oprah Winfrey no era la única que intentaba conseguir la entrevista de la década. Como ya se había enamorado de todo lo que fuera norteamericano, Diana se convirtió en el blanco del encanto despiadado de Barbara Walters, quien también comió con la princesa y obtuvo la aprobación de su secretario particular, Patrick Jephson. Las discusiones acerca de donaciones a las entidades benéficas preferidas de la princesa —el truco convencional para hacer que alguien de la realeza muerda el anzuelo— ya estaban bien adelantadas. Para no quedarse atrás, la cadena de televisión CBS le ofreció a la duquesa de York un lucrativo contrato para cuando ella consiguiese llevar a Diana hasta los estudios. Mientras que los norteamericanos se posicionaban claramente como delanteros en la carrera, en el Reino Unido, sir David Frost y Clive James, que ya era amigo de Diana, habían invertido mucho tiempo intentando llevar a cabo una charla con la princesa, y James incluso acordaría una visita secreta para que Diana le echara un vistazo a una grabación de su tertulia.

Aunque Martin Bashir, que era un desconocido tanto para la princesa como para su círculo, deseaba participar en la carrera para obtener la primera entrevista cara a cara de Diana en la televisión, se encontraba aún más perjudicado por el hecho de trabajar para la BBC. La cadena, financiada con fondos públicos, sólo originaba pensamientos negativos en la princesa, que consideraba a esa institución el brazo mediático del palacio de Buckingham, como si fuera la sociedad reinante metida en un tubo catódico. El dato de que el presidente del consejo de administración, Marmaduke Hussey, estuviera casado con la dama de honor de la reina, lady Susan Hussey, significaba para Diana que la BBC no era digna de confianza. En efecto, esa opinión había jugado a mi favor varios años antes, cuando ella estaba decidiendo a quién contar su historia, puesto que había descartado de inmediato la BBC a causa de sus lazos formales y personales con el palacio de Buckingham. En cuanto al actual programa de actualidad de la BBC, «Panorama», siquiera aparecía en su pantalla de radar. Sin embargo, fue ese desconocido periodista de ese programa insignia quien, al fin, se llevó el premio.

Sin duda, Bashir actuaba de una forma creíble y suave. Como atestiguan sus compañeros, posee la habilidad, que sus antiguos colegas de «Panorama» describen como «genio», de convencer a cualquiera para que le conceda una entrevista, una vez que haya dado el primer paso. Con todo, había muchos otros que eran tan persuasivos como él, y, hablando con franqueza, las cadenas de televisión norteamericanas, con años de experiencia con la realeza de Hollywood, son mucho más sofisticadas y disponen de más recursos cuando se trata de conseguir las grandes entrevistas. Cuando estaba escribiendo una biografía de Monica Lewinsky, no pude más que retroceder y maravillarme ante la astuta, aunque amigable manera, con que Barbara Walters convenció a la ex becaria para que le proporcionara su primera entrevista en la televisión. Cada paso de Walters contaba con el dinero, los recursos y el apoyo de la cadena de televisión ABC. Era una combinación abrumadora. Sin lugar a dudas, la princesa de Gales recibiría el mismo tratamiento. Un programa como «Panorama», que representaba a una televisión pública seria y respetable, sencillamente no tenía la menor posibilidad cuando se trataba de cazar los peces gordos del circuito de los famosos. Eso no estaba en su agenda, como tampoco lo está hoy. Sin embargo, a los pocos meses de interesarse por el asunto de Diana, los servicios secretos y la familia real, Martin Bashir se sentaba con la princesa en el salón de los niños, en el palacio de Kensington, y filmaba en secreto una entrevista que cambiaría para siempre la vida de Diana. Aún más, a causa de su muerte prematura, la entrevista sirvió de punto de apoyo de su vida. Ese programa y los estrafalarios acontecimientos que lo rodearon, en especial la evidente paranoia de Diana con respecto a su seguridad, hoy se presentan como su imagen duradera y forman una parte sustantiva de su legado histórico.

Con todo, ¿consiguió su premio Bashir por la fuerza de su personalidad, o también al persuadir a Diana de que estaban conspirando contra ella?

Las historias que, según parece, Bashir le contó a la princesa, los documentos que le enseñó y que, más tarde, demostraron ser falsos, y el estilo intencionado de novela de capa y espada de sus encuentros y conversaciones, podrían quizá haber convencido a Diana de que, para defenderse, tendría que hablar públicamente de todo ello. En síntesis, su famosa entrevista a la BBC podría no haber significado un acto caprichoso por su parte, como muchos, incluso la reina y el resto de la familia real, los cortesanos y los políticos creyeron en su momento, sino más bien un acto deliberado de autopreservación. En un ambiente cargado de inestabilidad e inquietud, cuando todo parecía desmedido, la princesa estaba en verdad asustada. Los documentos y las posibles afirmaciones alarmantes que le hizo Martin Bashir resultaban todavía más inquietantes, porque él era un testigo verosímil, un forastero proveniente de una organización que se situaba en el corazón mismo del poder establecido británico, con vínculos poderosos con todas las instituciones del país, lo que incluía a la monarquía. En el clima de miedo que él contribuyó a crear y a explotar, Diana habló para evitar todo intento de desacreditarla o, lo que era aún peor, debido a las fuerzas ocultas que ella entonces creía que le seguían los pasos y la vigilaban. Temía realmente por su vida y se sentía amenazada en grado extremo. Por consiguiente, el objetivo del programa de televisión era enviar un mensaje a los demás antes de que, como lo percibía entonces, tomaran algún tipo de acción físicamente violenta contra ella. Resultó irónico que, después de la emisión de la entrevista de «Panorama», la quisieran muchas más personas. Sin embargo, ése no había sido su objetivo. Para ella se trataba de salvar su vida.

Resultaron fundamentales, para crear en Diana esa sensación de peligro inminente, un conjunto de documentos bancarios falsificados que Bashir había preparado con un amigo suyo diseñador gráfico. Constituían la prueba física de las historias que Bashir había tejido y, según las cuales, Diana se encontraba bajo vigilancia permanente y, en última instancia, amenazada por los servicios secretos británicos. Bashir le enseñó los documentos en octubre de 1995, inmediatamente antes de que ella accediera a realizar la entrevista. La aparición de esas pruebas hizo inclinar la balanza. A pesar de sus recelos anteriores, Diana estaba decidida a seguir adelante con la entrevista. Muy probablemente no habría existido el documental de «Panorama» si Bashir no le hubiera mostrado esos papeles falsificados; en efecto, reaccionó ante ellos con «terror y horror», según me relataron personas de su círculo. En el pasado, Diana se habría sentido destrozada ante las fuerzas que se alineaban en su contra, pero en aquellos momentos se sintió más fuerte. Al igual que frente al acoso de los periodistas, decidió luchar: dar la batalla a los que deseaban hacerle daño. Asimismo, la existencia de esos extractos bancarios se sumó a su sensación general de «van a por mí». Se sentía perseguida, y realmente temía por su vida.

El sendero que condujo a Diana a ese clímax de miedo y paranoia empezó entre las tierras onduladas de la casa familiar de la princesa, en Althorp, Northamptonshire. En ese lugar, en el verano de 1995, Bashir se encontró por primera vez con el hermano de Diana, el conde Spencer, al que el periodista y sus compañeros habían identificado, con acierto, como el guardián de Diana. Si Bashir se ganaba su confianza, tenía una buena probabilidad de llegar hasta la princesa. En aquella época, Diana no era el único miembro de la familia Spencer que vivía con el temor constante de tener el teléfono pinchado, de ser objeto de una vigilancia clandestina y de que se entrometiesen en su vida los medios de comunicación u otras instituciones más siniestras. Resultó decisivo que Charles Spencer estuviera tan convencido como su hermana de que fuerzas oscuras actuaban en el país, y ya había sentido necesidad de tomar acciones firmes para defenderse a sí mismo y a su familia. Un año antes, en abril de 1994, afirmó durante una conversación fuera de las cámaras con el productor de televisión Jackie Donaldson que sabía que le ponían micrófonos ocultos y quién sería el responsable. Hizo esos comentarios en una época en que estaba defendiendo tanto su reputación como su privacidad. Después de una lucha que duró dos años, demandó con éxito en 1996 al *Daily Express* por una serie de artículos que sugerían que era sospechoso de haber servido para lavar las transacciones de un fraude de varios millones de libras de su amigo y padrino de boda Darius Guppy. El conde Spencer obtuvo cincuenta mil libras por daños y una disculpa. Al mismo tiempo, y lo que fue más significativo a la luz de los acontecimientos posteriores, consiguió una orden del Tribunal Supremo contra su ex jefe de seguridad, Alan James Waller, al que se le prohibía revelar informaciones sobre su vida privada, al igual que sobre la de la familia real. Su demanda se debió a la publicación en marzo de 1994, en el periódico hoy difunto

*Today*, de una carta que Spencer había escrito a Diana en diciembre de 1993, en la cual le advertía de que sus apariciones públicas estaban dañando su popularidad, pues el conde sospechaba que Waller se la había vendido al periódico.

Por consiguiente, cuando el joven conde aceptó encontrarse con Bashir para hablar sobre sus sospechas relativas a la implicación de las fuerzas de seguridad, ya tenía sus propios temores y sus teorías. Por entonces, el periodista les decía a sus compañeros que tenía un contacto en el MI5 que le proporcionaba información. A finales de agosto, Bashir se había encontrado con Spencer en Althorp y le había dicho que, por lo que había entendido, los servicios de seguridad tenían a la princesa como blanco. No está claro qué pruebas ofreció Bashir al conde para corroborar sus afirmaciones, pero Spencer, que había sido corresponsal de la cadena de televisión NBC en Estados Unidos y, por lo tanto, era probable que se mostrara escéptico, las consideró convincentes.

Mientras tanto, el redactor jefe de Bashir, Steve Hewlett, que sin duda había visto cómo otras investigaciones similares de «Panorama» terminaban en agua de borrajas, estaba preocupado por la lentitud con que se estaba desarrollando ésa y urgió a Bashir a apuntar a las estrellas, o mejor dicho, a una estrella, y presionar a Spencer para conseguir una entrevista con la princesa. En uno de sus varios encuentros posteriores con el conde, al parecer, Bashir le convenció para que hablara con su hermana y arreglara las cosas a fin de que Diana se encontrara en secreto con el periodista. Se supone que deseaba exponerle personalmente lo que sabía acerca de las fuerzas ocultas que se alineaban contra ella.

Por entonces, el creíble señor Bashir había logrado el respaldo del hermano de Diana, cuyo voto familiar de confianza llegaría lejos para calmar las dudas que la princesa pudiera albergar con respecto a los motivos de Bashir. Un subproducto imprevisto de la participación de Carlos en las primeras fases de esa empresa fue que contribuyó a la reconciliación de los hermanos, tras un par de años de frialdad. «Ella ansiaba retomar su relación con el hermano», aseguraron algunos miembros del círculo de Diana, con los que ésta había discutido en detalle lo que estaba ocurriendo. «Eso significaba mucho para ella.»

Si bien las personas difieren al recordar cuándo se produjo el fatídico primer encuentro de la princesa y el periodista de televisión —unos relatos dicen que fue a mitad del verano, otros que a finales de septiembre—, todos sus encuentros se caracterizaron por el secretismo y la atmósfera teatral de intriga que sirvió para elevar la tensión y, quizá, para acercar a la princesa y a Bashir, dado que el clima de conspiración aumentaba la confianza de aquélla en el joven periodista. Era una técnica que se convirtió en la marca registrada de Bashir. En septiembre de 1995, Bashir ya había logrado una compenetración considerable entre él y Diana. «No tuvo una vida fácil; he disfrutado hablando con él», le dijo la princesa a su mayordomo después de una de esas conversaciones secretas. El primero de esos encuentros furtivos tuvo lugar en el piso de una persona amiga en Londres, y otro, como si fuera una escena de la película *Todos los hombres del presidente*, en un aparcamiento subterráneo. La mayor parte, sin embargo, tuvo como escenario el palacio de Kensington. Paul Burrell recogía a Bashir en el centro de televisión de la BBC, en la zona oeste de Londres, y le llevaba, por lo general escondido bajo una manta escocesa verde, al apartamento de Diana. «Ese pasajero parecía disfrutar más que la mayoría de esa operación de capa y espada», escribió Burrell en *A Royal Duty*.

En el otoño de 1995, poco después de que la princesa empezara a verse con Bashir de forma regular, se volvió mucho más temerosa acerca de su seguridad, pues una genuina sensación de miedo, que rayaba en la paranoia, impregnaba entonces sus sospechas e inquietudes habituales. «Al alimentar Bashir astutamente sus innumerables inseguridades, la dejó desquiciada», observó su biógrafa norteamericana Sally Bedell Smith. Según parece, el periodista la convenció de que había micrófonos ocultos en su apartamento, algo que ella llevaba mucho tiempo sospechando; de hecho, con anterioridad ya había hecho que lo rastrearan en busca de aparatos de escucha, pero en esos momentos parecía todavía más ansiosa que de costumbre, y ordenó a su secretario particular que realizara con ella una búsqueda en su piso. Él ya se había percatado, con preocupación, de su elevado estado de paranoia, y ésta era otra muestra de ello.

De acuerdo con un confidente de Diana, que habló con ella durante esa fase, la princesa había recibido la información sobre Tiggy Legge-Bourke y sus visitas al hospital de más de una fuente significativa. Se demostró que era verdad que Tiggy había estado ingresada, pero no está claro si Diana llegó sola a la hiriente conclusión de que la niñera había abortado —lo que después resultó ser una equivocación— o si fue llevada a pensar tal cosa. La fuente de esas historias hubo de serle muy creíble a Diana para llevarla a hacer una acusación tan extremada y tan poco característica contra Tiggy.

Ese otoño, cuando Diana oyó de los labios del ordenanza del príncipe Carlos, George Smith, la historia de una supuesta violación realizada por un miembro del personal de la casa del príncipe, temió que fuera peligroso para ella conocer las declaraciones de Smith. Estaba claro que todo iba bastante mal en la corte, pero entonces llegó Martin Bashir, un testigo creíble, una persona de fuera, aunque representaba a los medios de comunicación, para amplificar y respaldar todas las historias espeluznantes que Diana había oído sobre los servicios de seguridad en la sombra. «El miedo a los servicios de seguridad fue una de las emociones que condujeron a la secreta cooperación de Diana con la película», observó un artículo del *Sunday Times* en la víspera de la emisión del programa. El texto de Nicholas Hellen y Tim Rayment, «La venganza de Diana en el horario de máxima audiencia», continuaba: «Cuando se enteró de que Martin Bashir, el periodista de "Panorama" que estaba al frente del proyecto, investigaba el papel del MI5 en su larga pesadilla de llamadas de teléfono intervenidas y de soplos a los periódicos sensacionalistas, quiso saber más». La afirmación inicial de Bashir, según la cual él tenía un contacto dentro del MI5 que le proporcionaba información que demostraba que Diana estaba bajo vigilancia era una cosa; ahora parecía que le había dicho que poseía pruebas documentales que respaldaban su opinión, bajo la forma de unos extractos bancarios. Éstos no sólo evidenciaban pagos al antiguo jefe de seguridad del conde Spencer, sino que también mostraban los efectuados a una oscura empresa extranjera. ¿Es posible que le dijera a la princesa que esa firma, Penfolds Consultants, era en realidad una «tapadera» para una operación de los servicios secretos? Si bien resulta improbable que algún día se revele qué le dijo, se sabe que Diana se alarmó lo bastante como para discutir la posibilidad de marcharse del país e irse a un lugar más seguro. Como comentó un antiguo compañero de Bashir del programa «Panorama»: «Es un buen simulador. Si hubiera querido dar la impresión de que tenía tanta proximidad con el MI5 que estaba recibiendo extractos bancarios de esa institución, *yo* le habría tomado en serio». Además, cuando la princesa habló sobre el tema, expresó su creencia de que el príncipe Carlos y el ducado de Cornualles, su propiedad hereditaria, estaban involucrados en ello de algún modo. ¿De dónde se había sacado Diana esa idea? Al hablar con su círculo, la princesa no entró en detalles concretos acerca del papel que desempeñaría su marido o los que estaban a su alrededor. Sin embargo, era evidente que Diana estaba preocupada en extremo, ante todo en vista de los relatos espeluznantes que entonces oía sobre los tejemanejes de la corte del príncipe Carlos. Los amigos de Diana me dijeron: «Por esa razón es por lo que todo es tan siniestro».

Cualquiera que fuese la historia que Bashir le contó a la princesa, el círculo de Diana mantiene la firme convicción de que él le enseñó los extractos bancarios —algo que tanto Bashir como la BBC niegan— que respaldaban su aseveración de que tenía una fuente que podía proporcionarle ese material confidencial. Lo que la princesa desconocía entonces era que se trataba de falsificaciones.

Haciendo juego con la naturaleza secreta de la operación, la falsificación de esos documentos bancarios fue tan clandestina y encubierta como la filmación del programa. Cuando Bashir entró en contacto con Matt Wiessler, un diseñador gráfico, a principios de octubre de 1995 para un «trabajo urgente», éste tuvo la impresión de que el periodista se encontraba en medio de algún oscuro misterio. Wiessler, al que sorprendió el modo como Bashir estaba «representando al superdetective», recordó más tarde: «Estaba muy nervioso y me dijo que, si conseguía resolver esto bien, sería el éxito de su carrera».

Lo que Bashir quería que Wiessler hiciera era usar su destreza con el ordenador para falsificar dos extractos bancarios. El diseñador, utilizando la información que Bashir le proporcionó, trabajó toda la noche para hacer los extractos, fechados en marzo de 1994 y en junio de 1994, de una cuenta del National Westminster Bank que aparentemente estaba en Brighton. Mostraban un pago de cuatro mil libras hecho intencionadamente a una cuenta conjunta del antiguo jefe de seguridad del conde Spencer, Alan Waller, y su antiguo socio comercial, Robert Harper, por parte de News International, propietaria del periódico *Today*, el que había publicado en 1994 la carta robada que Charles Spencer había escrito a Diana en 1994. El otro extracto era de un supuesto pago de 6.500 libras efectuado a Waller y Harper por una empresa con sede en Jersey, la Penfolds Consultants. (Extrañamente, una empresa de nombre Penfolds apareció durante la investigación de Bashir sobre Terry Venables, y también se vio en la pantalla durante el reportaje.)

No está claro el papel que Bashir atribuyó a la empresa del paraíso fiscal en el relato que hizo a la princesa, pero ¿es posible que la hubiera presentado como una tapadera de la operación de los servicios secretos para controlar a Diana? Es incluso posible, dada la conversación de la princesa acerca del príncipe Carlos y del ducado de Cornualles, que le hubiera dado alguna siniestra conexión con la realeza. Durante las casi dos horas que Bashir pasó con el artista gráfico, el periodista, que tenía una idea muy clara de lo que quería que el diseñador hiciera, habló sobre los antecedentes que rodeaban los extractos bancarios. «Dijo que tenía que ver con la vigilancia sobre ella [Diana], que se estaba pagando a alguien para que la espiara, verificara sus movimientos e informara sobre lo que hacía —recordó Wiessler—. Me dio la impresión de que esos documentos bancarios sugerían que alguien ganaba dinero por espiar a Diana. No recuerdo si era el MI5 o el MI6.»

En su momento, Wiessler no pensó que estaba haciendo algo poco limpio o ilegal, puesto que, con anterioridad, él y Bashir habían creado material basado en documentos reales para facilitar que las personas se animaran a hablar ante las cámaras. Sólo después de que se emitiera la entrevista, se preocupó sobre la moralidad y la legalidad de sus actos. «Todo lo que sé es que Bashir dijo que, si enseñaba eso a esa persona [a la que no nombró], podía suceder algo importante —recordó Wiessler—. Dijo que se iba a Sudáfrica y que eso podría conducir a un programa; ella [Diana] podría acceder a algo.»

Después de su conversación, Bashir dejó a Wiessler trabajando frenéticamente para lograr entregar los documentos a tiempo. A las siete de la mañana, cansado pero orgulloso de su labor, Wiessler le dio a un chófer de la BBC el trabajo terminado dentro de un sobre dirigido a Martin Bashir, y recibió por ello 250 libras. El chófer se encontró con el periodista frente a la tienda Sock Shop, en el terminal 2 de Heathrow. No está claro quién vio en este punto de la historia los extractos bancarios falsificados, si bien muchos periodistas piensan que Bashir se los enseñó a Charles Spencer. Entre otros, un artículo del *Independent on Sun-*

*day* del 9 de febrero de 2003 sugiere que Bashir los podría haber usado para ganarse la confianza del conde:

> Todavía existe controversia acerca de los detalles exactos que condujeron a la entrevista de Diana... (Varias preguntas siguen sin respuesta, como, por ejemplo, por qué falsificó Bashir extractos bancarios que implicaban al jefe de seguridad del hermano de Diana. ¿Lo hizo para abrirse camino hasta la familia Spencer?) Pero lo que sí es cierto es que Diana habló con Bashir... Fue una relación beneficiosa para ambas partes, y él se convirtió en su amigo y confidente. «Bashir intentó persuadir a Diana durante años, y también se acercó a su hermano, el conde Spencer», ha dicho un antiguo compañero suyo de la BBC.

Por desgracia, al igual que el propio Bashir, el conde ha permanecido con la boca cerrada acerca de ese embarazoso asunto y se ha negado a conceder entrevistas, tanto para este libro como para otra cosa. Como me contó un antiguo compañero de Bashir en el programa «Panorama», que ha tenido acceso a los documentos originales: «Son unos documentos de primera clase. Si los hubieras visto, pensarías que estabas viendo un auténtico extracto bancario. Por lo tanto, ¿por qué falsifica esos documentos si quiere alardear de calidad? Él iba a encontrarse en el aeropuerto con alguien que era fundamental. Mi apuesta es que se encontró con Charlie Althorp [conde Spencer] y le dijo a Charlie: "Tu hombre ha estado en la nómina, tengo más material de éste, Diana está bajo vigilancia, puedo contárselo todo a ella. Aquí está la prueba"».

La existencia de las falsificaciones sólo se hizo pública seis meses después, en abril de 1996, tras la investigación de un dominical sobre los métodos que Bashir había empleado para obtener su premio televisivo. Según el artículo del *Mail on Sunday*, todos los supuestos titulares de las cuentas conjuntas, Waller y Harper, y el titular para Penfolds Consultants, confirmaron que los extractos bancarios eran falsos. Waller y Harper declararon que habían tenido una cuenta bancaria en Brighton, pero que la habían cerrado en marzo de 1994, tres meses antes del presunto pago de parte de Penfolds Consultants. En la BBC crecía la sensación de que se había conseguido la entrevista mediante medios poco limpios y que se habían usado los extractos bancarios de alguna forma para persuadir a la princesa a que accediera a hablar. En las dos investigaciones internas que la BBC llevó a cabo sobre el asunto, Bashir sostuvo que nunca había utilizado los documentos bancarios para obtener la entrevista y que había mandado hacer las falsificaciones para una historia anterior sobre la que estaba trabajando, relativa a la familia real.

Una declaración de la BBC respaldó por completo a su periodista, al afirmar:

> Los borradores de reconstrucción gráfica en que se basa ese artículo [en el *Mail on Sunday*] no tienen validez y nunca han sido publicados. Fueron creados con fines gráficos en la fase inicial de una investigación y se descartaron cuando no se pudo probar parte de la información. No han tenido nunca ninguna conexión con el programa «Panorama» sobre la princesa Diana, y nunca existió la intención de publicarlos del modo en que creemos que han sido filtrados. Su uso nunca hubiera sido aprobado a un alto nivel de dirección y, si se hubiesen emitido, eso hubiera significado un claro incumplimiento de nuestras directrices editoriales.

Richard Lindley, autor de «Panorama: 50 Years of Pride and Paranoia», una historia del programa, hizo notar: «Pero, si de eso se trataba, ¿qué era lo que pretendían exactamente con ellos? La nota de prensa no lo dice». El crítico de televisión Paul Donovan observó entonces que la BBC se había negado con ahínco a informar sobre la creciente inquietud. «Según ha admitido la propia BBC, pagó dinero para falsificar extractos bancarios, aunque no dice y no sabemos con qué fines concretos —comentó—. ¿Es ésa una utilización legítima del dinero de los que pagamos la televisión?» (Se puede observar que, si bien la declaración de la BBC afirma que los documentos bancarios no tenían nada que ver con Diana, no dice que *no* se los enseñaron, sino que sólo deja implícito que ella no los vio.)

Puesto que los documentos se falsificaron en octubre, sólo unos pocos días antes de que Diana diera su aprobación a la entrevista, la cual tuvo lugar el 5 de noviembre, el argumento de la BBC según el cual fueron falsificados «en la fase inicial de una investigación» no parece sincero, aún más ante los comentarios que Bashir realizó a Matt Weissler. Por supuesto, el círculo de Diana ha contestado con firmeza y de manera constante la afirmación de que nunca le enseñaron a la princesa los extractos bancarios. En realidad, Diana los discutió con sus amigos *antes* de la emisión del programa en noviembre de 1995, y mucho antes de que fueran del dominio público en abril de 1996.

Y, lo que es más, la princesa debatió con sus amigos respecto al formato propuesto del programa en las semanas anteriores a la entrevista de noviembre. En sus primeras conversaciones con Bashir, Diana había hablado sobre hacer un documental dividido en dos partes. La primera parte trataría de sus miedos acerca de la intromisión de las fuerzas de seguridad en su vida y plantearía, de forma directa, el papel del círculo del príncipe Carlos y de altas figuras del palacio de Buckingham en las maquinaciones en su contra. También iba a abordar el acoso constante que sufría por parte de los medios de comunicación, según dijo, un acoso que la impulsaba a hablar con lord Wakeham, entonces el presidente de la Comisión de Quejas de la Prensa, sobre la necesidad de una ley de privacidad, cuando se lo encontrara en una cena que tuvo lugar, irónicamente, justo antes de la emisión del programa.

Diana, que había dejado de portarse como una víctima, planeaba hacerles frente a aquellos que denominaba «el enemigo». Según su círculo, pensaba que, si hacía pública la campaña secreta en su contra, frenaría todo posible movimiento futuro, posiblemente grave, contra ella. En la entrevista, como fue emitida, si bien trataba en su mayor parte de sus propios problemas, tanto médicos como matrimoniales, la princesa también se refirió con frecuencia a las fuerzas alineadas en su contra. Diana se percataba de que si mientras estuvo dentro de la familia real se la consideraba un problema, ahora que estaba fuera la veían como una amenaza constante. «Yo era la esposa separada del príncipe de Gales, era un problema, y punto y aparte. Eso no había pasado nunca antes, ¿qué hacemos con ella?», le dijo a Martin Bashir, y añadió: «Ellos [la casa real] me ven como algún tipo de amenaza».

La segunda parte del documental pretendía ser más bien una película en la tradición de la realeza y tratar de cómo se modificaba el papel de Diana, una vez separada pero todavía con vínculos con la familia real. Debía centrarse en su trabajo con las instituciones benéficas, sobre todo con la Cruz Roja, y hablar de su ambición de convertirse en una embajadora para el país de forma independiente. Eso también aparecía en el programa emitido, que recordaba en especial su deseo de ser la «reina de los corazones de las personas». Al parecer, a lo largo de las conversaciones que mantuvo con Bashir, se decidió ampliar la perspectiva del programa para que abarcara todos los aspectos de la vida de Diana. En efecto, los ejecutivos de la BBC que estaban metidos entonces en el asunto, como, por ejemplo, Richard Ayre, tenían la preocupación de que la entrevista no pareciera un ejercicio de propaganda de la princesa, lo que comprometería la reputación de «Panorama», que siempre producía reportajes imparciales y serios.

Mientras sopesaba nerviosa la perspectiva de desahogarse en un programa de televisión, la princesa buscó consejo más allá de sus amigos íntimos acerca de la oportunidad de tomar una medida tan drástica. Habló con personajes conocedores de los medios de comunicación, como Clive James y David Puttnam, sobre salir en televisión. A lo largo de esas conversaciones, nunca les mencionó que el temor que sentía por su vida era lo que la impulsaba a tirar hacia adelante. Todos los consultados se quedaron horrorizados con esa idea, puesto que creían que ella perdería la ventaja moral que había obtenido desde la entrevista que Dimbleby había realizado al príncipe Carlos en 1994. David Puttnam recuerda: «En dos ocasiones me dijo que le habían ofrecido la oportunidad de contar su versión de la historia, y me preguntó qué pensaba al respecto. Le dije que era la peor idea que había oído jamás». Incluso los mismos confidentes de Diana no estaban seguros acerca de esa iniciativa, pues creían que la princesa sobreestimaba su habilidad para atravesar una intimidadora entrevista de una hora de duración: «Ella tenía un control nulo y no había ningún ensayo. Era una mujer muy lista, pero lo bastante estúpida como para pensar que podía descubrir algo [sobre sí misma] en una entrevista».

Para proteger la naturaleza clandestina de la operación, Diana mantuvo en la ignorancia con respecto a la entrevista a su secretario particular, su secretario de prensa, su familia, y, al parecer, hasta a su hermano y a su mayordomo, Paul Burrell, quien había actuado como mensajero sin ser consciente de ello. Una vez que tomó la decisión de seguir adelante, no deseaba que la pararan ni sus propias figuras oficiales ni las de la clase dirigente en el interior de la BBC. La preocupaba de manera especial el hecho de que si Marmaduke Hussey, el presidente de la BBC, se enteraba de la entrevista, podía entrar en contacto con el palacio de Buckingham y le impedirían contar su historia al mundo.

En el centro de televisión, cuando Diana ya había dado luz

verde a Bashir, el director de «Panorama», Steve Hewlett, varios altos ejecutivos de la BBC y el propio Bashir se reunieron en secreto para estructurar la entrevista. El entonces director general de la BBC, John Birt, se preocupaba de que las preguntas estuvieran bien redactadas, pero por lo demás no interfirió. Se omitieron las cuestiones referentes a la relación de la princesa con Will Carling. Figuraban en la lista que Bashir había presentado en un principio, pero, según el entonces jefe de la actualidad semanal de la BBC, Tim Gardam, les pareció que, dado que ya preguntarían sobre Oliver Hoare y James Hewitt, no era necesario incluir a Carling, puesto que no deseaban que la entrevista versara sólo sobre los novios de la princesa. «Recuerdo que me sentí como un tonto después», comentó Gardam, muy arrepentido de haber omitido a Carling.

Todos ellos sabían, sin embargo, que incluso con las casi 150 preguntas que habían redactado, estaban manejando dinamita en potencia. «Aquello podía derribar a la BBC, a la monarquía, o las dos», dijo medio en broma Richard Ayre, que supervisaba la política editorial de la BBC.

El 5 de noviembre de 1995, Martin Bashir, un cámara, Tony Poole y Mike Robinson, el productor, se dirigieron al palacio de Buckingham, donde los saludó la princesa en persona y les enseñó la sala de estar de los niños, en la que tuvo lugar la entrevista. Haciendo juego con el extremado secretismo que rodeaba el proyecto, Diana se había asegurado de que todo su personal, incluso Paul Burrell, estuviera lejos de allí. Al ser un domingo, no resultó extraño que les diera a todos el día libre.

Terminada la entrevista, se hizo una copia de la cinta original en un estudio de la BBC en Londres y se guardó la cinta original en la cámara acorazada de un banco. Después, Bashir y su equipo se trasladaron al Brock House, un edificio de la BBC que no se utiliza, en el centro de Londres, para empezar a editarla. Tras un par de días, al temer que el proyecto llegara a ojos indiscretos, decidieron mudarse a un hotel de Eastbourne para completar el proceso de edición. Como explicó Richard Ayre: «Es posible que fuera paranoia, pero cada vez nos sentíamos más intranquilos». Alquilaron la suite de la duquesa de York, que, apropiadamente, se situaba al otro lado del pasillo de la suite Windsor, y allí, con las ventanas tapadas, siguieron editando la entrevista. La consigna era mantener el secreto. Cuando un trío de ejecutivos de la BBC, entre ellos Richard Ayre, fueron a Eastbourne para ver la película acabada, lo hicieron en coches separados y por caminos distintos. La llamada «paranoia de Diana» era contagiosa. Sin embargo, valía la pena el viaje.

A pesar de que la princesa conocía con antelación los temas sobre los que versarían las preguntas, no había realizado ningún ensayo con la BBC ni se había pactado el tipo de respuestas que los realizadores del programa y la princesa considerarían aceptables. Como resultado, el efecto general era de una honradez sorprendente. «Allí estaba una persona de la realeza hablando como un ser humano corriente, con todos los traumas de la vida de una persona corriente», comentó Tony Hall, director de informaciones y actualidad de la BBC. «La franqueza de todo ello me desconcertó.»

Cuando terminó la película, Gardam rompió el silencio de perplejidad con el comentario: «Ahora, él nunca se podrá casar con Camilla». Como película, el documental era muy limpio, y sólo necesitó un par de cortes editoriales. John Birt llevó a cabo uno de ellos para proteger la sensibilidad de los príncipes Guillermo y Enrique ante algunos comentarios de Diana, que no especificó; y el otro, cuando la princesa se negó a contestar a las preguntas de Bashir sobre el papel de la reina madre en la orquestación de la boda y la ayuda que prestó, o no, a la princesa tras entrar en la familia real. Aunque se había mostrado crítica con la reina madre tanto en privado como al dar datos para su biografía, durante la entrevista a la televisión la princesa actuó de forma mucho más comedida, y dijo que la reina madre había estado «muy ocupada y no tenía demasiado tiempo para ayudar».

Para la princesa, la entrevista era la parte fácil del asunto. Después llegaba la tarea difícil: hablar con la reina, que acababa de regresar de una visita oficial a Nueva Zelanda, y con otras altas figuras de la familia real sobre su decisión secreta de aparecer en la televisión. Puesto que, por entonces, los cortesanos desconocían hasta qué punto Diana había colaborado en *Diana: su verdadera historia*, el programa de «Panorama» representaba en apariencia su primera incursión en el mundo del corazón. Su única exigencia al equipo de «Panorama» era que deseaba contar ella misma a la reina lo que había hecho, antes de que la BBC anunciara el programa al mundo, que no sospechaba nada. La princesa estaba decidida a asumir la responsabilidad de sus actos, y a mitad de noviembre, una semana antes de que el programa se emitiera, fue al palacio de Buckingham, donde se encontró con el secretario particular de la reina, sir Robert Fellowes. Según fuentes de la BBC, Fellowes le preguntó con inocencia si la entrevista que había concedido era parte del programa de beneficencia Children in Need. «No. "Panorama"», contestó ella. Su respuesta de una sola sílaba fue: «Ah».

En cuanto la reina fue informada, Diana telefoneó a Bashir para comunicarle que la BBC ya podía anunciar la entrevista. Dentro de la institución habían sufrido sus propias dificultades y se habían visto obligados a escenificar su equivalente a un golpe de palacio. John Birt, el director general, sólo se lo contó a Marmaduke Hussey, el presidente de la BBC, cuando la historia ya estaba siendo difundida a los medios de comunicación, el 14 de noviembre, que por coincidencia era el día en que el príncipe Carlos cumplía cuarenta y siete años. Birt, conocedor de que Diana se sentía «aterrorizada» por la posibilidad de que Hussey utilizara su autoridad dentro de la BBC y del palacio para frenarla, retrasó ese movimiento todo lo que pudo para evitar cualquier posible intervención. En efecto, el programa ocasionó un alejamiento irreversible entre el director general y el presidente de la institución, así como la ruptura de las relaciones con el palacio de Buckingham.

La firmeza de la propia Diana se comprobó plenamente al rechazar hacer público cualquier contenido del programa tanto a la reina como a sus cortesanos; al príncipe Carlos; a su propio secretario particular, Patrick Jephson; e incluso al abogado que llevó su divorcio, lord Mishcon, que había creado una cálida relación paternal con su real cliente. Mishcon intentó de todo, desde «la comprensión de abuelo hasta terribles advertencias legales» para animarla a que lo revelara todo, pero no tuvo éxito.

La princesa pasó los días anteriores a la emisión asegurando valientemente a sus amigos y a los que la apoyaban que se sentirían orgullosos de ella, y repetía una y otra vez: «Todo saldrá bien». Sin embargo, tras esa confianza aparente, se sentía ansiosa e insegura. Telefoneó a Debbie Frank justo antes de la emisión y algo inquieta y ansiosa le contó la entrevista. «Estaba aterrorizada antes de que se emitiera el programa», recuerda la señora Frank.

La princesa había encendido la mecha al sentarse con Martin Bashir en el palacio de Kensington el día del aniversario del intento de Guy Fawkes de hacer estallar el Congreso. Sólo dos semanas después, veintitrés millones de personas contemplaron en sus televisores la explosión resultante.

# 9

# EL LARGO ADIÓS

Con sus grandes zonas de césped, sus jardines secretos rodeados de muros, sus hondos estanques y sus patios adoquinados, la casa solariega de estilo jacobeo que constituye el núcleo del palacio de Kensington parece estar a kilómetros de distancia de la agitación de Kensington High Street, carretera abajo. Ciertamente, el tipo de vida animal que se encuentra en esos terrenos —en determinada época, una pareja de patos se presentaba todas las mañanas a la puerta de la princesa Margarita para que les diera comida— añade un toque especial a esa atmósfera rural. El poeta Leigh Hunt captó la ausencia de carácter real de ese edificio del siglo XVII al decir: «El castillo de Windsor es un sitio para recibir a los monarcas; el palacio de Buckingham, para ver lo que está de moda, y el palacio de Kensington parece un lugar para tomarse el té». Sin embargo, lo primero que aprenden los nuevos empleados es que en raras ocasiones los variados duques, duquesas, príncipes y princesas que habitan en lo que Eduardo VII denominó en una ocasión «la chepa de la tía» se visitan para el té de la tarde; la comunicación entre los vecinos reales tiende, más bien, a realizarse por medio de memorándums entre los secretarios particulares. Durante todo el tiempo en que Diana vivió en el palacio de Kensington, ella nunca recibió la visita de sus vecinos: el príncipe y la princesa Michael de Kent.

Con los años, sin embargo, llegó a relacionarse con su otra vecina, la princesa Margarita, residente del número 1 A de Clock Court, y en alguna ocasión fueron al teatro y, en una osada ruptura del protocolo real, incluso viajaron juntas a algunos compromisos reales. Después de la separación de los príncipes de Gales, la princesa Margarita escribió al príncipe Carlos para informarle de que continuaría esa asociación con su esposa separada. Por su parte, Diana siempre hablaba con afecto de la hermana de la reina, y le dijo a James Colthurst: «Siempre me ha gustado Margo, como yo la llamo. La quiero un montón y se ha portado estupendamente conmigo desde el primer día». Por lo tanto, cuando recibió una carta «hiriente en extremo» de la princesa, tras la aparición de Diana en «Panorama», el golpe fue todavía más fuerte para ella. De ese día en adelante, la princesa Margarita ya no quiso tener nada más que ver con ella. Se enfadó con Diana con tanta vehemencia que, en efecto, arrancó las portadas de todas las revistas que encontró en su apartamento en las que aparecía Diana. Sus hijos, el vizconde de Linley y lady Sarah Chatto, que con anterioridad habían disfrutado de una cálida amistad con Diana, se percataron de que ésta, a los ojos de su madre, se había convertido en una intocable. David Linley, que había ido a esquiar con la princesa y le había escrito cartas afectuosas, ahora se escondía detrás del muro del garaje del palacio de Kensington cuando le hacía pequeños ajustes a su coche deportivo, en lugar de saludarla. «Salía de su camino para evitarla», recordó el chófer de la princesa Margarita, Dave Griffin. Cuando Diana le compró un regalo al primer hijo de lady Sarah, Samuel, que había nacido el 28 de julio de 1996, la princesa se lo entregó a Griffin para que se lo llevara a lady Sarah, pues ya era consciente de las dificultades sociales.

(El deshielo no se produjo ni siquiera después de la muerte de Diana. La princesa Margarita sostuvo que ésta no debía ser velada en la capilla real ni tener un funeral real, y se pudo percibir que, en el día del funeral, cuando el cortejo de Diana pasó ante la reina y el resto de la familia real, en el exterior del palacio de Buckingham, la princesa Margarita se limitó a hacer un movimiento con la cabeza. Los demás miembros de la familia real siguieron el ejemplo de la reina y se inclinaron con firmeza. Cuando se sugirió que se reemplazara la estatua de Guillermo de Orange, situada en el exterior del palacio de Kensington, por una de Diana, la princesa Margarita se opuso a la idea decididamente. «No voy a tener a esa mujer delante de la ventana de mi dormitorio», dijo a sus empleados.)

En lo que respecta a la hermana de la reina, Diana había sobrepasado los límites del decoro al aceptar hablar públicamente en la televisión de su matrimonio y de su vida en la realeza. Por entonces, tanto ella como otros miembros de la familia tenían sus sospechas, pero no conocían enteramente la complicidad de la princesa de Gales en *Diana: su verdadera historia.* Como hacían en relación a tantas cosas de la vida en la realeza, habían decidido en conjunto mirar hacia otro lado con respecto a su comportamiento, sobre todo porque ella nunca había admitido públicamente que había colaborado conmigo. Por consiguiente, en lo que a ellos se refería, la cándida entrevista de Diana para la televisión era la primera vez en que ésta había hecho públicas sus opiniones, y como tal su desahogo televisivo les resultó chocante e imperdonable.

A lo largo de la amplia entrevista con Martin Bashir, la princesa, con un llamativo maquillaje negro en los ojos que le proporcionaba una mirada atormentada, habló acerca de su matrimonio fallido, sus trastornos alimentarios, sus intentos de suicidio, su depresión posparto y el adulterio de su marido —para lo que empleó la famosa frase: «Éramos tres en ese matrimonio, por lo que había demasiada gente»—, así como admitió su propia infidelidad con el oficial del regimiento de Caballería James Hewitt. «Sí, le adoraba, sí, estaba enamorada de él», dijo, y añadió que se sintió «completamente destrozada» por su traición, al enterarse del libro del que él había sido coautor.

Sin embargo, dedicó el ataque más fulminante a su marido, al poner en duda su capacidad para gobernar, pese a que habló de sus propias ambiciones en relación con la monarquía y consigo misma. «A mí me gustaría ser la reina en el corazón de las personas… alguien tiene que salir ahí fuera y amar a la gente y demostrarlo», sostuvo; la elección de esa frase se consideró un golpe astuto ante el gélido estilo de la soberana. Se mostró desafiante hacia los que tenía por sus enemigos. «“Ella” no se va a marchar sin hacer ruido, ése es el problema —dijo—. Lucharé hasta el final, porque considero que tengo un papel que desempeñar y tengo dos hijos que criar.»

Fue un programa de televisión fecundo; la princesa, segura y elocuente, hablaba por encima de las cabezas del poder establecido a las personas de a pie, como había hecho en su discurso «Tiempo y espacio» y, de hecho, para *Diana: su verdadera historia*. Andrew Neil, antiguo director del *Sunday Times*, que publicó por entregas la biografía de Diana, comentó: «Es el vídeo del libro de Andrew Morton y muchísimo más.» En su momento, la entrevista se vio como una respuesta devastadora a la que Dimbleby hizo al príncipe Carlos, un paso fatal en el comportamiento revanchista de la pareja, que terminó por mover a la reina a una acción decisiva. Tanto a sus amigos como a sus enemigos, el comportamiento de la princesa les pareció estar de acuerdo con su carácter: se mostró desconsiderada, sin atender a consejos, se dejó llevar por el corazón y no por la cabeza, impulsiva, hizo el papel de víctima al tiempo que deseaba con desesperación el cariño del público, manipuladora, artificial, caprichosa, vengativa, inestable... pero fue gran teatro. «Como si fuera una estrella de Hollywood aislada y envejeciendo, ella buscó el amor de un "público" indefinido, y nadie a su alrededor parece capaz de refrenar su creciente necesidad de adulación popular», escribió con desdén su biógrafa norteamericana, Sally Bedell.

A los ojos de la familia real y de gran parte del poder establecido, Diana estaba ahora al margen de la sociedad. La opinión de la princesa Margarita representaba la de la casa de Windsor, al considerar que Diana había tenido un comportamiento imperdonable al poner en cuestión el derecho del príncipe Carlos a ser rey, así como al desafiar a la propia soberana. Desde su punto de vista, sólo existía una reina, y ésta había servido de manera impecable a la nación durante cincuenta años.

Las relaciones de la familia real con Diana, que ya eran frías después de la separación, se congelaron por completo tras la emisión de «Panorama». El príncipe Carlos, que conocía a Diana desde la infancia, no quería saber nada de ella, y se peleó con Fergie al sospechar que ésta había contribuido a animar a Diana a contar todo en televisión. Y, lo que resultó aún más hiriente, el propio príncipe Guillermo se negó a dirigirle la palabra a su madre durante varios días, debido a la forma con que ésta había hablado sobre James Hewitt. En los meses siguientes, ése sería el único elemento del que Diana se arrepentiría en relación con la entrevista, y admitió que solamente había hablado de su amante a causa de la «señal» que su marido había dado en su respectiva confesión de adulterio en el documental de Dimbleby.

Hasta los amigos del apartamento de abajo del «pueblo» del palacio de Kensington se quedaron consternados con el programa. «Le dije que había cometido la mayor equivocación de su vida, porque su fuerza estaba en su silencio —comentó Dave Griffin—. A ella no le gustó que se lo dijera.» Fuera de la urbanización real, otros partidarios de Diana también estaban decepcionados. «Fue terriblemente dañino», según David Puttnam, quien, al igual que grandes pesos pesados de los medios de comunicación, como Clive James y Max Hastings, le había desaconsejado «presentar su versión de la historia», según las palabras de Diana. Más tarde, ella le escribió una «amable nota» para decirle que pensaba que le había decepcionado. Puttnam le envió una larga carta con consejos respecto a cómo mitigar las consecuencias negativas, y era uno más en la larga lista de aliados en condenar su aparición televisiva. «Era Diana con su peor cara», escribió su amiga Rosa Monckton, y la antigua astróloga de la princesa consideró que su actuación había sido «artificial y poco sincera». La expresión «necedades pseudopsicológicas» fue muy empleada tanto por amigos como por enemigos.

Mientras que Diana nunca les dio la menor indicación a Puttnam, a Thornton ni a nadie sobre la razón que la impulsó a conceder la entrevista ni sobre qué temía que le pudiera ocurrir si no seguía adelante, en su momento, los comentaristas más perspicaces procuraron adivinar el motivo que se escondía detrás de su actos. Lord Deedes, un veterano periodista que había trabado amistad con Diana durante la campaña que la princesa hizo contra las minas terrestres, escribió con perplejidad:

> Por lo tanto, ¿qué oculta fuerza motriz existía tras la triste actuación de anoche? Si tenemos en cuenta los riesgos que ha corrido, debe de haber sido muy fuerte. Ella ha afligido dolorosamente a la reina, al conspirar con la BBC a sus espaldas; ha engañado a sus propios empleados personales y no se la perdonará tan pronto por eso. Y todo eso, ¿con qué objetivo?

Al buscar a tientas una respuesta, sugirió, al igual que la mayoría de comentaristas, que Diana competía por la posición social y la ascendencia sobre su marido. Eso se convirtió en el consenso tanto entre los partidarios como entre los detractores de Diana. No es de extrañar que el grupo de presión a favor del príncipe Carlos, cuya línea era que ella estaba loca y triste, y en consecuencia era mala, se quedara perplejo. «Cuando se había acabado el interés en torno al divorcio de Camilla, el revuelo de Dimbleby ya había terminado hacía tiempo y la vida transcurría agradablemente sin incidencias, la princesa de Gales suelta otro misil Exocet que ha llevado a todos al punto de inicio otra vez», escribió Penny Junor, el biógrafo de Carlos, en tono de queja.

En cuanto a las conspiraciones, Jonathan Porritt, amigo y consejero del príncipe Carlos en asuntos ecológicos, se sentía confuso: «Algunas de esas historias sobre descuidos, falta de sensibilidad, y casi una especie de conspiración contra la princesa Diana me parecen muy raras».

Por supuesto, ni él, ni Deedes, ni ninguna persona de los veintitrés millones que vieron el programa (la mayor audiencia que jamás consiguió el programa «Panorama», antes y después) sabían nada acerca de la supuesta vigilancia del MI5, respaldada por documentos bancarios en apariencia genuinos, ni de los temores de la princesa de que su vida corría peligro. Hubo el acostumbrado chaparrón de críticas contra la BBC, pero ni siquiera el gobierno consiguió encontrar ninguna culpa achacable a ese organismo; en efecto, dos diputados conservadores, encargados de mantener la disciplina de voto del partido, le dijeron a un ejecutivo de la BBC que «está clarísimo que es Diana quien surge como la villana, y no la BBC».

En los despachos de «Panorama», sin embargo, los preocupados compañeros de Martin Bashir no estaban tan seguros. La historia de los extractos bancarios falsificados no se hacía pública. Había inquietud no sólo respecto a que Bashir hubiera utilizado los extractos para obtener la entrevista con Diana, sino también por el uso que se había hecho del nombre de Penfolds Consultants, la cual era fundamental en la investigación acerca del entrenador de fútbol Terry Venables, lo que podía comprometer el proceso legal inminente contra Venables. Estaba en cuestión algo más que la carrera de Bashir.

Tres periodistas veteranos de «Panorama» —Mark Killick, que trabajaba con Bashir en el caso Venables; el productor Harry Dean y el veterano Tom Mangold— intentaron aclarar con Bashir la cuestión de los extractos bancarios. Él se negó a hablar con ellos y los envió al director del programa, Steve Hewlett. En una reunión llena de acritud, Hewlett les dijo que el asunto no era de su «jodida cuenta». Es posible que sólo fuera una coincidencia, pero pocas semanas después de la emisión del programa, el apartamento de Matt Wiessler —el diseñador gráfico que había falsificado los extractos bancarios para Bashir—, situado en una primera planta, fue forzado. No se robó nada, a excepción de los discos verdes del ordenador, que contenían los detalles de los documentos falsificados. Wiessler estaba ahora muy preocupado, a medida que tomaba conciencia de las consecuencias de sus actos. «Ese hijo de puta», dijo sobre el ladrón. Como me relató un productor de la BBC: «La BBC se encontró ante un dilema importante. La historia [de la falsificación] era en esencia verdadera. Ahí estaba ese programa de enorme éxito y, si resultaba que habían existido mentiras, trampas y engaños, se tenía la sensación de que las cosas podían ir mal para la BBC». La reacción fue la de cerrar filas y echarle la culpa a los «colegas envidiosos».

Mientras tanto, Diana vino en su ayuda. El productor del programa, Steve Hewlett, le había dicho a su jefe, Tim Gardam, que podía proporcionarle pruebas de que no había nada malo con la entrevista. Poco antes de las Navidades de 1995, llegó por correo una carta manuscrita de la princesa. En ella decía que estaba contenta por la forma con que se le había abordado y por la manera en que se había conducido la entrevista. Por supuesto, ella creía por completo entonces que los extractos bancarios eran auténticos y que se encontraba bajo la vigilancia del MI5 o del MI6. En resumen, no se percataba de que la habían engañado. Como escribió el periodista Richard Lindley en su historia de «Panorama», en referencia al asunto Bashir: «A falta de cualquier explicación creíble, él hizo mal en hacer lo que hizo. Eso no disminuye la brillantez de su entrevista, con la que Diana se expresó completamente a gusto».

¿Por qué, después de un viaje tan tortuoso y un resultado tan controvertido, Diana escribía sobre la entrevista en ese tono entusiasta? Un amigo de la princesa, del grupo que conocía la génesis del programa, me explicó: «Si uno se encuentra en un estado mental de paranoia y surge algo que uno cree que está bien, la razón original para hacerlo no está en absoluto en la mente de uno. Uno está en otro plano. El estado de espíritu [de Diana] cambió. Las personas la vieron fuerte y digna, luchando por sí misma. Fue un momento triunfal».

En los instantes inmediatamente posteriores a la emisión, Diana estaba con un subidón. «Estoy ganando en todo en estos momentos. Me siento estupenda, fuerte y miro hacia delante, a lo que quiera que el futuro me depare», dijo. Antes obcecada, ansiosa y temerosa, la princesa se sentía ahora vengada y segura al haber dejado atrás el peligro inmediato. Aún más, se sentía en extremo agradecida a Bashir por haberle proporcionado los medios para expresar su mensaje. Para ser justo con Bashir, aunque fueran cuestionables, e incluso engañosos, los métodos que empleó para llevar a la princesa ante las cámaras, Diana era plenamente responsable por las respuestas que dio a sus preguntas. Él no le puso palabras en la boca. Ella dominó la narración de su vida y contó su historia como deseaba decirla. Stephen Twigg observó: «Fue otro ejemplo de la creciente confianza en sí misma el hecho de tomar el control de su propia vida sin recurrir a los demás». Cuando dudaba de sí misma, la montaña de correspondencia que recibía después de su «Panorama» la animaba. En unos pocos días llegaron a su mesa unas seis mil cartas de mujeres angustiadas, que sufrían trastornos alimentarios, soledad o que estaban desesperadamente infelices con sus vidas. Esas mujeres habían reconocido en la abertura emocional de Diana en la televisión algo que reflejaba la tristeza, el dolor y la soledad de ellas mismas. «Me siento abrumada por la respuesta. Sorprendente», dijo, y añadió que intentaría ver a algunas de aquellas mujeres que le habían escrito.

Esa reacción, tanto de la princesa como del público, tenía resonancias de la que originó mi libro tres años antes. Al igual que había sucedido entonces, se sentía nerviosa antes de que se hiciese público, pero se sintió relajada y vengada cuando le entregaron el primer fajo de cartas de gente que había conectado con ella verdaderamente. Quizá la misiva más conmovedora fue la de una joven de Perth, Australia Occidental, que dijo que había sufrido abusos en su infancia, padecido anorexia en su adolescencia, y de adulta no había conseguido aprender a leer ni a escribir bien. Había decidido, inspirada por Diana, buscar ayuda médica y apuntarse a un curso de alfabetización.

Lo que Diana no se había esperado es que sus opiniones sorprendieran a tanta gente, en especial al príncipe Carlos, pues había intentado preparar el terreno con antelación. La entrevista fue, en muchos aspectos, una versión abreviada de *Diana: su verdadera historia*, y decía a las personas de su entorno, e incluso a las que estaban en la periferia, poco que ya no hubieran oído antes en muchas ocasiones. La multitud de directores de periódicos y corresponsales de televisión que habían cenado en el palacio de Kensington o que habían entretenido a la princesa en la sala de juntas de los periódicos ya la habían oído hablar con mucha más franqueza acerca de sus dudas sobre Carlos y de sus aspiraciones para el futuro de la que había desplegado en la televisión. «No dijo nada que yo ya no supiera», dijo su mayordomo, lo que reflejaba la opinión de otras personas en el círculo de Diana. Bajo la conmoción inmediata estaba la manera contenida y controlada con la que habló sobre sus trastornos alimentarios, su depresión posparto, sus lesiones autoinfligidas e, incluso, sobre Camilla Parker Bowles. Dio la impresión de ser una mujer que hablaba sobre alguien que había dejado atrás. Su mensaje era claro: «He avanzado».

Cuando escucho las cintas grabadas en 1991, en las que Diana hablaba del período de su vida que ella llamaba «los tiempos oscuros», la diferencia es abrumadora. En 1991 hablaba de prisa, sin tomar aliento, con un tono de urgencia, emocional y, en ocasiones, incluso frenético. Era la voz de una mujer que, tras las risas y bromas, se valoraba poco y buscaba a tientas, casi con vergüenza, expresar sus sueños de una vida más allá del mundo de la realeza.

En 1991, ella todavía era la princesa de los cuentos de hadas que se veía a sí misma, y de hecho lo era, prisionera dentro del reducto real. Su entrevista en la televisión unos cuatro años después mostró un carácter más calmado y controlado, una mujer que poseía un claro sentido de sí misma, en lugar de definirse por los demás, sobre todo por la monarquía y los medios de comunicación. Aquí estaba una mujer centrada, con confianza en sí misma, capaz de expresarse incluso emocionalmente, que no temía ni se avergonzaba de hablar de sus problemas. «Pienso que todas las mujeres fuertes de la historia han tenido que recorrer un camino parecido, y que es la fuerza la que origina el miedo y la confusión», dijo desafiante. En efecto, la princesa le estaba diciendo adiós a la vieja Diana, mientras ensayaba su currículum vitae para su futuro papel en los asuntos de la nación. No obstante, el efecto general de su entrevista se demostraría muy negativo para la imagen, las ambiciones y el legado de Diana.

No cabe duda de que Diana concedería un día una entrevista a la televisión. En 1994, un intento a tres bandas, conducido por mí, por Colthurst y por Richard Kay, periodista del *Daily Mail*, estuvo cerca de convencerla a participar en un documental de la ITV sobre su vida. Ella misma se mostraba ansiosa por realizar una entrevista sobre su trabajo benéfico, pero sus asesores, en especial su secretario de prensa, Geoff Crawford, se oponían. La princesa permitió, como un compromiso secreto, que la filmaran con disimulo cuando visitaba el barrio pobre de South Bank, en Londres. Nunca se supuso que daría el tipo de entrevista explosiva que apareció en «Panorama».

Así que, ¿por qué eligió Diana dar esa entrevista justo cuando todo parecía ir bien para ella? La respuesta parece ser que sólo accedió a esa entrevista entonces porque tenía miedo de varias conspiraciones contra ella, un temor que se había visto acrecentado por sus conversaciones con Martin Bashir y por los documentos falsificados que él le había enseñado. Si Diana, que era mucho más lista de lo que sus oponentes creían, hubiera podido elegir el momento apropiado para una entrevista en la televisión, éste hubiera sido tras su divorcio, cuando era una mujer independiente, libre de las restricciones del protocolo real y podía hablar abiertamente sobre su vida y sus ambiciones. Si hubiese vivido, ésa sería sólo la primera de una serie de entrevistas a la televisión, con grandes nombres como Barbara Walters, Oprah Winfrey y Clive James. Mientras que Bashir es hoy una estrella por derecho propio, su carrera se ha visto perseguida por la controversia, en especial sobre su entrevista con el cantante Michael Jackson, a la que éste llamó «un engaño y una traición». Hasta el *New York Times* llegó a referirse al programa de Bashir como «interés insensible disfrazado de simpatía», debido al modo como, al parecer, el periodista engañó a la superestrella. La duquesa de York estableció analogías entre el programa de Jackson y la entrevista de Diana, y afirmó en el programa de televisión «The View» que la princesa nunca habría dicho lo que dijo si él no la hubiera «embaucado», algo que el periodista negó. Un ejecutivo de la BBC que trabajó con Bashir observó después de la bronca con Jackson: «El ardid gráfico me parece lo mismo que el asunto de Michael Jackson». La muerte prematura de Diana significa que su única entrevista para la televisión es a un tiempo su testamento y su epitafio, pues el momento de la entrevista desencadenó una serie de acontecimientos que continúan hasta hoy.

El 29 de noviembre de 1995, precisamente nueve días después de la aparición de Diana en la televisión, la princesa y Patrick Jephson se dirigieron al palacio de Buckingham para afrontar las consecuencias de su exhibición de fuegos artificiales. Esos resultados ya no tardarían en llegar. Durante una reunión con el secretario particular de la reina, sir Robert Fellowes, y el secretario de prensa de la reina, Charles Anson, la princesa se comprometió nominalmente a aceptar el asfixiante abrazo del oso del palacio de Buckingham —un acuerdo que Jephson había deseado hacía algún tiempo— y a permitirles que le organizaran la vida, tanto desde el punto de vista financiero como administrativo. Se le retiraría el paraguas que, a regañadientes, su marido le ofrecía entonces, pues él todavía pagaba todos sus gastos de la casa y la oficina. Sin embargo, el palacio de Buckingham no se mostraba más que tibio en relación con ese plan, y Jephson, que lo había ideado, pronto se dio cuenta de la razón. El secretario privado de la reina y otros altos funcionarios de la realeza perseguían activamente un plan muy distinto.

Incluso cuando discutían su futuro papel, se llevaban a cabo sondeos al más alto nivel sobre un divorcio real. Nicholas Soames, ministro de las Fuerzas Armadas y amigo íntimo del príncipe Carlos, ya había entrado en contacto con Downing Street y solicitado al primer ministro, John Major, que hablara con la reina al respecto. También se había solicitado discretamente el apoyo del arzobispo de Canterbury. Después de ver la entrevista de «Panorama», Soames acusó a Diana de evidenciar las «etapas avanzadas de paranoia», e instó públicamente a la pareja a divorciarse «de inmediato». «Está claro que el matrimonio se ha roto de manera irreversible... y que el divorcio es inevitable», dijo con brusquedad. El historiador lord Blake, que aconsejaba al palacio de Buckingham sobre asuntos constitucionales, respaldó con su autoridad las iniciativas para preparar al país para el triste fin del matrimonio de cuento de hadas. «La presente situación, en la que parecen haberse enzarzado en una especie de ojo por ojo, diente por diente, descalificándose el uno al otro, se ha vuelto en realidad casi intolerable», dijo.

El momento llegó antes de lo que Diana esperaba. Mientras estaba en Nueva York, donde recibió un premio de una institución humanitaria el 12 de diciembre, la reina tomó las riendas del asunto e informó al primer ministro que escribiría a la pareja y les pediría que accedieran a «un divorcio rápido... en el mejor interés del país». El hecho de que la reina, cuyo instinto natural es el de evitar la confrontación y no interferir en la vida de sus hijos, se implicara en el asunto, aunque con renuencia, era una señal de hasta qué punto la disputa continua era dañina e intratable para el tejido de la monarquía. La pelea marital era la comidilla de la sociedad bien y mal educada, no sólo en el Reino Unido, sino también fuera de nuestras fronteras. Como Raymond Seitz, ex embajador norteamericano en el Reino Unido, escribió en sus memorias, *Over Here*: «Existía el partido del príncipe y el de la princesa, uno exigía lealtad y el otro simpatía, uno describía a la princesa como astuta, manipuladora y hambrienta de publicidad, y el otro llamaba al príncipe ingenuo, lloricas y compadecido de sí mismo».

Los diplomáticos y los historiadores están de acuerdo en que las consecuencias negativas fueron mucho más allá de la ruptura personal entre el príncipe y la princesa de Gales. La fecha de la histórica carta de la reina, sólo unos días antes de la tradicional reunión de Navidad de la familia real en Sandringham, así como su decisión de implicarse personalmente (aunque alentada y apoyada en tal actitud por el primer ministro), reflejaba la genuina sensación de crisis y la exasperación que experimentaban los cortesanos en el seno de la asediada institución.

La frustración no se dirigía sólo a la princesa, sino también a su hesitante marido y a la BBC, pues los cortesanos se sentían dolidos por la falta de confianza que la emisora pública había demostrado hacia el palacio. Como la biógrafa de la reina, Sarah Bradford, me contó: «El divorcio de los príncipes de Gales fue, sin duda, el acontecimiento más dañino desde la abdicación de Eduardo VIII en 1936. Trajo a colación la realidad de la monarquía y las cualidades personales de la reina como madre y como monarca».

Sin embargo, Diana no veía las cosas de ese modo cuando, el 18 de diciembre, recibió en el palacio de Kensington, por medio de un mensajero uniformado, una nota manuscrita de la reina proveniente del castillo de Windsor; la primera carta, como observó pesarosa la princesa, que recibía de la soberana. Se sintió conmocionada, enfadada, llorosa e indignada. Tres semanas antes, la princesa, transmitiendo una imagen de fuerza y autocontrol, había dicho al mundo que «no era su deseo» divorciarse; ahora su suegra le pedía, o más bien le ordenaba, que terminase con su matrimonio. En lo que añadió el insulto al dolor, la reina había discutido el asunto con el primer ministro, el arzobispo de Canterbury y otras personas, sin hablar personalmente con su nuera. Cuando ya se hubo calmado, Diana se percató de que la reina, que como bien sabía prefería enterrar la cabeza en la arena durante las discusiones domésticas —lo que la familia real llamaba «hacer el avestruz»—, hablaba realmente en serio.

Aún más, la reina tenía la ley de su parte. Como Diana fue consciente desde su separación, ella poseía menos derechos ante la ley, en especial respecto a sus hijos, que cualquier otra mujer del país. La reina tiene, según el derecho consuetudinario, el derecho absoluto y la autoridad para el cuidado y la educación de sus dos nietos, en especial del príncipe Guillermo, su presunto heredero. Ese derecho fue reconocido por última vez en 1772 y la ley no ha sido modificada desde entonces. Efectivamente, en teoría, la reina podría, en cualquier momento, haber pasado por encima de los deseos de los padres en lo que se refiere a la educación de los chicos y con respecto a con quién deberían criarse.

Apenas había Diana digerido el contenido de la nota de la reina cuando recibió otra carta, en esta ocasión del príncipe Carlos, en la que le pedía personalmente el divorcio. En su misiva, que empezaba con «Muy querida Diana», el príncipe describía el fracaso de su relación como una «tragedia personal y nacional». Sin embargo, empleaba los mismos términos que la reina al referirse a la «triste y complicada situación» del matrimonio real, lo que llevó a Diana a sospechar que los Windsor actuaban de forma concertada contra ella. De acuerdo con su típica costumbre —Diana siempre se enorgullecía de contestar con rapidez—, envió a la reina y a su marido cartas manuscritas casi a vuelta de correo, después de consultar a uno de sus abogados matrimonialistas, Anthony Julius. No se comprometió en sus respuestas, y dijo que necesitaba tiempo para reflexionar y que «consideraría sus opciones».

A pesar de que la intervención de la reina conmocionó a la princesa y la cogió desprevenida, desde el punto de vista táctico había jugado, de forma inadvertida, a su favor. Desde su separación, había sentido un miedo, fronterizo con lo patológico, de que le echarían la culpa del divorcio y siempre había jugado a esperar. Ahora que esa amenaza había desaparecido, la princesa tenía una auténtica oportunidad para llevar a cabo su gran escapada. Al mismo tiempo, el ataque con derecho preferente de la reina había librado al príncipe Carlos de la quema, pues las culpas quedarían más repartidas. La carta de la reina, que se filtró en cuestión de días a los medios de comunicación —«Por una vez no me pueden echar la culpa», dijo Diana—, significaba que el público se percataría de que era la soberana quien, de forma inusitada, aunque apropiada, estaba tomando la iniciativa, con el fin de proteger la institución de la monarquía.

La princesa tenía que atender inmediatamente asuntos prácticos, sobre todo si aceptaba o declinaba la invitación de la reina para unirse a la familia real en Sandringham. Antes de la separación, a Diana le habían parecido difíciles esas reuniones familiares. Las había evitado todo lo posible en los últimos años. Si bien en su cabeza su entrevista en «Panorama» había puesto fin a la probabilidad de cualquier amenaza real contra ella, eso no significaba que la hostilidad que «el enemigo» sentía hubiera disminuido. Para ella, Sandringham era territorio enemigo, una sensación que la carta hostil de la princesa Margarita y la casi tangible animadversión de los demás miembros de la familia real subrayaban. Un comentario impulsivo hecho en esa época por la princesa Margarita a una amiga con título de nobleza parecía sintetizar la actitud de la familia: «Los pobres Lilibet y Carlos han hecho todo lo que pueden para librarse de esa chica horrible, pero ella sencillamente no se va».

Diana ya se sentía ansiosa e insegura con respecto a pasar la Navidad con «la colonia de leprosos», como desdeñosamente llamaba a la familia real. La carta de la reina sobre el divorcio terminó por decidirla: aunque eso significase dejar a los chicos, no iría a Sandringham. «Hubiera ido en mi BMW y vuelto en un ataúd», comentó después. Por contra, pasó la Navidad sola en el palacio de Kensington y después se marchó a unas vacaciones caribeñas. En los días anteriores a sus vacaciones visitó en dos ocasiones a su terapeuta, Susie Orbach, y tuvo tiempo de llamar por teléfono a su amiga Liz Tilberis, redactora de una revista, que había sido su dama de honor honorífica en Nueva York para animarla en su lucha contra el cáncer, así como de entrar en contacto con una familia de Lancashire con la que había hecho amistad y que había perdido a la hija a causa de esa enfermedad.

La decisión de la princesa de rechazar la invitación de la soberana, que se solía ver como una orden, para pasar las Navidades en Sandringham, resultó ser una resolución trascendental que marcó el punto más bajo en su relación con la reina. Por primera vez a lo largo de su carrera real, Diana se había situado en conflicto directo con la jefa de Estado. Desde la separación, Diana, que creía sinceramente en la monarquía, había sido cuidadosa en mantener su relación con la reina, y se sentía algo abrumada ante una mujer que, aunque no estuviera más allá de la crítica, le imponía un respeto total. Por tanto, por más fuertes que fueran sus razones, el rechazo a la invitación era, en lo que a la reina concernía, una afronta demasiado grande. De ahí en adelante, Diana descubrió que la reina no estaba disponible para atender el teléfono cuando ella llamaba, y que los encuentros con la corte de su majestad eran fríos, rápidos y formales. Si bien la reina aseguraba que la puerta seguía abierta para su nuera, la princesa descubrió que las bisagras estaban mucho más rígidas y que ella tenía que empujar con mucha más fuerza para conseguir lo que quería. Como comentó más tarde: «Lo único que teníamos en común era Carlos, y ahora yo había dejado de tener a Carlos».

Los problemas le llegaban a Diana no como un único espía, sino como un pelotón. No sólo estaba metida de lleno en un divorcio, sino que descubrió que sus aliados más fieles la estaban abandonando. En la fase crucial de las negociaciones del divorcio, a principios de enero de 1996, su secretario particular, Patrick Jephson, dimitió, en apariencia por la entrevista de «Panorama» y por el incidente de Tiggy Legge-Bourke. Mientras que la marcha de Jephson dejó a Diana sin ayuda durante un tiempo, en verdad fue digno de nota el que él durara seis años en el puesto, dado que su programa a largo plazo para Diana —como si fuera una especie de santa princesa viuda, que hacía buenas obras desde el interior del palacio de Buckingham— básicamente entraba en conflicto con la nueva perspectiva que tenía ella de sí misma como una princesa independiente para el mundo. De hecho, Jephson había pensado en dimitir por primera vez en 1993, después del discurso «Tiempo y espacio» de Diana, y más tarde sondeó a David Puttnam acerca de un empleo en la industria cinematográfica. Cuando Diana se enteró de esos planes, dejó de hablar a Puttnam durante meses, ya que lo percibió como una «deslealtad» de éste, y nunca volvió a tener plena confianza en su secretario privado. «Fue la cosa más ridícula», comentó Puttnam.

A Diana le parecía que el círculo de personas en que podía confiar disminuía cada vez más. En esa época crítica, sintió que hasta su propia familia la abandonaba. A inicios de abril, cuando las negociaciones sobre el divorcio estaban en un momento delicado, recibió una carta furiosa de su hermano, en la que la acusaba de «manipular y engañar», y añadía que esperaba que estuviera recibiendo un «tratamiento apropiado y comprensivo» para sus problemas mentales. Aunque se desconoce la causa de la pelea —coincidió con la revelación, ese mismo mes, por un dominical de que Martin Bashir, el hombre que Spencer había presentado a su hermana, tenía documentos falsificados—, aumentaba la presión sobre la princesa. (De acuerdo con el típico estilo Spencer, hicieron las paces más tarde ese mismo año, cuando la princesa visitó a su hermano en Sudáfrica, cuando él atravesaba sus propios problemas matrimoniales.)

Diana siempre tenía en la cabeza la cuestión de en quién podía confiar, y, en esa atmósfera degenerativa de acritud y sospecha mutua, se esforzaba por ejercer una dirección diaria de sus asuntos. Sus lazos con su personal ejecutivo se debilitaron y se hicieron más distantes, a medida que buscaba contratar gente de fuera, no contaminada por la cultura del palacio. El lado negativo de eso era que carecían de experiencia para abrirse camino en el laberinto que era la política palaciega en ese momento crítico de su vida. Asimismo, se los contrataba en gran parte según los términos de la princesa. Por ejemplo, cuando contrató a una asesora de medios de comunicación, Jane Atkinson, pocos días después de la marcha de Jephson, fue como consultora y no como miembro del personal, lo que era una señal de que el nombramiento no tenía mucho peso. Atkinson pronto descubrió que la princesa, que cada vez se basaba más en su instinto, trabajaba según su propia agenda, tanto si estaba en lo cierto como equivocada. Con frecuencia no tomaba en consideración los consejos de Atkinson y, aunque ésta era ostensiblemente su portavoz, la princesa, escarmentada de los medios de comunicación, estaba decidida a ser su propio médico y empleaba a su secretaria, Victoria Mendham, y a su mayordomo, Paul Burrell, para colocar de forma anónima historias en los periódicos.

Martin Bashir también se había unido al círculo de Diana desde el éxito de su entrevista, y la ayudaba a redactar sus discursos, para gran tristeza del periodista Richard Kay, que había actuado como su portavoz no oficial durante varios años. Incluso cuando el *Mail on Sunday* reveló en abril de 1996 que los extractos bancarios que Bashir le había enseñado a la princesa eran falsificaciones, Diana siguió confiando en él. Al mismo tiempo, ella mantenía un contacto regular con varios redactores de Fleet Street, y llamativamente con Stuart Higgins (director del *Sun*) y Piers Morgan (director del *Daily Mirror*), dos periódicos sensacionalistas rivales, pues intentaba sacar partido de las peleas entre los medios.

Si bien este planteamiento puntual obtuvo, como era inevitable, resultados variados con los medios de comunicación, en otros aspectos ese arreglo más flexible le fue útil. Confianza, lealtad y control eran sus consignas. En 1995 entró personalmente en contacto con un ex oficial de protección de la princesa Ana, Colin Tebbut, que se había jubilado de la policía londinense, y le preguntó si quería trabajar para ella como su guardaespaldas, además de chófer. «¿Todavía eres un rebelde? —le preguntó alegremente—. Ven y únete a los rebeldes.» Su relación implicaba que ella usaría sus servicios, al igual que a su equipo de chóferes autónomos, si y cuando lo deseara, y no porque estuviera obligada a ello. (Al contrario de la creencia pública, cuando salía por Londres y sus alrededores, así como a otros lugares, iba acompañada a menudo por un chófer, que también tenía formación de guardaespaldas.) El guarda personal retirado se hizo tan íntimo de la princesa que él y el mayordomo Paul Burrell fueron los únicos acompañantes, además de su familia inmediata, que fueron invitados a asistir al entierro de Diana en la finca de Althorp.

Diana empezó las negociaciones del divorcio con un equipo pequeño y sin experiencia, confiando en su propio instinto y sus recursos. Ahora comprendía que la reina era, en sí misma, tan parte de las negociaciones como el propio príncipe Carlos. En efecto, el planteamiento principal de los abogados de la princesa, lord Mishcon y Anthony Julius, consistía en solucionar lo que denominaban «el problema de la reina», o sea, el futuro título de la princesa, la continuación de su residencia en el palacio de Kensington y la custodia de los niños, antes de abordar las estipulaciones económicas con el príncipe Carlos. Un resultado satisfactorio de las discusiones con la reina ejercería una influencia considerable en «el problema de Carlos». Durante un encuentro en el palacio de Buckingham en febrero de 1996, la reina tranquilizó a Diana con respecto a la custodia y el cuidado de los chicos y le indicó que era «improbable» que Carlos se casara con Camilla Parker Bowles. En relación al embarazoso asunto de su futuro título, un periodista afirma que la reina sugirió que se la debería llamar «Diana, princesa de Gales», mientras que la propia princesa dijo más tarde a personas amigas que ella ofreció renunciar al título porque suponía que ése era el deseo de la soberana.

El asunto no estuvo claro hasta que la princesa se encontró con su ex marido un par de semanas después. El príncipe, en una nota que escribió a Diana antes del encuentro del 28 de febrero, le decía que deberían dejar que el pasado fuera pasado. «Sigamos adelante sin mirar hacia atrás, y dejemos de disgustarnos el uno al otro», le instó. Aunque, al comenzar, el espíritu de su encuentro pudiera haber sido ése, al final de los cuarenta y cinco minutos de su reunión había vuelto la vieja suspicacia.

Diana estaba decidida a exponer su propia posición antes de que, según pensaba, la parte de su marido la llevara a ello.

Dejó claro en su declaración de febrero que el príncipe Carlos era quien había solicitado el divorcio. Ella no sólo accedía a éste, sino que estaba decidida a renunciar a su título de su alteza real y a ser conocida como Diana, princesa de Gales. La reina y el príncipe Carlos se sintieron consternados por su actitud unilateral, y el palacio dejó claro que las «decisiones» de la princesa eran, todavía, nada más que peticiones. Al parecer, Diana y Carlos discrepaban incluso respecto a alcanzar un acuerdo final. Era, quizá, un epitafio adecuado al matrimonio que habían tenido.

La irritación se convirtió en rabia cuando se desveló que Diana estaba contando a los medios de comunicación que había sido presionada para renunciar a su título. En respuesta, la reina autorizó a su portavoz a declarar pública y categóricamente que la princesa había tomado sola esa decisión. «No es cierto que la reina o el príncipe se lo pidieran», afirmó el portavoz de su majestad. Ahora todos lo sabían. Había sido la propia princesa quien había renunciado a su título, y se había apuñalado por la espalda con su propio puñal. En muchos aspectos, los mensajes dobles que transmitía acerca de la pérdida de su título simbolizaban su ambivalencia con respecto a decirle adiós a su antigua vida, además de una comprensible mezcla de decepción, resignación, tristeza y pesar por las oportunidades perdidas.

Mientras que el título de Diana se encontraba entre las competencias de la reina, la discusión acerca de las estipulaciones económicas pertenecía a la esfera del príncipe y sus abogados. Durante el juego de ofertas y contraofertas, Diana, sin duda, estaba ansiosa por explorar todos los caminos para obtener lo máximo posible. La inquietante conversación que había mantenido con el ex ordenanza George Smith y su afirmación de haber sido violado seguía rondándole la mente. En la primavera de 1996, en un momento en que las negociaciones se encontraban en un punto delicado, decidió verle una vez más, pero en esta ocasión grabando su terrible historia. Si bien sus intentos de actuar como espía no resultaron del todo satisfactorios —tuvo que ir una segunda vez a la casa del ordenanza, en Twickenham, porque descubrió que su grabadora no había funcionado—, ella tenía ahora una prueba que, posiblemente, podía utilizar como moneda de cambio si las discusiones sobre el divorcio se volvían desagradables. Si visitaba a Smith por el bien de éste o por beneficio propio es una cuestión abierta al debate. En efecto, vale la pena subrayar que sólo en el otoño de 1996, tras haber finalizado el proceso de divorcio a finales de agosto, fue cuando Diana informó por primera vez a su ex marido acerca de las afirmaciones de Smith. Si en verdad se hubiera alarmado, le habría puesto sobre aviso meses antes.

No resulta sorprendente que el hecho mismo de que la información llegara a través de Diana contribuyó a disminuir la credibilidad de las afirmaciones de Smith. Como era inevitable, Smith fue más compadecido que creído; el príncipe, su equipo e incluso la policía de Hounslow, a la que también denunció el supuesto ataque en octubre de 1996, no dieron credibilidad a su relato. Como observó la secretaria de prensa del príncipe, Sandra Henney: «Todo lo que teníamos era a un pobre y triste individuo que afirmaba haber sufrido una violación algunos años antes, y se lo declaraba a la princesa, la cual, en aquella época, deseaba francamente encontrar formas de dejar en situación embarazosa a su marido». En efecto, el oficial de protección del príncipe, el inspector jefe Colin Trimming, admitió más tarde que había rechazado las afirmaciones de inmediato sobre todo porque era la princesa quien patrocinaba el caso de Smith.

Al final, se decidió que lo más sensato era despedir a Smith, que continuaba bajo tratamiento por sus problemas personales en una clínica privada. Recibió en diciembre de 1996 una indemnización de 38.000 libras. Fiona Shackleton, entonces abogada del príncipe, dijo en una reunión interna del personal de la casa que había recibido órdenes de «apartar el problema», y confesó que su encuentro con el angustiado ordenanza fue «uno de los puntos más bajos de mi carrera profesional».

Cuando terminaron las negociaciones sobre el divorcio, la princesa se había convertido en una mujer muy rica por sí misma. Había perdido el título de «su alteza real», pero había recibido diecisiete millones de libras como compensación. En cuanto al título... «No te preocupes, mamá. Te lo devolveré un día, cuando sea rey», le dijo Guillermo.

Cuando Diana ahora se enfrentaba a la perspectiva de tener que hacer una reverencia ante los miembros de la realeza de menor rango, como su vecina, la princesa Michael de Kent, a la que llamaba «el comando del submarino alemán», recibió una carta alentadora de la señora, en la que le decía que le causaría «un gran embarazo» si a Diana se le ocurriese hacerle una reverencia.

Diana utilizó el hecho de haber perdido su título como una excusa conveniente para abandonar el patrocinio de un centenar de entidades benéficas, aunque, de hecho, había redactado sus cartas de dimisión semanas antes y las había guardado en el cofre de sus oficinas en el palacio de St. James, antes de que finalizara el divorcio en julio de 1996. Sin embargo, mantuvo sus vínculos formales con seis entidades que reflejaban el interés que sentía entonces por el sida, los sin techo, los niños enfermos, los leprosos y, gracias a una sugerencia de última hora de su consultora para los medios de comunicación, el ballet. «Te daré algo alegre que hacer», le dijo Jane Atkinson.

Aunque esa medida representó un golpe considerable para muchas instituciones muy necesitadas de apoyo, siendo realistas no fue una gran sorpresa. La princesa había empezado a disminuir su trabajo de beneficencia a finales de 1993 e intentaba definir su nuevo estilo de vida, por lo que era comprensible que quisiera romper con el pasado. Lo que no mencionó fue el hecho de que ahora no deseaba trabajar para una familia por la que sentía escasa simpatía y con la que tenía todavía menos en común. Dice mucho sobre la amargura que le quedó con respecto a la institución que la había creado, la había roto y, al final, la había liberado, el hecho de que una noche de principios de 1997, cuando asistía a un debate en la televisión sobre la monarquía, Diana hiciera varias llamadas anónimas para votar a favor de la abolición de la monarquía y de la conversión en república del Reino Unido, todo eso con su hijo mayor, el heredero del trono, estirado en la alfombra a su lado.

Dicho esto, pese a lo que pensaba en privado, siempre apoyó escrupulosamente a la monarquía en público. Dejó enfadadísimos a sus amigos Gianni Versace, el diseñador de moda, y Elton John, cantante, cuando retiró tardíamente un prólogo que había escrito en julio de 1996, mientras finalizaba su proceso de divorcio, para un libro de fotografías destinado a conseguir fondos para la fundación contra el sida del cantante. El libro, *Rock and Royalty*, colocaba lado a lado imágenes provocadoras y fotos de la familia real, lo que le pareció que ofendería a la reina.

Sin duda, también la preocupaba que pudiera influir en los detalles de las estipulaciones económicas de su divorcio, que concluyó pocas semanas después, el 28 de agosto de 1996. «Es un final trágico para una historia maravillosa», le dijo su cuñado, sir Robert Fellowes, en una llamada telefónica de apoyo. Diana estaba decididamente animosa. «Ah, no, es el comienzo de un nuevo capítulo», le contestó.

Su hijo Guillermo fue quien la ayudó a escribir la primera página de ese nuevo capítulo de su vida. Mientras la princesa, debido a las circunstancias y a lo decidido, reformaba su despacho para que reflejara su distancia de la máquina del palacio, su hijo mayor le sugirió un plan que, desde el punto de vista práctico y simbólico, marcaba un largo adiós a su vida anterior. En julio de 1996, inmediatamente después del acuerdo de divorcio, el príncipe Guillermo tuvo la ocurrencia de que vendiera sus vestidos de realeza para fines benéficos, como forma de poner un punto final a su vida real y, al mismo tiempo, hacer algo bueno. Fue una idea inspirada que cautivó la imaginación de su madre, y que estaba muy en la línea de su deseo de liberarse de los fantasmas del pasado. Eligió 79 vestidos entre sus favoritos, incluso el traje que se había puesto en la Casa Blanca cuando bailó con John Travolta, y se embarcó en un proceso de siete meses de catalogar, fotografiar y, al final, subastar su azarosa historia real de forma muy apropiada en Nueva York, a la que consideraba su segunda casa. La subasta, realizada por Christie's, recaudó 5,7 millones de dólares en favor del hospital Royal Marsden, especializado en el tratamiento del cáncer, y del AIDS Crisis Trust, para gran ofensa del National AIDS Trust, virtualmente en quiebra y del cual todavía era patrocinadora.

Todo el proceso fue una alegre liberación, y la princesa reaccionó con esa especie de energía y disposición que resumía la esencia de su personalidad. Meredith Etherington-Smith, directora creativa de Christie's, observó durante ese tiempo cómo una nueva Diana surgía de las ataduras de su pasado real. «La princesa es muy enérgica. No da rodeos, no se desalienta y es rápida —declaró—. Quedó claro en seguida que era muy divertida.» A medida que fue conociendo a Diana, empezó a «entrever a la persona prosaica por detrás de la quimera principesca», una mujer que no era precisamente excepcional, pero sí «algo más brillante, más luminosa». Cuando la princesa sugirió que un nuevo fotógrafo de moda le hiciera otro conjunto de fotos, Etherington-Smith tuvo la idea de emplear al cámara peruano Mario Testino. «Quiero que la fotografíes como persona, no como princesa, y que captes su sentido del humor y su inmensa energía», le dijo al fotógrafo, una orientación editorial que, dado lo trágicamente pronto que acabaría la vida de la princesa, resultó involuntariamente inspirada. La sesión de fotos, en el edificio que no se usaba de un colegio en Battersea, fue un memorable día creativo, cuyo punto alto lo representó un improvisado desfile por una pasarela de mentirijilla con la princesa descalza y su nuevo mejor amigo, el fotógrafo peruano. Cuando vio el trabajo terminado, que acabó exponiéndose en la National Portrait Gallery, Diana dijo: «Pero si soy yo. Realmente yo».

Había sido un largo y duro viaje por carretera. Por primera vez desde que fue una adolescente que compartía piso de soltera con tres amigas, la princesa se sentía libre para ser ella misma. En el invierno de 1996 fue a una cena con su amiga lady Cosima Somerset, que también había pasado por un divorcio difícil. «Mientras nos dirigíamos hacia allí, tuve la sensación de que éramos dos mujeres que nos habíamos por fin liberado de las normas de otras personas —recuerda Cosima—. Diana demostraba a todos, y en especial a las mujeres, que la libertad tiene sus recompensas.»

## 10

## LA CORONACIÓN DE LA REINA DE CORAZONES

Al puro estilo de una película romántica de Hollywood, una pareja joven y rica contemplaba cogida de la mano, en la cubierta de su yate de lujo, cómo el sol teñido de rojo se hundía lentamente por el Mediterráneo. Como música de fondo se oía el incesante estribillo de la conocida película *El paciente inglés*, una exuberante banda sonora interrumpida únicamente por el estallido sordo de los tapones de corcho al destapar una botella de champán. La mujer joven, ágil, bella y despreocupada, levantó su copa para brindar: «Hoy es un día especial. ¡Es el aniversario de mi divorcio!».

Era el 28 de agosto de 1997, exactamente un año después de que la sentencia provisional de divorcio de Diana, princesa de Gales, se acordara e hiciera pública. En ese día de 1996 se había sentido tan sumamente triste y confundida que Lucia Flecha de Lima había viajado desde Washington para estar junto a Diana. «Necesitaba consuelo», recuerda Lucia. Horas después, Diana almorzó en casa de su otra madre sustituta, lady Annabel Goldsmith, donde tuvo un lloroso encuentro con su amiga lady Cosima Somerset. «La abracé intensamente durante un buen rato. No nos dijimos nada», recordó Cosima Somerset.

Ahora, doce meses después, Diana estaba en brazos de su anfitrión y nuevo amante, Dodi Fayed, hijo del propietario de los grandes almacenes Harrods, Mohamed Fayed. Diana estaba, según ella misma decía a sus amigos, «dichosamente feliz». Sonaban campanas de boda. Cuando Penny Thornton, ex astróloga de Diana, vio las fotografías de la pareja posando juntos, observó: «Era evidente que ella no sólo estaba enamorada, sino que rebosaba lujuria. Cualquier mujer del mundo se daría cuenta de que su vida sexual era muy satisfactoria».

Para celebrar tan señalada fecha, Dodi repartió unos puros Cohiba de veinte dólares cada uno a la tripulación del *Jonikal*, de

180 pies de eslora. Después pusieron rumbo a la playa siguiendo la imponente Costa Esmeralda de Cerdeña, donde la pareja disfrutó de una romántica barbacoa y bebió vino añejo bajo la resplandeciente luz de la luna; mientras tanto, el capitán del yate, Luigi, amenizaba la velada con una canción de Gipsy Kings.

Fue una elección adecuada, dada la naturaleza aparentemente itinerante e inquieta de la vida de Diana. Durante su primer año de libertad había realizado más de veinte viajes al extranjero y pasó doce semanas fuera de Londres. Daba la impresión de que vagaba de un país a otro en busca de su Santo Grial; es decir, de tranquilidad.

Aunque pocos desaprobaban los momentos de felicidad de la princesa, muchos cuestionaban el precio que estaba pagando. Creían que había cambiado a la ligera los estanques majestuosos de la monarquía por las aguas poco profundas de la celebridad internacional, lo cual la exponía al rechazo, al ridículo y a la denigración. Para una mujer que trataba de cultivar una personalidad global seria, Diana parecía ceder a una incongruente frivolidad.

Días antes, ella y Dodi habían utilizado el helicóptero verde y dorado de Harrods para volar hasta la modesta casa de su vidente, Rita Rogers, en Derbyshire, para asistir a una sesión. Incluso el indulgente padre de Dodi, Mohamed Fayed, se mostraba perplejo. «No podía entenderlo», declaró.

A primera vista parecía que la supuesta reina de corazones había abdicado de su trono. Sobrevivió con sólo un esquelético báculo, sus distintos compromisos con actos benéficos quedaron reducidos a mínimos, mientras que lo que pretendía ser su corte se había reducido a un mayordomo, un cocinero, un par de curanderos y un círculo de amistades cada vez más reducido, muchas de las cuales eran personas extranjeras y totalmente ajenas a la sociedad inglesa.

Al igual que Eduardo VIII, quien renunció al trono en 1936 para estar junto a la mujer que amaba, Diana se enfrentaba cada vez más a un exilio social, incluso físico, de la alta sociedad. Como explicó una de sus amigas íntimas: «Fue difícil para la princesa. Todo el mundo dice que era ella quien se apartó de su círculo. Eso no es del todo cierto. Después de la separación, e indudablemente después de su divorcio, Diana fue rechazada por ese grupo tan estrechamente cerrado, la aristocracia inglesa. Tenían miedo del príncipe Carlos y de la familia real, y se sentían incómodos con la presencia de la princesa. El único lugar donde podía ir era al extranjero».

Al igual que su madre, Diana fue expulsada de la educada sociedad británica, y empezó a salir con un millonario musulmán cuyo padre, a pesar de toda su fortuna, no podía comprar un pasaporte británico. Su distanciamiento de la vida que había llevado en el pasado quedó simbolizado por el hecho de que, mientras se tumbaba al sol en la cubierta del yate de quince millones de libras, el príncipe Guillermo pasaba el día arrastrándose por los brezos de Balmoral, haciendo lo que su padre, abuelo, bisabuelo y tatarabuelo habían hecho desde hacía más de un siglo: cazar ciervos. O, como su madre decía jocosamente: «matando cosas».

Como otros muchos aspectos de la biografía de Diana, las primeras impresiones eran engañosas. En el último año parecía que Diana se había encontrado a sí misma, una mujer que había visto la luz al final de un túnel largo y oscuro. Había demostrado al mundo que era posible combinar el *glamour* con la integridad y la felicidad con la compasión, sin necesidad de sacrificar su vida en el altar del deber y la propiedad.

La princesa había decidido aprovechar al máximo su persona y posición para causar un verdadero impacto en el mundo. Según observó Debbie Frank: «Pudo haber terminado no haciendo nada con su vida, abandonar al verse superada por el sistema. Sin embargo, encontró realmente un propósito en la vida y ese espíritu en ella es admirable».

Lejos de abdicar, Diana había disfrutado de su coronación un par de meses antes. La mujer que tenía un entrenador y terapeuta personal (Diana no ocultaba este dato) fue coronada, muy adecuadamente, en la peluquería, donde aprovechó para ver la televisión. «Sí», gritó, asestando un puñetazo al aire mientras, el 22 de mayo de 1997, observaba encantada al entonces ministro de Asuntos Exteriores anunciando que Gran Bretaña impondría la prohibición de las minas antipersona.

Fue un momento triunfal para la mujer que ahora retozaba en la cubierta del yate de un playboy. Gracias a su condición de icono de la moda que abrazaba una causa poco popular, había producido algunas de las imágenes más impactantes de la década cuando consoló a las víctimas de minas antipersona en Bosnia y caminó titubeante en un campo de minas recién despejado en Angola, una poderosa yuxtaposición de la belleza y la brutalidad de la guerra. «Su cruzada ha captado la atención del público hacia una arma que ataca cruelmente a la población civil», escribió Robin Cook en el periódico *Daily Mirror* por esas fechas.

El interés de Diana por las minas antipersona, alumbrado en 1991, se intensificó posteriormente gracias a sus contactos personales. En marzo de 1995, Mike Whitlam, entonces consejero delegado de la Cruz Roja en Gran Bretaña, le envió material (vídeos, libros y notas de prensa) sobre el tema de las minas antipersona. Ese interés se intensificó a raíz de las conversaciones que mantuvo con Simone Simmons, que a principios de verano de 1996 había viajado a Bosnia. Simmons regresó con varias crónicas y fotografías espantosas sobre los efectos devastadores de las minas antipersona, unos artefactos que matan y mutilan indiscriminadamente. La princesa quedó conmocionada por los terribles efectos de estas armas en la población civil, especialmente en mujeres y niños, y quería hacer algo para ayudar. Mientras participaba en la organización de la venta de su colección de vestidos reales, en otoño de 1996, Diana invitó a Mike Whitlam a tomar el té en el palacio de Kensington para tratar con detenimiento el tema de las minas, y hablaron de posibles visitas a Angola, Afganistán y otras regiones afectadas por el azote de esas armas.

Sin embargo, no fue hasta diciembre de ese año cuando Diana accedió formalmente a viajar al continente africano. Para ese mismo mes aceptó una invitación para asistir al estreno de la película de lord Attenborough, *En el amor y en la guerra*, basada en la novela de Ernest Hemingway sobre la locura del conflicto armado. El evento se organizó en respuesta al llamamiento de la Cruz Roja británica de ayudar a las víctimas de las minas.

Desde hacía unos años, Diana había mantenido una relación ambivalente con esta venerable institución benéfica. Cuando ella y Carlos se separaron en 1992, los miembros de la corte pensaron que la Cruz Roja era una organización ideal en la que Diana podría refugiarse de las tormentas a las que inevitablemente se enfrentaría mientras retomaba las riendas de su vida. Diana nunca estuvo convencida de ello, y creía que, debido a los antiguos vínculos de esa organización con la familia real (la reina madre y la reina colaboraron con ella durante décadas, y la reina fue mecenas y presidenta de la Cruz Roja británica desde 1952), era como trabajar para la monarquía bajo otra denominación.

Aun así, incluso después de su discurso «Tiempo y espacio» de diciembre de 1993, Diana conservó su vinculación con la Cruz Roja. Aceptó ser su vicepresidenta y posteriormente unirse a una comisión especial con sede en Ginebra para debatir los problemas de los refugiados en Ruanda. En seguida saltó a la vista que, aunque Diana aspiraba a una imagen más seria de la realeza, sentarse en las salas de reuniones debatiendo temas estratégicos no era su fuerte. Ella pensaba que, como figura pública, su imagen y habilidades personales podían servir para iluminar un tema con más intensidad que los aburridos informes detallados. En ese momento, la campaña contra las minas antipersona le pareció el problema oportuno del que ocuparse.

Cuando Diana se comprometió con esta causa era evidente que no se trataba de un capricho pasajero, según observó el activista antiminas Chris Moon, una víctima de estas armas, después de mantener una reunión con ella en el palacio de Kensington. «Estaba sinceramente comprometida desde el punto de vista humanitario. Creía que las minas eran simplemente algo incorrecto, y era consciente de que su perfil serviría para que la opinión pública prestara atención a este tema.»

La amiga sudafricana de Diana, Jenni Rivett, recordó «cuán apasionadamente» hablaba sobre esta cuestión. «La princesa quería implicarse en algo que no fuera una institución benéfica insustancial —comentó Jenni—. Creía que las minas antipersona eran un tema ignorado».

Después de hablar con Mike Whitlam y de realizar un examen de conciencia, la princesa decidió que su primera visita tendría como destino Angola. Se daba cuenta de que esta campaña producía un cambio en su enfoque de los asuntos humanitarios. No sólo era un gesto internacional, sino que el tema era muy relevante, con un alto contenido emocional y político. Era una actividad, como ella misma definió, «de personas maduras». La princesa incluso llegó a impresionar a los periodistas más experimentados con su evidente compromiso y esfuerzo, no sólo con su carisma. La corresponsal del *Sunday Times* en África, Christina Lamb, reconoció que se había mostrado cínica respecto a la motivación de Diana antes de su gira, pero que se sintió profundamente conmovida al verla trabajar, puesto que

Diana nunca evitó las imágenes más escabrosas que presenció en los hospitales y clínicas que visitaba. «Ella tenía algo que yo sólo había visto en Nelson Mandela, una especie de aura que atrae a las personas, así como un sentido totalmente natural y sincero sobre cómo infundir esperanza a quienes parece que les queda muy poco por vivir.»

Diana accedió a ser fotografiada mientras caminaba por un campo de minas recién despejado, sabiendo que la imagen sería más convincente que cualquier número de llamamientos, aunque también era plenamente consciente de que podía incurrir en posibles riesgos físicos. Se notaba que Diana estaba asustada de verdad. Millones de personas vieron por televisión cómo la princesa andaba por ese campo, lo cual, como ella misma había advertido, fue fundamental para atraer la atención del público sobre esa cuestión. Una vez más, Diana estaba forzando al máximo sus límites personales, y se puso a prueba tanto física como emocionalmente.

Mientras Diana encontraba finalmente «un papel», según observó lord Deedes, su compañero en varias de sus visitas, tuvo que pasar a hurtadillas por su campo de minas personal, no sólo enfrentándose a sus dudas y cavilaciones, sino también evitando trampas mortales que le tendían la familia real, los políticos y los diplomáticos. Cuando durante su visita de cuatro días a Angola en enero de 1997 le informaron que lord Howe, que había sido un joven ministro de Defensa en el gobierno conservador, la había tildado de «bala perdida» por su ingenua interferencia en un asunto muy complejo, Diana se quedó perpleja y estuvo a punto de echarse a llorar. David Puttnam contestó a Howe calificándolo de «camarilla del príncipe Carlos», aunque la princesa se puso muy nerviosa, y reclamó su inocencia en un comentario registrado por las cámaras de televisión. «Yo sólo deseo ayudar. Soy humanitaria. Siempre lo he sido y siempre lo seré.»

Diana recibió una acogida mucho más cálida del siguiente gobierno, elegido en mayo de 1997, y su trabajo preparatorio con el nuevo primer ministro dio inmediatamente sus frutos. Ese verano, Diana se llevó a Guillermo a Chequers, la residencia oficial de campo del primer ministro. Mientras el joven príncipe jugaba a fútbol con los hijos de Blair, Diana pasó varias horas con el primer ministro debatiendo su futura labor. A Blair le encantó el hecho de que la mujer más famosa y aclamada del mundo fuera británica, y de que quisiera emplear esa posición internacional. «Creo que por fin tendré a alguien que sabe cómo utilizarme», comentó Diana después de la reunión. (El primer ministro trató de hablar con la reina sobre el papel que desempeñaría Diana, pero la princesa falleció antes de establecer un compromiso firme al respecto.)

Diana había cambiado mucho desde la época en que aceptaba sus primeros mecenazgos en instituciones benéficas porque eran actividades seguras, convencionales y no controvertidas. Según afirmó la comentarista feminista Bea Campbell a propósito de la princesa en esa etapa de su vida: «Diana encontró su propósito entregándose a la filantropía, pero en esos momentos la filantropía estaba politizada y las buenas obras solían ser peligrosas. Servir a los pobres era un paso radical, ayudar a los enfermos de sida requería agallas y manifestarse en contra de las minas significaba enfrentarse a los señores de la guerra, al comercio de armas y, naturalmente, al gobierno».

Como parte de su nuevo enfoque del trabajo humanitario, Diana contrató al escritor Martin Bashir para que redactara un libro sobre actividades benéficas, titulado provisionalmente *In Faith and Hope,* que había de servir de manifiesto sobre su renovado compromiso con las causas de interés mundial. Se había elaborado un esbozo del contenido hasta el almuerzo del hotel Claridge, aunque, como era habitual, Diana estaba preocupada por si tendría la capacidad intelectual de escribir un libro, incluso con la ayuda de un coautor. La agente literaria Vivienne Schuster recuerda los debates sobre el proyecto editorial: «Según las condiciones de su acuerdo de divorcio, ella no podía, ni quería, hablar sobre su matrimonio, su divorcio y sus hijos. Pero sí deseaba hablar sobre el futuro, y cómo veía esa nueva etapa de su vida».

Una parte integral de ese futuro era su trabajo con la campaña antiminas, puesto que la princesa decidió volcarse de lleno en ella. En verano de 1997 impartió dos conferencias sobre el tema, una en Londres y la otra en Washington después de una reunión inicial con Hillary Clinton. Tenía prevista una posible visita a Camboya («Diana estaba muy entusiasmada con este viaje», recuerda David Puttnam), así como otras visitas a Iraq, Afganistán, India y China. Diana también pensaba impartir una conferencia en Oslo en septiembre de 1997, una semana después de su trágica muerte. En esa intervención, Diana quería proponer varias iniciativas bastante atrevidas para que los campos de minas acabaran siendo inofensivos en todo el mundo, pero su enfoque habitual era hacia las personas, no de carácter político.

La visita de Diana a Angola en enero de 1997 causó una profunda y duradera impresión en ella. «No puedo sacarme de la cabeza a esos niños mutilados», reveló Diana a unos amigos al llegar a casa, mientras recordaba cómo se había sentado para coger la mano de una niña, Helena Ussova, que se quedó sin tripa debido a una mina. «¿Esa señora es un ángel?», preguntó la pequeña poco antes de morir. Durante su visita a Sarajevo en agosto, Diana sintió el impulso de abrazar a una mujer que cuidaba de la tumba de su hijo en un cementerio local, una víctima de la guerra, una joven estrechando a otro ser humano. «Presto mucha atención a las personas y me acuerdo de ellas —reveló Diana al periódico francés *Le Monde*—. Cada encuentro, cada visita es especial.»

Como Tony Blair observó a raíz de su primera reunión secreta, Diana era una de esas escasas figuras públicas (él incluía a Bill Clinton dentro de esa categoría) capaces de comunicarse eficazmente con un único gesto. «Sí, yo toco a las personas —declaró Diana en su última entrevista—. Creo que todo el mundo necesita ese contacto, sea cual sea su edad. Cuando pones tu mano en un rostro amigo, entablas inmediatamente un contacto; transmites calor, demuestras que estás cerca. Es un gesto que me sale espontáneamente del corazón.»

La fotografía preferida de Diana era una en la que ella sujetaba firmemente la mano de un niño invidente. Cuando visitó el hospital Shaukat Khanum en Lahore, Pakistán, en febrero de 1996, Diana sabía que el pequeño iba a morir. Viajó allí gracias a una invitación del ex capitán del equipo paquistaní de cricket, Imran Khan, que había recaudado fondos para el hospital. Diana quedó tan impresionada por la labor de esa institución que regresó a Pakistán en mayo de 1997.

Sin embargo, estas visitas no se hacían simplemente para apoyar una causa meritoria. Después de la entrevista de Diana en la BBC y el revuelo que provocó su divorcio, el hombre que ocupó sus pensamientos durante todo ese tiempo fue Hasnat Khan. Ella lo consideraba su salvación y su futuro, y Diana entendía sus visitas a la tierra natal de Khan como una oportunidad para conocer mejor su cultura y su familia con el fin de apoyar el proyecto de Imran Khan. Conoció a los padres de Hasnat, así como a otros miembros de su familia, y al volver a casa declaró: «Me querían, realmente me querían y no les importó que yo no fuera musulmana. Ahora no hay ninguna razón por la cual no podamos casarnos. Me siento muy feliz».

En esos momentos, Diana hablaba de matrimonio, de hijos, y de una nueva vida junto a Hasnat, tanto en Australia como en Sudáfrica. Incluso corrió el rumor de que Diana estaba considerando la posibilidad de convertirse al islam para facilitar el enlace. La princesa presentó formalmente a su prometido a sus hijos Guillermo y Enrique en el palacio de Kensington. También fantaseaba con la idea de convertirse en «la señora Khan» y, según la información de un periódico, de dar a luz a una «hermosa niña morena» a la que tenía previsto llamar Allegra, un nombre propuesto por Annabel Goldsmith. Diana creía ingenuamente que la niña, al ser de raza mixta y con unos padres de distintos trasfondos religiosos, ayudaría a unir al mundo y favorecería la paz.

Sin duda alguna, la princesa entendía su relación como una verdadera asociación, y creía que con el señor Khan a su lado podría alcanzar su sueño de abrir centros para enfermos terminales, siguiendo el ejemplo de la Madre Teresa de Calcuta, pero a escala mundial. «Diana creía que eso era factible y que, juntos, ella y Hasnat podrían cambiar el mundo. Diana se lo tomaba muy en serio y por aquel entonces era plenamente consciente de su poder. Además, sabía que dispondría del dinero necesario», afirmó Oonagh Shanley-Toffolo.

Al mismo tiempo, Diana fomentaba nuevos cauces para ayudar a su amante en su carrera en el extranjero, tanto en Sudáfrica como en Australia. La princesa estaba tan enamorada de él que aceptó una invitación para asistir a un baile en octubre de 1996 como apoyo al Instituto Victor Chang de Sydney, que debe su nombre a un cirujano que había sido profesor de Hasnat Khan. Unos días antes, en una conferencia sobre temas humanitarios en Rimini, Italia, Diana cautivó al médico sudafricano y pionero en trasplantes de corazón Christiaan Barnard, y hablaron de las perspectivas laborales de Khan en Sudáfrica. «Me estaba utilizando para que le diera un empleo a su novio», se quejó el veterano cirujano. Al cabo de unos meses, en marzo de 1997,

Diana realizó su primera visita a Ciudad de El Cabo para hacerse a la idea de cómo era el país africano. Durante su estancia se reunió con el entonces presidente de Sudáfrica, Nelson Mandela, y disfrutó de un encuentro con su hermano Charles, quien, pese a sus antiguas diferencias, se convirtió en el aliado familiar más sólido en el último año de la vida de Diana.

A pesar de que las perspectivas de empezar una nueva vida existía como visión tentadora aunque inalcanzable, la obsesión de Diana por el objeto de su amor era del todo desconcertante. La intensa y obcecada necesidad de Diana era extenuante y compulsiva. Un tal «doctor Armani» bombardeaba a Khan con llamadas telefónicas, mientras el mayordomo de Diana acudía regularmente al hospital para entregar personalmente unas cartas al cirujano. Las exigencias de Diana empezaron a interferir con el trabajo de Khan, y en varias ocasiones se la vio afligida y llorosa porque él no podía atender a su llamada mientras estaba operando en el quirófano. Como Simone Simmons observó: «Diana estaba perdidamente enamorada de él y creo que la naturaleza reservada del médico sólo sirvió para empeorar las cosas».

La carrera de Khan encajaba dentro de los intereses de Diana, y no era raro que la princesa lo siguiera durante sus rondas mientras él hacía guardia nocturna en el hospital. Incluso estuvo presente en varias operaciones de corazón. Desgraciadamente, su presencia fortuita en una intervención quirúrgica la expuso al ridículo y a la burla. La princesa, que vestía una bata de médico y mascarilla pero llevaba las pestañas maquilladas y unos pendientes, apareció en la cadena de televisión Sky mientras observaba una operación de corazón que, al parecer, acordaron filmar. Diana se pasó cuatro horas observando al jefe de Khan, el conocido cirujano cardiólogo sir Magdi Yacoub, mientras operaba al niño africano de siete años Arnaud Wambo, que había sido trasladado al hospital Harefield en abril de 1996 por la institución benéfica Chain of Hope, que invitó a Diana a la intervención.

Posteriormente, Diana no sólo fue criticada por asistir a una operación (la entrevista de «Panorama» seguía fresca entre la opinión pública), sino que también la acusaron de organizar una sesión fotográfica para reforzar su imagen bondadosa. La valiente defensa de sir Magdi Yacoub en presencia de Diana —«la princesa viene a ver a los enfermos en otras ocasiones, les infunde ánimos y habla con ellos»— se perdió entre la cacofonía de la censura. La condena de los medios de comunicación, y especialmente una cruel parodia del satírico e imitador Rory Bremner, afectó profundamente a Diana. Creyó que lo que ella consideraba como su «trabajo», algo tan importante en el fondo de su ser, se malinterpretaba con alevosía, y que le atribuían una motivación incorrecta.

Aunque Hasnat Khan hizo todo lo que pudo para tranquilizarla, él interpretó la experiencia como un vivo ejemplo de lo que el destino le depararía si se casaba con Diana. Su primer encuentro de verdad con el escrutinio de los medios de comunicación se produjo cuando el *Sunday Mirror* publicó la noticia de su romance en noviembre de 1996. Diana utilizó de inmediato a su amigo periodista Richard Kay para tildar esa información de «chorrada» y asegurar que la idea era ridícula, pero Khan tenía la sensación de que esa negativa le devaluaba a él y a su relación. Al fin y al cabo, Diana estaba divorciada y podía reconocer una relación adulta con otro hombre. El hecho de que su romance siguiera desarrollándose a escondidas rebajaba a ambos. Pero al mismo tiempo, según recordaba Debbie Frank: «Él no estaba en absoluto interesado en convertirse en una celebridad, y se enfadaría mucho si su relación se aireara en la prensa. Acusaría a Diana de filtrarlo». Como era un hombre inseguro de sí mismo, prefería tomarse una cerveza Guinness en el pub Anglesea Arms junto a su apartamento en vez de aparecer en primera página de los periódicos como el último novio de Diana. Quería seguir los pasos de su mentor, sir Magdi Yacoub, y convertirse en catedrático de medicina. La fama no estaba hecha para él.

«Todo el mundo sabía que Diana quería casarse con él —reveló Nahid, la madre de Hasnat, al periódico paquistaní *Daily Times*—, pero él creía que el matrimonio no resultaría. "Si nos casamos —decía—, no podremos ir a ninguna parte juntos. Las dos culturas son muy distintas".» Dado el éxito del matrimonio entre Imran y Jemima Khan, el argumento no era del todo sincero, y enmascaraba unas diferencias fundamentales que los separaban. Era cada vez más evidente que el cirujano se sentía constreñido no sólo por la maldición de la celebridad, las exigencias contradictorias entre Diana y su carrera, y las divisiones culturales y religiosas entre ellos, sino quizá también por su miedo al compromiso. Hasnat Khan, dos años mayor que Diana, ya había estado comprometido en dos ocasiones con primas lejanas, pero en ambos casos había suspendido los preparativos de boda.

De forma irremediable, la pareja se fue separando, y los amigos fechan el final de su relación de dos años entre mayo y julio de 1997. Aunque, indudablemente, Diana reservó una gran parte de su corazón para el señor Khan, la princesa seguía adelante con su vida. Como gozaba de una boyante independencia económica, decidió no esconderse más; a principios del verano de 1997 almorzó varias veces con Christopher Whalley, y se fue a bailar con Gulu Lalvani. En una cena de gala en la Tate Gallery, un evento que coincidió con su trigésimo sexto aniversario, Diana estaba «radiante», según su hermano, y seguía brillando desde la venta triunfal de sus vestidos reales en Nueva York. Haciendo una mordaz referencia a la vida que creía haber dejado atrás, Diana lució unas joyas que la reina y el príncipe Carlos le habían regalado.

En los últimos cinco años de su vida, Diana viajó a lugares remotos, se enfrentó a muchos demonios y mató a numerosos dragones. Cuando se enteró de que el príncipe Carlos iba a organizar su fiesta en Highgrove para Camilla Parker Bowles, con motivo de su cincuenta cumpleaños, Diana pudo haber apretado los dientes, pero optó por tomárselo a bien: «¿No sería divertido que yo surgiera de repente del interior de una tarta de cumpleaños?». No había sido un viaje sencillo, y todavía no había terminado. Pero Diana ya no era una víctima, sino una mujer fuerte e independiente que transmitía una sólida confianza en sí misma mientras trataba de encontrarle sentido a la misión de su vida. Su deseo de hallar a otro hombre, y en su día a otra familia, no dominaba sus pensamientos. Como ella misma reconoció en su entrevista para «Panorama»: «¿Saben? La gente cree que, en definitiva, un hombre es la única respuesta. En realidad, un trabajo enriquecedor es mejor para mí».

El diario del verano de 1997 de la princesa captó perfectamente el espíritu de libertad, placer y compromiso de su nueva vida. Aparte de sus viajes a Bosnia, Camboya y Vietnam para la campaña antiminas, y de su conferencia en Oslo, Diana planeó disfrutar de unos días terapéuticos y culturales en Milán con su amiga estadounidense, la ejecutiva Lana Marks, a finales de agosto. Pero antes tenía previsto compartir una semana con otra amiga, y pasar unos cuantos días en las islas griegas en compañía de Rosa Monckton. Como observó el abogado Richard Greene, quien mantenía un contacto frecuente con Diana en esa época: «Fue un magnífico período de descubrimiento y exploración para ella. Diana disfrutaba de la vida, jugaba e iba de un lado a otro con más impunidad. Parecía una niña en una tienda de golosinas».

Anteriormente, a mediados de julio, con el corazón todavía dolido tras la ruptura con Hasnat Khan, Diana esperaba con ganas pasar una semana de vacaciones con los dos jovencitos a los que nunca dejó en la estacada y amaba incondicionalmente: sus hijos Guillermo y Enrique. Como todos los padres de adolescentes saben, a medida que los niños crecen se vuelve cada vez más difícil encontrar destinos que les resulten interesantes.

Su ex novio estadounidense, el multimillonario Teddy Forstmann, había resuelto el dilema estival de Diana, puesto que la invitó a ella y a sus hijos a que eligieran entre su mansión de Hamptons o su casa de Aspen, Colorado. La princesa se decantó por la primera opción y tenía ganas de pasar unos días en su hogar de adopción, Estados Unidos. Como Diana viajaba con sus dos hijos (a los que llamaba jocosamente «el heredero y su recambio»), necesitaba la autorización de los servicios de seguridad antes de partir. En lo que resultó ser un trágico giro del destino, los servicios de seguridad (los amigos de Forstmann no están seguros de si fueron los británicos o los estadounidenses) vetaron los planes vacacionales de Diana. Los expertos tenían sus dudas sobre la seguridad que ofrecían las zonas colindantes a los caminos privados del multimillonario, o temían una posible amenaza de distinto origen. Irónicamente, esta decisión de los servicios de seguridad, quizá más que cualquier supuesta trama en París, fue lo que llevó a Diana a estar en la capital francesa el 31 de agosto.

Aunque la decisión fue un golpe para la princesa, en esta ocasión contaba con un plan de contingencia, y aceptó la antigua invitación de reunirse con el propietario de Harrods, Mohamed Fayed y su familia, en su finca de la playa de Saint-Tropez, en el sur de Francia, a principios de julio. Era una opción segura, y además prometía ser divertida. De hecho, como la alta sociedad se había posicionado firmemente del lado de la familia real, Diana no tenía muchas opciones respecto a las personas con quienes podía pasar unas agradables y cómodas vacaciones; esto le permitió confiar en la generosidad de los extranjeros ricos afincados en su país, o en los acaudalados amigos y conocidos de otros países. Como Diana viajaba con los herederos directos al trono, la reina, el príncipe Carlos y el Ministerio de Asuntos Exteriores fueron informados. Todos ellos expresaron formalmente su aprobación.

Aunque Fayed era una figura controvertida, especialmente debido a su participación en un escándalo de soborno en el que se vieron involucrados varios miembros conservadores del Parlamento, para Diana él era primordialmente un amigo de la familia que conocía a su padre y a su madrastra desde hacía años. Fayed compartía la afición de Diana por los chistes subidos de tono, y «se entendían perfectamente bien», recuerda la condesa Spencer.

Esta vez, mientras Diana y sus hijos subían al jet ejecutivo de Harrods, el *Gulfstream IV*, rumbo a Niza, acompañados de Mohamed, su esposa Heini y sus cuatro hijos, sería la vida de Diana la que cambiaría para siempre. Ella había demostrado, en repetidas ocasiones, que anhelaba contar con un hogar y una familia. Y en esos momentos era acogida en lo que Andrew Neil, amigo de los Fayed, describió como «el cálido abrazo de la extensa familia árabe».

Mientras Guillermo y Enrique hacían carreras en la bahía de Saint-Tropez con sus potentes esquís acuáticos, los fotógrafos iniciaron una caza frenética de instantáneas de la familia real. Varias embarcaciones repletas de periodistas empezaron a acercarse a la playa de Fayed, y eso disgustó mucho a los hijos de Diana. Haciendo gala de su estricta política con los medios de comunicación, Diana no evitó a los fotógrafos, sino que se enfrentó a ellos. Ataviada con un escaso bañador de piel de leopardo, se acercó con una lancha rápida a donde estaba la embarcación repleta de periodistas británicos para encararse a ellos. «¿Por cuánto tiempo pensáis seguir con esto? —les preguntó—. Hemos sido observados cada minuto de nuestra estancia. Tenéis un interés obsesivo por mí y mis hijos.» Diana se quejó de que su hijo mayor, que no escondía su desagrado por los fotógrafos, estaba «alucinando» por toda esa atención.

Antes de abandonar a los periodistas, Diana dejó caer un comentario bastante enigmático: «Os vais a llevar una enorme sorpresa con lo que voy a hacer». Esas palabras se interpretaron como una intención de convertirse al islam o mudarse a Estados

Unidos. Pero es mucho más probable que se tratara de un comentario de pasada que ha obtenido mayor relevancia por los sucesos posteriores a él.

Mientras los medios de comunicación se centraban en sus enigmáticos comentarios y comparaban las vacaciones de Diana con la inminente fiesta de cumpleaños de Camilla, la llegada del hijo de Mohamed, Dodi, pasó desapercibida. Su padre lo hizo venir de París, donde estaba pasando unos días con su novia, la modelo Kelly Fisher, para pedirle que se uniera a sus invitados reales. Fayed, un hombre resuelto y temperamental, había levantado su imperio de la nada y albergaba ambiciones dinásticas para su hijo. Como el tío político de Dodi, Hassan Yassin, observó: «A cualquier padre le gustaría ver que su hijo se relaciona con los mejores círculos sociales, de modo que hizo lo que pudo».

A primera vista, Dodi y Diana no hacían buena pareja. Generoso, poco exigente y letárgico, Dodi era conocido por sus exquisitos modales y su colección de coches de lujo. A los quince años tenía su propio Rolls-Royce con chófer incluido y un guardaespaldas. Pasó una breve temporada en Sandhurst, una escuela de directivos, antes de trabajar como productor en Hollywood. Al igual que su padre, Dodi llevaba una vida de excesiva seguridad, rodeado de cámaras de vigilancia y guardaespaldas. Él y su padre eran tan sumamente precavidos que, antes de una comida, hacían secar los platos con cal para detectar cualquier rastro de arsénico. «Era un hombre amable, educado, pero muy poco serio», opinaba David Puttnam, que trabajó con él durante la filmación de la película *Carros de fuego*, ganadora de varios Oscar. «No podía centrarse ni concentrarse. Era una persona muy superficial, y eso era una gran frustración para su padre». En una ocasión, Puttnam echó a Dodi del plató de decorados porque ofrecía cocaína al personal. Otras personas, especialmente mujeres, veían a Dodi de otro modo. Lo consideraban bastante inmaduro, un joven consentido que vivía a la sombra de su dominante y dinámico padre. «Amable», «considerado», «dulce» y «compasivo» eran epítetos que utilizaban sus admiradoras, entre las cuales figuraban las actrices Brooke Shields, Joanne Whalley y Mimi Rogers. Hassan Yassin corroboró la opinión generalizada: «Era un hombre solitario, muy tímido, y prefería estar acompañado de mujeres. Un introvertido. Dodi era una persona algo indefinida. Maduró tarde y quería vivir sin que nadie le molestara».

Dodi parecía un novio muy poco apropiado para la princesa. Sin duda alguna, el contraste con su anterior amante, Hasnat Khan, era notorio; uno era un cirujano serio y centrado en su carrera que odiaba la fama, y el otro era un hombre rico que gustaba de fiestas y que tenía escarceos con el trabajo al igual que con las drogas y las mujeres. Aparte de su herencia musulmana, su única característica en común parecía ser la forma errática en que pasaban el tiempo, y una aversión al ejercicio físico. Dodi no estaba en forma y con un metro setenta y cinco de altura, era un poco más bajo que Diana, a la que le gustaban los hombres más altos que ella. Tenía cuarenta y un años de edad y era un hombre agradable pero no excepcional. Además, se iba a casar al cabo de cuatro semanas con Kelly Fisher. Esto fue toda una sorpresa para Hassan Yassin, que había visto a la pareja en numerosas ocasiones. «Siempre estaba rodeado de modelos de la industria de la moda», comentó, encogiéndose de hombros.

Dodi y Diana se habían visto varias veces con anterioridad: en el estreno de una película, en un partido de polo y en una cena organizada por Raine Spencer en la primavera de 1997. Aunque los dos eran amigos, no se apreciaba ningún tipo de pasión entre ellos, y Dodi trataba a la princesa con la deferencia que merecía su posición social.

Sin duda alguna, así es como ellos se comportaron a bordo del *Jonikal*. «Se llevaban bien, pero no creí que la relación llegara a más», recuerda la mayordoma Debbie Gribble. Una inverosímil pelea con comida, por lo que la pareja se estuvo persiguiendo por toda la cubierta como un par de niños, acabó en una conversación entre ellos, en vez de seguir molestándose. A partir de ese momento, la tripulación los vio hablar seriamente y a menudo solos o acompañados del padre de Dodi.

Daba la sensación de que Diana disfrutaba de las vacaciones, libre como estaba del torbellino emocional de los últimos meses, protegida y segura dentro de una familia estable que tanto significaba para ella. A Diana también la satisfacía que a sus hijos les gustara Dodi, que alquiló una discoteca en Saint-Tropez por un par de noches para que pudieran divertirse sin estorbos. El párroco de Diana, el padre Frank Gelli, recordó posteriormente: «Me contó que Dodi era muy atento con los niños, y que éstos disfrutaban con su compañía. Eso fue muy importante para ella».

Al cabo de dos días, Kelly Fisher llegó a Saint-Tropez para ver a su novio, pero en vez de quedarse en la finca, la instalaron en la goleta de los Fayed, la *Sakhara*. Durante el resto de sus vacaciones, Dodi iba y venía de la finca, la goleta y el yate de su padre, pasaba el día con Diana y las noches con su novia. Era un plan muy poco habitual para una pareja que supuestamente iba a casarse en cuestión de semanas. Pero sí mostraron toda la parafernalia de una pareja a punto de contraer matrimonio: Dodi había comprado una casa, una finca de siete millones de dólares, en Malibú, California, que en su día perteneció a la actriz Julie Andrews; y le había regalado a Kelly, que entonces tenía treinta y un años de edad, una sortija de zafiros y diamantes por valor de 130.000 libras, así como una generosa asignación. También hablaban de crear una familia; según Fisher, Dodi quería dos hijos. «No tenía ni idea de lo que estaba pasando —comentó Kelly después—. Dodi no paraba de dejarme sola con la excusa de que a la princesa no le gustaba conocer a gente nueva.»

Kelly se marchó a Niza al cabo de dos días por motivos de trabajo. Cuando regresó, Diana se había marchado, y le había comentado a su anfitrión que habían sido «las vacaciones más maravillosas de su vida». Cuando la princesa regresó al palacio de Kensington, la esperaban cuatro docenas de rosas y un reloj de oro valorado en seis mil libras. Era un regalo de Dodi. Al cabo de una semana, a finales de julio, aceptó verle en París, supuestamente para visitar en privado la Villa Windsor, propiedad del padre de Dodi, donde el duque de Windsor y Wallus Simpson pasaron sus años de exilio. Durante su escapada de fin de semana, Dodi y Diana cenaron juntos en un restaurante de tres estrellas Michelin, pero durmió sola en la suite imperial del hotel Ritz mientras él se retiraba a su apartamento. Curiosamente, Diana, que insistía en pasar el mayor tiempo posible con sus hijos, los dejó al cuidado del personal del palacio de Kensington mientras ella estaba de viaje.

El apartamento de Diana estaba a punto de ser redecorado, y decidió impulsivamente aceptar otra invitación de Dodi para realizar solos un crucero con el *Jonikal* por el Mediterráneo durante la primera semana de agosto. Esta vez, la princesa sugirió que los niños se fueran a Balmoral con su padre unos días antes de lo previsto.

Aunque, en un principio, la pareja tuvo asignados camarotes separados, fue durante esta salida de principios de agosto cuando un bien informado *paparazzo* sacó las famosas fotos del «beso» desde una distancia considerable. Captó a Dodi y Diana abrazados en las aguas poco profundas de Isola Piana, en el extremo sur de Córcega. Las fotografías, que se tomaron cinco días antes de que Dodi fuera supuestamente a casarse, propiciaron que el fotógrafo Mario Brenna y su compañero Jason Fraser ganaran una sustanciosa suma de seis cifras, y de paso avisaron al mundo (y a la prometida oficial de Dodi) que la princesa estaba viviendo un romance estival. «En brazos de su amante, la princesa encuentra por fin la felicidad», fue el titular del *Sunday Mirror*, que dedicó diez páginas más a explorar los detalles de la incipiente relación de Diana. En realidad, si el tímido y retraído doctor Khan sintió celos como resultado de la publicación de esas fotografías, también debió de quedar agradecido por la vida tranquila que disfrutaba, al ver cómo la prensa trataba a otro musulmán que se atrevía a salir con una princesa anglosajona. Las primeras descripciones de Dodi, que lo calificaban de «sensible, amable y atento», en seguida dieron paso a comentarios racistas burdamente disimulados mientras salían a la luz detalles sobre sus relaciones anteriores y sus escarceos con las drogas. Cuando una llorosa Kelly Fisher compareció ante las cámaras anunciando su ruptura con Dodi, éste pasó de ser «el señor perfecto» a un «empalagoso cantamañanas egipcio». «Dodi, rata», publicó con grandes titulares el *Daily Star*.

Era una situación que Diana ya había anticipado y temido desde hacía tiempo. «¿Quién me va a aguantar? Todo aquel que inicie una relación conmigo tiene que aceptar que será humillado por los periódicos.» Pero la noche siguiente a que la noticia de su crucero romántico se convirtiera en titular, Diana cenó en el apartamento de Dodi en Park Lane, en el centro de Londres, la noche que habría sido la vigilia de su boda. Mientras tanto, cincuenta fotógrafos esperaban en el exterior del edificio. Por una vez, Diana no parecía en absoluto preocupada por el furor que causó la primicia.

Que la pareja se entendía bien era muy evidente para sus amigos y familiares. El tío político de Dodi, Hassan Yassin, un hombre razonable y que ha vivido mucho, sentía verdadero aprecio por su sobrino, pero era realista acerca de sus limitaciones. Telefoneó dos veces a Dodi durante la travesía. Le dijo, en broma, que acababa de recibir una llamada del palacio de Buckingham para advertirle que si Dodi se casaba con Diana, él,

Hassan, se vería obligado a casarse con la reina madre. Por un momento, Dodi se quedó perplejo y creyó a su tío antes de darse cuenta de que estaba bromeando. Hassan Yassin, que había visto cómo su sobrino se dejaba llevar por la vida, percibió un cambio: «Se le notaba inmensamente feliz y pensé que había encontrado a alguien. Por primera vez en su vida estaba radiante».

En una conversación posterior, Hassan hizo a su sobrino la bienintencionada advertencia de tomarse en serio a «esta chica de oro». «Tienes que sentar cabeza», le dijo con una pretendida seriedad. Dodi le contestó: «Lo voy a hacer». Dodi había hecho comentarios parecidos cuando conoció a la vidente Rita Rogers durante una visita relámpago a su casa de Derbyshire. Anteriormente, Rita había efectuado una sesión para Dodi a través de un teléfono vía satélite mientras él y Diana navegaban solos con el *Jonikal*, y ella le reveló que jamás tendría otra novia. «Lo sé. Diana es la mujer de mi vida», respondió Dodi.

Diana parecía estar igual de enamorada. Poco antes de pasar unas vacaciones con Rosa Monckton en Grecia, Diana habló por teléfono durante una hora con su madrastra, Raine Spencer, que pasaba unos días con unos amigos en Antibes, en el sur de Francia. «Estaba dichosamente feliz, extasiada, vivía realmente uno de los mejores momentos de su vida, y Dodi era el artífice de esa felicidad», recuerda Raine Spencer.

«Una de las razones por las cuales Diana se enamoró de Dodi es porque era una persona dulce y considerada, y pensaba constantemente en Diana. Es lo que ella misma me contó semanas antes de que muriera. Me dijo: "Estoy tan feliz, al menos hay alguien que piensa en mí". Si lo analizas en el contexto de una persona que se preocupa por los enfermos de los hospitales e imparte conferencias, te das cuenta de que son ocupaciones muy gratificantes pero a la vez agotadoras. A veces tienes la sensación de que las personas te chupan la sangre. Esto era lo que le ocurría a Diana. Las personas acababan por agotarla. Necesitaba un poco de tiempo para recuperarse y creo que Dodi la ayudaba mucho en ese sentido.»

Dodi era abierto, afectuoso, amable y protector, unas cualidades que Diana había buscado en un hombre durante gran parte de su vida. La princesa, que necesitaba, exigía y tenía un apetito insaciable de afecto, estaba con un hombre que disponía de todo el tiempo del mundo para ella. En muchos sentidos, ésta fue su primera relación adulta. «Le encantaba la sensación de tener a alguien que no sólo se ocupaba de ella de forma muy evidente, sino que tampoco tenía miedo de que le vieran hacerlo», aseguró Rosa Monckton. La mujer que tanto anhelaba que la respetaran se veía inmersa en un estilo de vida en el que predominaban los mimos, los regalos caros, y recibía una atención constante. Era una combinación seductora. «Me han mimado tanto, me han protegido tanto; me han dado todo lo que nunca he tenido», reveló la princesa a lady Elsa Bowker.

Cuando el viaje previsto a Milán con su amiga estadounidense Lana Marks fue cancelado debido al fallecimiento del padre de Lana, Diana se encontró sin nada que hacer. En vez de quedarse en el palacio de Kensington, aceptó otra invitación para viajar con Dodi a bordo del *Jonikal*, que llegó a Niza el 21 de agosto. Pasaron unos días maravillosos, tomaron el sol, pararon en todos los puertos, se aislaron del resto del mundo dentro de la lujosa burbuja de su yate. Cuando Dodi encargó un anillo de la joyería Alberto Repossi en Mónaco, corrían rumores de que la pareja se iba a casar. El nombre del modelo del anillo, «Dime sí», no hizo más que intensificar los rumores.

Sin embargo, la amiga más seria de Diana tildó su enamoramiento de un «ligue de verano», y recordó a los más entusiasmados con el compromiso que sólo hacía seis semanas que se conocían, y que únicamente habían pasado veinticinco días solos. Pero desgraciadamente, Diana tampoco había pasado mucho tiempo a solas con el príncipe Carlos. En realidad, los dos romances más definitorios de su vida, el que mantuvo con el príncipe Carlos y el que mantuvo con Dodi Fayed, no sólo fueron los más breves y los más famosos, sino que ambos contaron con una fuerte influencia familiar. El primero fue presidido por la reina madre y lady Ruth Fermory; en el segundo, Mohamed Fayed movió los hilos.

Diana empezó a verse con el príncipe Carlos en Balmoral en agosto de 1980, y de todos es conocida la queja de que en realidad nunca estuvieron solos durante su noviazgo. Pero seis meses después, en febrero de 1981, Diana aceptó su propuesta de matrimonio.

Durante su romance con Dodi, Diana decía a sus amigas, como lady Annabel Godsmith, que necesitaba otro marido como «un mal sarpullido», mientras que el posesivo Paul Burrell expresó claramente su desacuerdo con la relación. Mientras ella y Rosa Monckton se preparaban para salir del palacio de Kensington en agosto para pasar sus vacaciones en las islas griegas, Paul le dijo a Rosa en un tono de voz conspirativo: «No es un hombre adecuado para ella, y tú lo sabes».

Eso quería decir que Dodi no caía bien al mayordomo, quien vio que su puesto de trabajo estaba cada día más amenazado. Durante el último verano de Diana, Burrell había percibido la dirección en la que soplaba el viento, y llegó a la conclusión de que no le era favorable. Incluso antes de conocer a Dodi, la princesa pasaba muy poco tiempo en el palacio de Kensington. En realidad, durante su último año asistió a más compromisos oficiales en el extranjero que en Gran Bretaña. Un viaje a Leicester en abril de 1997 fue su primer compromiso nacional fuera de Londres en dieciocho meses. La exitosa venta de sus vestidos reales fue una señal evidente de la forma en que se estaba desvinculando de su vida palaciega. De hecho, Paul Burrell, su «paño de lágrimas», era la única reliquia de un período desgraciado de su vida, aunque su relación se estaba viniendo abajo. «Cuando Diana murió, la relación entre ella y Burrell estaba en momentos muy bajos», afirmó Vivienne Parry, la amiga de Diana, una opinión que suscriben varios miembros del personal del palacio de Kensington, incluido el jefe de cocina, Darren McGrady. Ahora, esa relación que ya estaba bastante polarizada se veía doblemente amenazada por la presencia de los Fayed, quienes contaban con sus propios mayordomos y personal doméstico.

Preocupado por su futuro profesional con la princesa, Burrell se apuntó a varias agencias de colocación y trató de abrirse camino en algunas residencias estadounidenses, entre la que cabe destacar la de Tom Hanks, de quien llegó a hacerse amigo. Incluso Donald Trump se interesó por ese «tipo de Di». En calidad de ex agente de Burrell, el abogado Richard Greene comentó: «Tenía la certeza de que su trabajo en el palacio estaba tocando a su fin, y que Diana ya no le necesitaba. Durante ese último año, Paul buscó empleo fuera de palacio. Quería ocuparse de sí mismo y de su familia. Su relación con Dodi desencadenó unos temores justificados».

En los últimos años, «el extranjero» se había convertido en un tema de conversación habitual, tanto por motivos psicológicos como geográficos. Concretamente, la princesa consideraba a Estados Unidos como un país de «opciones, optimismo y apertura». A lo largo del último año de su vida realizó unos veinte viajes al extranjero y estuvo fuera de Gran Bretaña durante más de doce semanas. Sus comentarios sobre mudarse a vivir a Australia, luego a Sudáfrica, y finalmente a Estados Unidos formaban parte de un desencanto cada vez mayor con la sociedad británica, una desilusión alimentada por sus propias experiencias y por el éxito comercial de la duquesa de York, quien se había reinventado a sí misma ante un amable público norteamericano. David Puttnam mantuvo largas conversaciones con Diana sobre la posible adquisición de una casa en Martha's Vineyard, donde había pasado unas vacaciones de verano. «Diana pensaba que podría rehacer su vida en Estados Unidos —recuerda—. Le gustaba el modo en que la prensa la trataba, le gustaba la gente y la sensación de libertad.» Aunque Diana rechazó una propuesta de Revlon para representarlos, y rehusó entre risas una oferta de Kevin Costner para actuar en la continuación de la película *El guardaespaldas*, era evidente que el rumbo de su vida se alejaba de Gran Bretaña. «Diana amaba a los norteamericanos y a Norteamérica —aseguró Richard Greene—. En Estados Unidos se sentía libre, y pensaba: ¿Por qué no me mudo a ese país? Toda la vida se abría ante ella». El hermano de Diana, el conde Spencer, no tiene la menor duda de que habría acabado en Estados Unidos.

Como la princesa comentó con voz cansina a los medios de comunicación durante los primeros días de sus vacaciones en Saint-Tropez: «Mis hijos insisten continuamente en que debo abandonar el país. Dicen que es la única salida. Quieren que viva en el extranjero. Cada vez que estoy en Londres abusan de mí y me siguen a todas partes. Así no puedo ganar». Fue significativo que Diana mencionara a sus hijos, los puntales de su vida, como las personas que le dieron el visto bueno para mudarse a otro país. En sus quejas anteriores sobre el acoso de que era objeto, Diana alegaba que lo único que la retenía en Gran Bretaña eran sus hijos. Ahora esos lazos se aflojaban.

Cuando la princesa empezó a estudiar minuciosamente los planes arquitectónicos de la ex residencia de Julie Andrews en Malibú, empezaron a sonar realmente todas las señales de alarma. Incluso había asignado unas habitaciones para los niños. El hecho de que ahora la casa fuera propiedad de Dodi convertía esos planes en una proposición mucho más seria. Antes, Diana sólo había soñado con abrir una escuela de equitación con James Hewitt; comprar una granja en la Toscana con Oliver Hoare; instalarse en Ciudad de El Cabo con Hasnat Khan. Por primera vez en su vida se estaba fijando en un lugar que existía fuera de su imaginación.

¿Estaba dispuesta a casarse con Dodi? Es una pregunta tan enigmática y contradictoria como Diana. El padre de Dodi aseguraba que su hijo le había propuesto matrimonio a Diana, y que había enviado tres cajas de champán al palacio de Kensington para brindar con la futura novia.

Sin embargo, sus afirmaciones de una unión dinástica quedan diluidas por el hecho de que también creía fervientemente que Diana estaba embarazada de Dodi, una tesis refutada con vigor por Rosa Monckton. Según ella, Diana tuvo la menstruación mientras pasaron sus vacaciones en Grecia. El juez de instrucción, el doctor John Burton, fue tajante sobre esta cuestión: «He visto el interior de su matriz. Sé que no estaba embarazada».

Otros, incluido Burrell, se muestran igual de escépticos. Su amiga Lana Marks asegura que Diana telefoneó para decir que Dodi sería en poco tiempo un «capítulo pasado» de su vida, mientras que otra amiga, Gulu Lalvani, declaró que Dodi había bromeado diciendo que estaba ahorrando para el regalo de bodas, aunque Diana le comentó que, a pesar de que se lo estaba pasando muy bien, no tenían planes de boda. Otras amistades tenían miedo de que Diana volviera a equivocarse. Su ex novio Teddy Forstmann la telefoneó mientras ella estaba en el yate de Fayed y le preguntó «a qué demonios estaba jugando». Según explicó un amigo de Forstmann: «Es una persona muy protectora con quienes significan algo para él, y pensó que Diana merecía alguien mejor que Dodi». La princesa lo tranquilizó diciéndole que su relación era simplemente «un ligue de verano». Por lo visto, la princesa decía a sus amigos lo que ellos querían oír, según la postura que adoptaban respecto a este romance.

El testimonio más enigmático procede del párroco de Diana, el padre Gelli, coadjutor de la iglesia de Saint Mary Abbotts, en Kensington, a quien Diana conoció después de ser criticada por llevar a sus hijos a ver *La sombra del diablo*, una película sobre terroristas del IRA, en mayo de 1997. Él le escribió una carta de apoyo y, como resultado de ese gesto, Diana lo invitó a tomar el té, y su conversación trató básicamente de temas espirituales, incluido el exorcismo, el demonio y el sufismo. La princesa se mostró especialmente interesada en conocer varios aspectos del matrimonio entre cristianos y musulmanes, y si se les permitiría casarse en la iglesia.

Posteriormente, Diana le habló sobre otro parroquiano, Dodi Fayed, y compartió con el religioso sus esperanzas y sueños. Diana creía que Dodi podría ocuparse de ella y ofrecerle el amor y la seguridad que jamás había conocido. En la última semana de su vida volvió a llamar al párroco, esta vez desde la cubierta del *Jonikal*. Le formuló algunas preguntas sobre el matrimonio y una boda en la iglesia. «Se la notaba muy feliz y enamorada —declaró Gelli—. Creo sinceramente que, si ambos vivieran, estarían casados.»

Aunque la controversia sobre sus sentimientos por Dodi nunca se resolverá, en lo que sí coinciden todas sus amistades es en que Diana había hecho progresos importantes, tanto emocionales como físicos y espirituales. En el primer año de su nueva vida como mujer libre dio rienda suelta a la auténtica Diana, y dejó de ser esa persona inhibida o temerosa de quienes habían tratado de constreñirla durante su vida en la realeza. «Jamás la había visto tan feliz, especialmente durante esos últimos tres años —recordaba el diseñador Jacques Azagury—. Empecé a tratarla con mucha frecuencia, la veía casi a diario. Podías apreciar que era una mujer dichosa.»

Esos amigos que la habían visto con una actitud defensiva, desalentada y que en ocasiones tropezaba en su viaje de autoconocimiento, percibían que, al menos, Diana estaba saboreando la auténtica felicidad y satisfacción. La mujer que hacía pocos años se mordía las uñas, acarreaba un peso sobre sus espaldas y tenía poca confianza en sí misma, ahora era una persona totalmente segura en cuerpo, mente y corazón. «Me siento tan fuerte en estos momentos. No temo a nada, a nada», confesó a una amiga. Los tacones altos y las faldas cortas eran una muestra de la mujer positiva en que se estaba convirtiendo. Su astróloga, Debbie Frank, que la había aconsejado desde su separación, habló de la transformación: «Estaba siempre feliz, algo que en ella era excepcional. Para Diana, normalmente la felicidad sólo duraba un día. Creo que jamás había vivido una sensación así. Nunca se había sentido tan plena en su vida. Le encantaba su trabajo y estaba muy orgullosa de sus hijos».

La Diana que Rita Rogers vio en agosto de 1997, unos días antes de su muerte, era, según Rogers, mucho más espiritual que cuando la conoció: «Irradiaba felicidad, amaba la vida y rebosaba esa vida. Sus conversaciones eran todo alegría, risas y emoción por lo que estaba pasando». Para una mujer con una perspectiva religiosa de la vida, la decisión más dolorosa durante su divorcio había sido la que tomó la reina: omitir el nombre de la princesa en todas las oraciones públicas. Hasta entonces Diana, al igual que todos los miembros relevantes de la familia real, era mencionada en las misas formales de la Iglesia anglicana. Sin embargo, al final fue un precio que estuvo dispuesta a pagar cuando se dio cuenta de las grandes oportunidades que se le presentaban.

De un modo que habría sido impensable durante su carrera real, Diana se sentía más capacitada para actuar siguiendo su instinto. Habló durante una sesión privada de terapia para mujeres que sufrían trastornos alimentarios en la clínica Priory en mayo de 1997, y efectuó varias visitas privadas a la unidad de trastornos alimentarios infantiles en el hospital de Great Ormond Street en Londres. Días después de ultimar los detalles de su divorcio, en septiembre de 1996 voló hasta Limni, a las afueras de Atenas, para asistir al funeral de un joven abogado, Yannis Kaliviotis, que murió de fibrosis cística, y con quien había entablado amistad durante sus frecuentes visitas al hospital Royal Brompton. En el funeral del diseñador Gianni Versace, en julio de 1997, abrazó impulsivamente a un sollozante Elton John con la intención de consolarlo.

Estas anécdotas ilustran la conducta natural, espontánea y humana del corazón de la princesa, una cualidad que fue reprimida durante su carrera en la realeza. A la joven que recibía la reprimenda de los miembros de la corte por llevar pantalones de cuero a un concierto de rock también se le impidió, por razones de protocolo, sentarse con Angela Serota en el funeral de Adrian Ward-Jackson, a quien ambas habían cuidado hasta su muerte en 1991. Respecto a la asistencia al funeral de un desconocido, seis años antes, el príncipe Carlos la había reñido en privado por comportarse como una «mártir» al ayudar a un pensionista que se había desplomado al suelo, afectado de una angina de pecho, durante la visita de Diana a un hospital de Marlow.

Durante su carrera en la realeza, Diana había admitido que era una advenediza, y lucía esa diferencia como una honorable insignia secreta. Ahora que ella aceptaba y acogía ese papel, su conocimiento de sí misma se reflejaba en la seguridad del camino que había elegido en su vida. Ya no sentía la necesidad de contar con asesores externos —«me marché porque Diana había asumido el control de sí misma», explicó Stephen Twigg— y comenzó a entender que las personas místicas como la vidente Rita Rogers simplemente la ayudarían a entender mejor su obra y su vida. Rita se dio cuenta de ello y escribió en su libro *From One World to Another* acerca de la princesa: «Era una persona muy fuerte, voluntariosa y capaz de tomar sus propias decisiones sobre la vida. Las lecturas que yo le ofrecía le resultaban interesantes, pero ella no acudía a mí para averiguar qué camino debía seguir».

En la última entrevista que concedió Diana al periódico francés *Le Monde* y publicada en agosto, volvió a tratar el tema que colmaba sus pensamientos. Habló con absoluta seriedad sobre su «destino» de ayudar a las «personas vulnerables». A menudo había hablado sobre su sentido del destino o su «camino espiritual», como ella lo definía, y entendía que el suyo estaba consagrado a ayudar a los enfermos y a los desposeídos. Ese espíritu interno, la esencia de Diana, se exhibía permanentemente en su abrazo apasionado a la campaña antiminas y en su labor con los moribundos, así como en la simbólica despedida de su ropa de palacio y la vida que ésta implicaba. Diana seguía su camino a pasos agigantados.

Una casa en primera línea de mar en Malibú. Una unión entre un plebeyo musulmán y una princesa cristiana. Una cadena de centros para enfermos terminales llamada «Diana, Princesa de Gales», afincados en todas partes del mundo. Una fructífera campaña contra las minas antipersona. Todo parece demasiado inverosímil para que ocurra de verdad; casi tan ridículo como la historia de una mujer destinada a convertirse algún día en reina de Inglaterra y que decide divorciarse y alejarse de su futuro en la realeza. Una princesa que se creó su propio cuento de hadas.

11

# LA ODISEA FINAL

Él la perseguía, la cortejaba, la abrumaba con cumplidos extravagantes y joyas caras. El próspero magnate coleccionaba personas del mismo modo que otros coleccionan sellos, y ella era un trofeo, un premio social de incomparable valor. Su boda conmocionó a todo el planeta: era la unión de una princesa del mundo moderno y el bucanero millonario, y se topó con la desaprobación unánime. «La reacción en este caso es de enfado, conmoción y consternación», observó el *New York Times* a modo de comentario crítico, mientras el periódico cubría el enlace de la ex primera dama de Estados Unidos, Jackie Kennedy-Bouvier, con el magnate griego de la navegación, Aristóteles Onassis, en octubre de 1968. Su vecino Larry Newman reflejaba la incredulidad popular: «¿Cómo era posible que ella amara a ese tipo?». Su enlace tocó la fibra de la psique nacional, que todavía vivía el sueño de que la primera dama, viuda a raíz de una tragedia, se mantendría distante, casta y regia, un símbolo viviente del ideal de Camelot. El hecho de que su nuevo marido fuera un griego burdo de gustos vulgares y con un lenguaje todavía más vulgar era toda una afrenta al orgullo nacional, lo cual aseguraba que la reacción iba a ser cruenta e implacable.

Era una situación que Diana, princesa de Gales, vio desarrollarse ante sus ojos el último día de sus vacaciones bajo el sol. «Entiendo por qué Jackie se casó con Onassis. Se sentía sola y necesitaba proyección. A menudo, yo también me siento así», comentó durante su romance con Dodi Fayed. Muy poca cuenta se daban de cuánta protección necesitaría Diana mientras abandonaban las tranquilas aguas del Mediterráneo para enfrentarse a una violenta tormenta en tierra firme. Mientras el *Jonikal* atracaba en el embarcadero del hotel Cala di Volpe en Cerdeña, el sábado 30 de agosto de 1997, sabían que su soleada odisea estaba tocando a su fin. Nada pudo prepararlos para lo que se avecinaba. En cuestión de horas serían transportados del reposo idílico e indolente del yate de Dodi, una isla de dichosa calma y seguridad apartada del mundo real, hasta un dantesco frenesí de rostros contorsionados, luces cegadoras y motores acelerados. Abandonaron una vida en la que satisfacían todos sus caprichos, para adentrarse en un mundo donde ellos eran la presa que se quería cazar, hostigados y rodeados. El contraste no podía ser más violento o angustioso.

Desde el aeropuerto de Olbia viajaron en el avión privado de Dodi hasta París, donde tenían previsto pasar la noche antes de que Diana regresara a casa para estar con sus hijos, a quienes no había visto en un mes. Después de la paz que habían disfrutado en el mar se sumergieron en el frenesí que había provocado su llegada. Aterrizaron en el aeropuerto Le Bourget de París, donde fueron recibidos por un enjambre de *paparazzi*, aunque fueron rescatados por un chófer del hotel Ritz, propiedad de Mohamed Fayed. Se detuvieron veinte minutos para visitar el castillo de Windsor antes de volver al coche y continuar su trayecto hacia el Ritz. Durante el viaje fueron rodeados por varios fotógrafos montados en motocicletas que trataban desesperadamente de conseguir instantáneas de la pareja. Como Diana, una veterana de la locura de los *paparazzi*, comentó: «Alguien va a salir mal parado».

La conducta de los fotógrafos reflejaba la febril emoción que se había estado gestando en los últimos días, como si fuera una tormenta de verano. Cuando Diana y Dodi deambulaban por las resonantes estancias donde, años atrás, una pareja de la realeza había pasado sus días de exilio voluntario, los periódicos de Londres estaban a punto de publicar crónicas que apuntaban a una especie de trastorno colectivo. En el *Independent*, Diana fue descrita como «una mujer con fundamentalmente nada que decir de ningún tema». Ella «sufría una especie de desarrollo tardío. ¿No va siendo hora de que emplee la cabeza?», se preguntaba el *Mail on Sunday*; el *Sunday Mirror* publicó un suplemento especial titulado «Una historia de amor»; *News of the World* alegaba que Guillermo había exigido a Diana que rompiera con Dodi: «Guillermo no puede evitarlo; no le gusta ese hombre». Guillermo estaba supuestamente «horrorizado» y «no cree que el señor Fayed sea una buena compañía para su madre». ¿No estaría la prensa proyectando sus propios prejuicios? El prestigioso periódico *Sunday Times*, el primero en publicar mi biografía seriada de la princesa, ahora la sentaba en el diván de un psiquiatra por atreverse a ser cortejada por un musulmán. El popular psicólogo Oliver James colocó a Diana «en el diván» y le preguntó por qué estaba tan «deprimida» y desesperada por encontrar un amor. Otros tabloides se dedicaron a amasar suposiciones acerca de la hostilidad del príncipe Felipe por esa relación, los planes de exilio de Diana y el ostracismo social al que se enfrentaría si se casaba con Dodi. La reacción de los medios de comunicación británicos reflejaba la de su mayordomo, Paul Burrell: ansioso y posesivo, consumido por un deseo impotente de retener y controlar a Diana una vez más. Como la princesa había hecho respecto a la familia real, poco a poco se fue liberando de la mano firme de los medios británicos, que se creían con la propiedad de su vida y alma. El intento de Diana por imponerse a ellos sirvió para darles cuerda. Ella y su novio iban a morir ese día porque un grupo de personas, encabezadas por los reyes de los medios de comunicación de masas, los *paparazzi*, no iban a detenerse ante nada. Incluso cuando Diana estaba moribunda en el suelo, no aceptaron un «no» por respuesta.

Un día que empezó tranquilo y sosegado, comenzó a complicarse gradualmente. Sin duda alguna, debió de ser desconcertante para una mujer como Diana, a quien le gustaba el orden y la rutina en su vida. Desde el surtido de frascos en su cuarto de baño hasta sus ropas inmaculadamente planchadas, le gustaba que todo estuviera pulcro y ordenado. Antes de sus compromisos de palacio, su secretario privado, Patrick Jephson, siempre había sido muy cauteloso al anunciarle los cambios de planes de último minuto, puesto que a Diana no le gustaban las sorpresas. Pero ese día de agosto no parecía haber ningún plan, y la pareja vagaba por París de un modo confuso y, sin duda, a Diana le debió de resultar profundamente irritante. Seguían el ritmo de Dodi: improvisado y caótico.

Después de su breve visita a Villa Windsor, se dirigieron al hotel Ritz, al que entraron por la puerta de servicio para evitar la muchedumbre de periodistas en la entrada principal. Una vez instalados en la suite imperial, Dodi y Diana pasaron un tiempo hablando por teléfono con amigos y familiares para ponerse al día de las últimas noticias —y de paso ser interrogados sobre su relación—. La princesa dejó claro que, aunque estaba muy contenta, no pensaba en casarse. Se mostró más inquieta por Guillermo, que la había llamado desde Balmoral, preocupado porque le habían pedido posar en una sesión fotográfica de Eton para celebrar su tercer año de estudios en el exclusivo y costoso instituto de enseñanza secundaria. Como Enrique se había quedado un año más en el colegio Ludgrove, Guillermo creía que esa sesión eclipsaría a su hermano. Diana prometió hablar del tema con su padre cuando regresara al día siguiente.

Esa misma tarde, mientras Diana iba a la peluquería, Dodi se dirigió a la plaza Vendôme para recoger el anillo «Dime sí» de Alberto Repossi, valorado en 125.000 libras, y que había reservado durante su estancia en Mónaco. Este gesto incitó los rumores de que Dodi estaba a punto de prometerse con la princesa, y que quizá lo haría durante la cena de esa misma noche. Como el anillo se reservó a los pocos días de iniciar su relación, esta explicación parece poco plausible, y un testigo crucial que socava esta idea romántica es el tío político de Dodi, Hassan Yassin. Acababa de llegar de Los Ángeles y se estaba afeitando en su suite del Ritz cuando Dodi le llamó para pedirle que los acompañara a él y a Diana a cenar. El educado señor Yassin, que se ha codeado con Nelson Mandela, el sultán de Brunei y varios potentados de Oriente Medio, declinó cortésmente la oportunidad de pasar una velada con la pareja de la que más se hablaba en el mundo, y alegó que ya tenía un compromiso. Mientras terminaba su afeitado, bromeó con su sobrino acerca de su nueva relación, y le comentó que Diana era una «joya» que no podía perder. Dodi dejó bien claro que se estaba tomando la relación en serio y que, aunque nunca habían hablado de boda, la idea no era descabellada.

Sin embargo, es muy improbable que Dodi hubiera invitado a su tío a la cena si éste tenía previsto dejar caer la pregunta. En realidad, Dodi repitió la llamada a Yassin al cabo de unas horas para decirle que, si había cambiado de opinión, era bienvenido a la cena. Como los planes de Hassan Yassin no habían cambiado, declinó la invitación una vez más pero prometió reunirse con ellos en el desayuno, lo cual indica que sabía que Dodi y Diana tenían previsto quedarse en el Ritz para pasar la noche. Posteriormente, Yassin dijo con tristeza: «Por supuesto, ahora me arrepiento. Es posible que yo también hubiera viajado en ese coche, y le hubiera dicho al conductor que redujera la velocidad. Para mí, la vida es más importante que tener a una panda de fotógrafos persiguiéndome».

A las siete de la tarde, la pareja salió del hotel por la puerta de servicio y se dirigieron al lujoso apartamento de diez habitaciones que Dodi tenía en la calle Arsène-Houssaye, con vistas al Arco del Triunfo.

Fuera de su apartamento, media docena de *paparazzi* estaban al acecho, y la pareja tuvo que entrar a toda prisa en el edificio mientras los guardaespaldas de Dodi los mantenían a raya. A las nueve y media, después de cambiarse de ropa, la pareja salió del apartamento para dirigirse al restaurante chic pero informal Chez Benoît. Descubrieron que el establecimiento estaba repleto de nerviosos *paparazzi*, algunos de los cuales los habían seguido hasta el apartamento. Cambiaron precipitadamente de planes y volvieron al Ritz, donde tuvieron que enfrentarse a unos veinte fotógrafos que los esperaban en la entrada principal. Algunos acercaban sus cámaras a unos cuantos centímetros del rostro de Diana, una desfachatez que enfureció a su acompañante. «Dodi estaba muy enfadado», recuerda Kes Wingfield, uno de los guardaespaldas de Dodi. Eran las diez en punto, y la chica cuya idea de pasarlo bien un sábado por la noche era sentarse con patatas asadas con guarnición delante del televisor para ver una serie sobre médicos y hospitales, *Casualty*, estaba agotada y muerta de hambre. Entraron en el restaurante del hotel L'Espadon y pidieron pescado asado y una botella de champán Tattinger. No tardaron mucho tiempo en levantarse, puesto que los guardias de seguridad identificaron a dos clientes del restaurante como posibles *paparazzi*. Resultaron ser unos turistas ingleses, pero para entonces la pareja ya había sido acompañada hasta la suite imperial, donde disfrutaron del servicio de habitaciones.

Por un momento dio la impresión de que la pareja ya no se movería esa noche. Los guardaespaldas de Dodi creían que habían conseguido disuadir a su ansioso jefe de volverse a enfrentar con los *paparazzi* una vez más, especialmente porque en ese momento unos treinta fotógrafos y una muchedumbre de curiosos cada vez mayor estaban esperando a las puertas del hotel. Sin embargo, en otro cambio inesperado, Dodi consultó con la princesa y decidieron regresar a su apartamento ya que todas sus cosas estaban allí. El plan, que había funcionado anteriormente, consistía en salir por la puerta de atrás acompañados de uno de los guardaespaldas de Dodi, Trevor Rees-Jones, junto con el responsable de seguridad del hotel, Henri Paul, como chófer. Un vehículo de señuelo, en el que sólo viajarían guardaespaldas, abandonaría el hotel por la puerta principal. Poco antes de medianoche, Dodi llamó a su padre en Londres para obtener su permiso y realizar su gran escapada. Fayed accedió al ardid y le recomendó a su hijo que fuera con cuidado.

Un día que empezó en una bahía tranquila iba a terminar en el más absoluto caos. El último carrete de la vida de Diana estaba totalmente descontrolado y fuera de sus manos. Posteriormente, sus amigos y su equipo de chóferes-guardaespaldas autónomos vieron por separado las imágenes captadas por el circuito cerrado de televisión de la salida por la puerta de atrás del hotel Ritz, y pudieron obtener algunas pistas sobre el estado de ánimo de Diana. Para esos profesionales, hombres que la habían llevado en coche en los últimos tres años de su vida, los indicios eran claros y no se prestaban a la ambigüedad. Diana estaba alterada, nerviosa hasta el punto de echarse a llorar. Había sido un día muy largo, había bebido champán y estaba cansada. Sus manos y su cuerpo estaban tensos y parecía al borde de un ataque de nervios. Según comentó uno de los chóferes: «Si nosotros hubiéramos estado al volante, habríamos parado al final de una calle, dejaríamos que Diana llorara y se secara las lágrimas, y después habríamos continuado». Su amiga Lucia Flecha de Lima estuvo de acuerdo con esta valoración profesional: «Para mí, la filmación de su marcha del hotel Ritz por última vez lo explica todo; se la ve enfadada y agotada».

A las 12.20 de la madrugada del 31 de agosto de 1997, poco antes de que Dodi y Diana entraran en el potente Mercedes S280 para realizar su último viaje, Henri Paul, que no tenía el permiso de conducción para limusinas, se encaró a los fotógrafos: «No os molestéis en seguirnos. No nos atraparéis». Para entonces, Paul había consumido un cóctel letal de una receta de fármacos y alcohol. Superaba tres veces el límite legal de ingesta de alcohol para conductores en Francia. Abandonó rápidamente la calle Chambron con una hueste de fotógrafos pisándole los talones. Al cabo de cinco minutos, el Mercedes alquilado se empotró en el pilar decimotercero del túnel de l'Alma. Viajaban a una velocidad de entre 118 y 155 kilómetros por hora. El choque mortal fue presenciado por Mohamed Medjahdi, un conductor de carretillas elevadoras, y su horrorizada novia, Souad Moufakkir, que volvían a casa con su Citroën gris. Al principio, la pareja pensó que el Mercedes chocaría con su vehículo. «Un trozo asesino de chatarra se acercaba a nosotros a gran velocidad», aseguró Medjahdi, quien aceleró a fondo para evitar la colisión. Las ruedas chirriaron, y ese sonido quedó amplificado por el túnel de cemento. El Mercedes se empotró en la columna y la parte delantera del coche explotó debido al impacto. Varias piezas metálicas volaron por los aires en todas direcciones. «Era como una bomba que explosionó», recuerda Medjahdi. Ha sido entrevistado en varias ocasiones por la policía, pero todavía no se ha publicado su declaración. Medjahdi siempre ha insistido en que no hubo ningún otro coche o *paparazzi* implicados en la colisión. «Estoy absolutamente convencido de ello, totalmente seguro de que fue una tragedia, pero esa tragedia se debió a un accidente.»

Dentro del amasijo de hierros, Dodi yacía muerto en el asiento de atrás. Sus vaqueros azules estaban hechos jirones debido a los trozos de metal y sus piernas formaban un grotesco ángulo.

En la parte delantera del vehículo, Henri Paul yacía muerto sobre el volante, tenía el cuerpo apoyado contra la bocina que resonaba tristemente en un túnel que, de no ser por el accidente, estaría en silencio. Al lado de Paul, Trevor Rees-Jones estaba inconsciente, tenía la mandíbula desencajada y el rostro destrozado por el choque. Sólo Diana parecía relativamente sana. La princesa, que al igual que Dodi no se había puesto el cinturón de seguridad, había salido disparada por la fuerza del impacto, hasta acabar en el suelo con la espalda apoyada en la puerta del coche. Su cuerpo estaba empotrado entre los asientos delantero y trasero. Parecía estar semiinconsciente, y aunque le resbalaba un reguero de sangre por la oreja izquierda y por la nariz, no daba la impresión de estar gravemente herida. Una mancha de sangre en su pelo podía indicar que hubiera tratado de apartarlo de la cara con la también ensangrentada mano. Aunque se ha especulado mucho sobre sus «últimas palabras», debido a su estado tan precario de salud serían unas frases breves e incoherentes. El primer policía en llegar al lugar del accidente, Stéphane Dorzée, asegura que Diana gimió y farfulló: «Dios mío», aunque un bombero afirma que susurró: «¿Qué ha ocurrido?». Fueran cuales fueran sus palabras, no permaneció consciente durante mucho tiempo.

Al cabo de unos minutos, el fotógrafo Romuald Rat y su chófer Stéphane Darmon llegaron a la escena del accidente. Rat abrió la puerta de par en par y le tomó el pulso a Diana para ver si estaba viva. «Estoy aquí —le dijo él en inglés—, tranquila.» Momentos después, un médico fuera de servicio, Frédéric Maillez, se detuvo para ayudar. Era la tercera vez en su vida que llegaba al escenario de un grave accidente de tráfico. Después de examinar a los cuatro pasajeros, volvió corriendo a su Ford Fiesta blanco y sacó el único instrumento médico que llevaba consigo, un Ambu: una mascarilla unida a una bombona de oxígeno portátil y autoinflable que el médico trató de colocar sobre la nariz y la boca de Diana. Para entonces, la princesa tenía la cabeza hundida, los ojos abiertos pero vidriosos. Los síntomas no eran muy halagüeños, pero como sus heridas externas parecían leves, Maillez creyó que sobreviviría.

Pero Diana sufrió un «grave choque hemorrágico interno», lo cual quería decir, en términos sencillos, que su pecho y la cavidad pulmonar se estaban llenando rápidamente de sangre. La fuerza del impacto había roto la vital arteria pulmonar de su corazón, una causa habitual de fallecimiento en los accidentes aéreos. Esta herida le provocó espasmos cardíacos y sufrió varios ataques graves de corazón.

Mientras la vida de Diana se iba consumiendo, el humeante Mercedes estaba rodeado de fotógrafos, y los esfuerzos frenéticos del médico por salvar a la princesa quedaron iluminados por una explosión de flashes. «Era como una escena de los anales del infierno», recordó Dorzée. Entretanto, los ejecutivos de la prensa de Londres, con las primeras instantáneas de la malograda princesa sobre sus escritorios, esperaban noticias de su estado. Si Diana sobrevivía, las imágenes ocuparían las portadas. Si fallecía, estas últimas fotografías jamás se publicarían. O, al menos, eso era lo que creían.

En las tres horas siguientes, un equipo médico trató con ahínco de salvar a la princesa y a Trevor Rees-Jones. No fue hasta la 1.30 de la madrugada cuando los bomberos lograron sacar a ambas víctimas del coche destrozado. Diana estaba con respiración asistida, su presión sanguínea era muy baja y ya había sufrido un importante paro cardíaco. La ambulancia, rodeada de una patrulla de policía, recorrió lentamente los tres kilómetros y ochocientos metros hasta el hospital Pitié-Salpétrière, haciendo una parada mientras el médico trataba de evitar un segundo paro cardíaco. A las dos de la madrugada, la ambulancia llegó al hospital, donde dos cirujanos, Bruno Riou y el doctor Alain Pavie, junto con su equipo, esperaban a Diana.

Mientras el equipo trabajaba frenéticamente para salvar la vida de la princesa, utilizando electrodos y técnicas de reanimación manual para reactivar su corazón, el embajador británico, sir Michael Jay, y el ministro de Interior francés, Jean-Pierre Chevènement, esperaban fuera del quirófano, nerviosos por tener que transmitir la noticia a Balmoral, donde la reina y el resto de la familia real, incluido el príncipe Carlos y sus hijos, se hospedaban.

Cuando sir Michael contactó por primera vez con la residencia escocesa de la reina, su subsecretario privado, sir Robin Janvrin, no lo entendía; ni siquiera sabía que la princesa estaba en París. Se vistió en un santiamén y se dirigió a la vivienda principal para hablar con la reina y el príncipe de Gales. La reina y Carlos, en bata y zapatillas, celebraron una breve reunión en el salón del príncipe. Decidieron no despertar a los niños hasta que la situación se aclarara, aunque tomaron la precaución de retirar discretamente todas las radios de sus dormitorios y el televisor del cuarto de juegos por si se despertaban en plena noche. Acto seguido, el príncipe Carlos telefoneó a Camilla Parker Bowles en Gloucestershire para comunicarle la noticia del accidente, y después llamó a su subsecretario privado, Mark Bolland, en Londres, para tener más noticias de lo sucedido. Por una vez, Bolland, que recibía llamadas de los editores de los periódicos ingleses más influyentes, sabía tan poco como su jefe.

Mientras tanto, la policía de Balmoral contactó con el chófer de Diana, Colin Tebbutt, en su casa. Escucharon que el chófer de la princesa había fallecido en el accidente, y le preocupaba que él fuera la víctima. Después de que Tebbutt les asegurara que se encontraba bien, el chófer se apresuró a ir al palacio de Kensington, donde se encontró con el administrador (y fumador compulsivo) Michael Gibbins, la secretaria de Diana, Jackie Allen, y Paul Burrell en la oficina. El mayordomo de Diana había recibido la noticia de Lucia Flecha de Lima, quien llamó desde Washington después de enterarse del accidente por la cadena de televisión CNN. Trató desesperadamente, sin éxito, de llamar al teléfono móvil de la princesa, al igual que hizo Sarah, la duquesa de York, que se encontraba de vacaciones en Italia. Aunque Lucia acabó por desistir y llamó al mayordomo, Fergie consideró la posibilidad de contratar los servicios de un avión privado para irse a París.

En ese momento, las informaciones periodísticas seguían diciendo que la princesa estaba viva, y Tebbutt empezó a buscar la forma de contratar un avión ambulancia para llevarla a casa. Las primeras informaciones, comunicadas a todo el mundo a las dos de la madrugada, hora estival británica, eran relativamente optimistas respecto al estado de la princesa, aunque sí revelaron que Dodi había fallecido. En la confusión inicial, llegó a afirmarse que Diana sólo tenía heridas leves que evolucionaban favorablemente, probablemente un brazo roto; se citó a un testigo ocular según el cual Diana había caminado unos pasos, totalmente desatendida, alejándose del lugar del accidente.

Esto infundió una efímera esperanza a la madre de Diana, Frances Shand Kydd, sentada sola delante del televisor, fumando un cigarrillo tras otro y rezando desesperadamente para que su hija pequeña saliera con vida del accidente. La había despertado una amiga suya, Janey Milne, después de telefonearla a su casa de campo de la isla de Seil cuando se enteró de la noticia por la cadena de televisión Sky. Tras haberse preparado una taza de té, la señora Shand Kydd hizo la maleta con lo que ella esperaba que fueran «ropas dignas», anticipando que visitaría a su hija en el hospital. No había hablado con Diana desde hacía seis meses. «Creí que era perfectamente natural ir a ver a mi hija herida», comentó posteriormente. Mientras tanto, intentó contactar con sus otras hijas: Jane, que pasaba las vacaciones en Norfolk, y Sarah, que estaba en su casa de Lincolnshire. Los dos teléfonos comunicaban sin cesar. Después de hablar brevemente con su hijo Charles, que vivía en Sudáfrica, la señora Shand Kydd pudo finalmente hablar con Jane. Las noticias no eran tan optimistas. Al parecer, Diana sufría una grave lesión cerebral y Dodi había muerto. Al cabo de unos minutos recibió la horrible noticia de que su hija había fallecido. «Me enteré de su muerte una hora antes de que los medios de comunicación la hicieran pública. Según marcaba el protocolo, los jefes de Estado tenían que recibir la noticia antes de hacerla pública. De modo que me dejaron en esa situación tan desconcertante. Tuve que esperar una hora, sabiendo que Diana estaba muerta, sin poder transmitir la noticia ni pedir ayuda a mis amistades.»

Durante varias horas, la madre de Diana estuvo esperando una llamada telefónica o un fax del príncipe Carlos. «¿Por qué no ha llamado? ¿Qué está pasando?», se preguntaba en voz alta, dispuesta a irse a París si se lo pedían. Según ella, esa llamada nunca se produjo. Luego añadió: «No fui a París para traerme a Diana a Londres porque no me lo pidieron». Eso reavivó un dolor perdurable en la señora Shand Kydd: el hecho de que nunca había visto o sostenido en brazos a su hijo John, el hijo que nació antes que Diana, fallecido al cabo de unas horas de nacer: «Realmente me parece una ironía que, habiendo enterrado a dos hijos, por razones totalmente distintas, no los haya tocado ni abrazado cuando estaban muertos». Puesto que sus hijas volaron hasta París, parece extraño que ellas, en vez de la familia real, no organizaran el viaje de Shand Kydd a la capital francesa.

El único consuelo de esas horas tan angustiosas se produjo cuando, antes de que Diana fuera declarada muerta a las tres de la madrugada, hora británica, el embajador británico pidió los servicios de un sacerdote francés para que le aplicara el rito de la extremaunción. El padre Yves Clochard-Boussuet vivía cerca del hospital, y lo acompañaron hasta el lecho de Diana. «Recé por su alma. Sólo podía pensar en lo triste que era la muerte de esta mujer joven, cuando tenía toda la vida por delante.» Durante las próximas cuatro horas se sentó junto a Diana para que no estuviera sola. Era un gesto de un completo desconocido que la princesa, que tantas manos había estrechado a los moribundos, habría agradecido.

También habría agradecido la confusión que reinaba en Balmoral. Mientras un desconsolado Mohamed Fayed, que había volado a la capital francesa con su avión privado, entraba en un depósito de cadáveres de París para identificar y reclamar a su hijo, la familia real permanecía en Escocia, pensando en cómo actuar respecto a la muerte de Diana. Aparte del vínculo con sus hijos, la princesa era para la familia real una figura del pasado. No había asistido a ninguna de las reuniones familiares en el castillo de Windsor, Sandringham o Balmoral desde hacía muchos años. Había visto a la reina por última vez en la confirmación de Guillermo en marzo, unos cinco meses atrás. Por una suprema y trágica ironía, la familia que la repudió, mientras Diana trataba de quitárselos de encima, se veía obligada a recuperarla. Mientras Dave Griffin, el chófer de la princesa Margarita, asimilaba la noticia de la muerte de Diana, no pudo evitar reflexionar sobre las portentosas palabras de su jefa hacía unos meses. «Pobre Lilibet y Carlos. Han hecho todo lo posible para librarse de esa condenada chica, pero no se quiere ir.»

Antes del amanecer, la gravedad de la situación estaba empezando a calar hondo. «Todo el mundo va a echarme la culpa, ¿verdad? —decía el príncipe Carlos a todo aquel que quisiera escucharle—. ¿Qué voy a hacer ahora, qué significa todo esto?»

El primer ministro, Tony Blair, en su casa de Sedgefield en el condado de Durham, vio más allá de sus sentimientos personales, y comentó a su ayudante, Alastair Campbell: «Esto va a desatar un dolor como nadie ha visto nunca en otras partes del mundo».

Aunque Blair estuvo de acuerdo con la decisión de dejar que los niños durmieran toda la noche, fue su padre quien tuvo que informarles de que su madre había muerto. A las 7.15 de la mañana, un ojeroso príncipe Carlos, que había pasado un buen rato paseando por los terrenos de Balmoral para reflexionar a solas, comunicó tristemente la noticia a sus hijos. Al parecer, Guillermo afirmó que sabía que algo iba mal. «Me desperté varias veces por la noche.» Su padre les explicó que tenía que viajar a París y que ellos se quedarían en Balmoral con sus abuelos. «Gracias a Dios que estamos todos juntos, así podemos cuidar de ellos», fue la respuesta inmediata de la reina madre cuando le comunicaron la noticia.

La reina madre, símbolo del estoicismo y de una tranquilidad imperturbable, al igual que el resto de la familia real, respondió instintivamente a la tragedia conservando su rutina diaria. Su estado de ánimo, según un miembro de la corte, era «férreo». Estaba previsto que la misa del domingo en la iglesia Crathie se celebrara esa misma mañana, y nadie vio ninguna buena razón para suspenderla. Convencieron a los niños de que, si asistían a misa, encontrarían mayor consuelo al estar con el resto de la familia que en el castillo de Balmoral. Sin embargo, la misa, oficiada por un pastor de la Iglesia presbiteriana escocesa, fue extraordinaria por el hecho de que no se hizo mención alguna de la princesa, lo que motivó que el príncipe Enrique preguntara: «¿Estáis seguros de que mamá ha muerto?». Aparte de las corbatas negras, la familia real no dio ninguna muestra externa de que ésa no fuera una misa como todas las demás, mientras el pastor se ceñía a su sermón preparado acerca de los cambios de lugar, y contó algunos chistes sobre el humorista escocés Billy Connolly. Incluso el periódico *The Times* se vio obligado a comentar: «Nadie mencionó el accidente». Era el inicio de un coro de críticas cada vez mayor.

El palacio de Buckingham publicó una fría y brevísima declaración para expresar su «conmoción» por la noticia, y le tocó al primer ministro reflexionar sobre lo que Diana significaba para la nación. «Caía bien a la gente, la amaban, la consideraban como a uno de los suyos. Era la princesa del pueblo y así es como seguirá siendo en todos nuestros corazones y recuerdos para siempre», dijo Blair esa mañana.

Aunque el príncipe Carlos estaba preocupado acerca de cómo la muerte de Diana le perjudicaría, y el resto de la familia real conservaba su tradicional reserva ante un desastre, el mayordomo de Diana, Paul Burrell, estaba inconsolable. «Debo ir a verla, debo ir a verla», repetía una y otra vez, incapaz de hablar inteligiblemente. El administrador de Diana, Michael Gibbins, accedió a dejarle viajar a París con la condición de que fuera acompañado del chófer de la princesa, Colin Tebbutt. «Quiero que seas mis ojos y oídos», dijo Gibbins a Tebbutt, no sólo para vigilar al desencajado Burrell, sino también a las otras casas reales.

Lograron subirse al vuelo de las 6.30 de la mañana de la compañía British Airways con destino a París, y el avión estaba tan lleno que el guardaespaldas del príncipe Carlos, Ian von Heinz, tuvo que sentarse en un asiento plegable. A su llegada a París, Colin Tebbutt, Paul Burrell e Ian von Heinz fueron recibidos por el embajador británico, sir Michael Jay, en la escalera de la embajada. «Me alegro de verlos», dijo al saludarlos, consciente de que ese extraño trío era la primera representación de la familia real británica que pisaba suelo francés. Después de una breve reunión en el salón de la embajada, Tebbutt se dirigió al hotel Ritz para recoger los efectos personales de Diana, y descubrió para disgusto suyo que Mohamed Fayed se había llevado el equipaje de la princesa de vuelta a Londres en su avión privado. Cuando regresó a la embajada con la noticia de que no tenían ninguna de sus ropas para vestirla, la esposa del embajador, Sylvia Jay, que tenía aproximadamente las mismas medidas que Diana, acudió al rescate y fue a su casa, que estaba al lado de la embajada, para coger algunas prendas de su armario. Juntos eligieron un vestido negro de cóctel con un chal y un par de zapatos a juego para la princesa.

Finalmente, llegaron al hospital y encontraron una situación de caos controlado. En el exterior, una multitud de periodistas y curiosos se apiñaban a la entrada, mientras en el pasillo de la primera planta del ala Gaston Cordier, recién pintada, el cónsul general británico, Keith Moss, gestionaba con valor una centralita de teléfonos especialmente instalada para la ocasión. Mientras Moss procesaba las llamadas, Tebbutt, Von Heinz y Burrell fueron conducidos hasta la habitación donde se encontraba la princesa. Cuando entraron vieron a Diana. Yacía en una cama de hospital debajo de una sábana blanca. Parecía simplemente que estaba dormida. Paul Burrell tuvo un ataque de nervios, lloraba y gritaba: «¡Levántate, levántate!». Los años de labor policial habían enseñado a Tebbutt y a Von Heinz a estar más desapegados de la situación, a centrarse en las cuestiones prácticas y no emocionales, pero Burrell estaba tan alterado que Tebbutt temió que si veía los rasguños a un lado del rostro, se desmayaría.

Había un ventilador que giraba lentamente, y una suave brisa movió un mechón de cabello que Diana tenía en la frente, como si lo moviera un aliento procedente de los labios de la princesa. Daba la impresión de que estaba viva. Ante esta desconcertante situación, Paul Burrell se derrumbó por completo y lo sacaron de la habitación para que hablara con Martin Draper, un sacerdote inglés que había venido para relevar al padre Clochard-Bossuet.

Como el día prometía ser cálido y húmedo, y los fotógrafos ya habían tomado posiciones para sacar fotografías de tan morbosa escena, Tebbutt ordenó cubrir las ventanas con sábanas y que la estancia fuera refrigerada.

Mientras Burrell recuperaba la compostura, antes de ir a buscar el vestido y los zapatos negros de la señora Jay, Tebbutt y Von Heinz dejaron a Diana al cuidado de dos empleados franceses de la funeraria, vestidos para la ocasión y con la boca tapada con una mascarilla, que trabajaban eficiente y discretamente para preparar el viaje de regreso a casa de la princesa. Mientras los empleados estaban enfrascados en su labor, el príncipe Carlos telefoneó al hospital desde Balmoral para enterarse de las últimas noticias y ofrecer el pésame al destrozado mayordomo. «¿Qué está pasando? ¿Qué ocurre?», quería saber Carlos.

Mientras tanto, en París se produjo la escena más extraña del día: la entrada de varios hombres de la empresa funeraria de la familia real, Levertons, que avanzaron por el pasillo ataviados con levitas. Llevaban un ataúd especial con un revestimiento de plomo y una insignia real, algo que Burrell y los demás no habían pensado en traer.

Había cierta inquietud por el hecho de que los empresarios de pompas fúnebres, que se distinguían por su compromiso con la casa real y sus más de dos siglos de experiencia en el negocio (la empresa se fundó en 1789, el año en que estalló la Revolución francesa), se sintieran ofendidos por no haber preparado el cadáver de la princesa. Pero se encargaron de examinar el trabajo de sus homólogos franceses y dieron su aprobación. La única duda estribaba en el cabello de la princesa. Nadie sabía a ciencia cierta cómo lo llevaba peinado, de modo que Burrell entró en la estancia para ayudar en los toques finales antes de que el príncipe de Gales y las hermanas de Diana, Jane y Sarah, llegaran al hospital. Colocaron cuidadosamente entre sus manos una fotografía de Guillermo y Enrique que encontraron en su monedero. Junto a la fotografía, añadieron unas cuentas de rosario, un regalo muy apreciado de la Madre Teresa de Calcuta, que murió al cabo de unos días.

Para entonces, gran parte de las joyas de la princesa fueron recuperadas del lugar del accidente y llevadas al hospital. Le colocaron su collar, su pulsera y su reloj, lo cual ayudó a suavizar su imagen. Sólo pudieron encontrar un pendiente; el segundo fue descubierto con posterioridad, encajado en el salpicadero del Mercedes.

Por la tarde, el príncipe Carlos llegó al hospital junto con las hermanas de Diana. Fueron recibidos por el presidente francés, Jacques Chirac, y por otros dignatarios que acompañaron a la comitiva real a dar el último adiós a la princesa. Fuera de la estancia, Sarah y Jane abrazaron a Paul Burrell, mientras el príncipe de Gales daba la mano a Colin Tebbutt y le agradecía «haber cuidado el fuerte». Pasaron unos minutos en privado con la princesa, e hicieron entrar al sacerdote para rezar juntos. Luego el trío salió de la habitación, visiblemente afectado, para llevarse a Diana a casa. Antes de irse, agradecieron al personal médico que había trabajado en vano para salvar a la princesa. «Era muy evidente que el príncipe Carlos tenía todo el peso del mundo sobre sus espaldas —comentó Thierry Meresse, el director de comunicación del hospital—. Estaba muy, muy, muy afectado.»

Sin embargo, la enfermera que estaba presente en la habitación se quedó desconcertada por el hecho de que, cuando el príncipe Carlos le habló, parecía curiosamente obsesionado por el pendiente extraviado. «Es absolutamente esencial que lleve los dos pendientes. No puede salir de esta manera», insistió. Era la segunda vez en ese día que el personal del hospital había advertido la inquietud de la familia real por los detalles y las joyas. Horas antes habían recibido una llamada telefónica urgente de los miembros más importantes de la corte de la reina en Balmoral preguntando sobre el paradero de las joyas de Diana, y pidiendo que se devolvieran intactas a Londres. Después de hablarlo con el cónsul general, Meresse explicó que el personal médico que acudió al lugar del accidente se había preocupado más por el estado físico de la princesa que por sus joyas. (Cuando la hermana de la reina, la princesa Margarita, murió en el año 2002, la reina visitó el palacio de Kensington para recoger sus joyas.)

La inquietud por el protocolo respecto a las joyas de Diana sólo pudo equipararse a la preocupación sobre la forma que debía adoptar su funeral, unos debates que presagiaban y destapaban las futuras batallas por el recuerdo de Diana, que cinco años más tarde acabarían en el tribunal número uno de lo penal. En un principio, el plan para repatriar a Diana era coherente, considerado y no controvertido. Cuando el fallecimiento de Diana fue confirmado y anunciado a las 5.45 de la madrugada, hora británica, por los médicos franceses y el embajador británico, se inició la operación Overlord, un plan ideado en los años ochenta para extraditar un cadáver de la realeza. Según el plan, a cada miembro de la familia real se le asignaba un apodo inspirado en los nombres de los puentes. El apodo de la reina madre era Tay Bridge; el de la reina, London Bridge; el del príncipe Felipe, Forth Bridge, y el del príncipe Carlos, Menai Bridge. Para una organización que dependía tanto del protocolo, estos apodos, según Dickie Arbiter, tienen una explicación elegíaca: el «puente entre la vida y la muerte». Sin embargo, como Diana era joven y estaba desvinculada de la familia real, no le habían asignado ningún sobrenombre.

Cuando la muerte de Diana se confirmó oficialmente, se activaron una serie de procedimientos que fueron debatidos y aprobados por el lord chambelán, el responsable del mantenimiento de las residencias oficiales de la casa real británica. El palacio de Buckingham dio la orden de que la bandera del Reino Unido ondeara a media asta en la Holyrood House y en el castillo de Windsor. En el palacio de Buckingham, donde la bandera de la casa real sólo ondea cuando la reina reside en ella, no se izó. Este detalle se convertiría en motivo de considerable enfado por parte de la opinión pública.

La atención por los detalles era tan estricta que, cuando el vuelo 146 de la compañía British Airways en el que viajaba la reina aterrizó en la base de las fuerzas aéreas británicas de Northolt, el avión se escondió de la mirada de los medios de comunicación, y el féretro de Diana se colocó de tal manera que, cuando llegaran formalmente a casa, fuera lo primero en salir de la parte delantera del avión. Después de que una guardia de honor de la RAF colocara el féretro en el coche fúnebre, condujeron a la princesa al depósito de cadáveres de Fulham, donde fue formalmente identificada por sus hermanas, y el juez de instrucción, el doctor John Burton, le practicó la autopsia. Probablemente, fue aquí donde la vistieron con su ropa. Después, como la operación Overlord tenía previsto, la llevaron a la capilla real del palacio de St. James, y su féretro, cubierto con una sábana blanca sobre la que se colocaron unos lirios, se introdujo en un catafalco rodeado de velas altas. A lo largo de esa semana, la capilla forrada con paneles de madera se decoró como si fuera un santuario. Empezó a aparecer un reguero de miembros de la familia real y su personal para rendir el último adiós a Diana. Aparte de algunas modificaciones de poca importancia, ese día, por ejemplo, el príncipe Carlos insistió en que el cuerpo de Diana fuera transportado del hospital de París al aeropuerto en un coche fúnebre, en vez de en un helicóptero. Pero la operación Overlord funcionaba sin problemas.

No obstante, en las próximas semanas y los próximos meses, la impresión que tuvo el personal del príncipe Carlos y sus apologistas literarios, especialmente Penny Junor, es que sólo la decisiva intervención de Carlos en las primeras horas después de la muerte de Diana, y su consiguiente atención por los detalles del funeral, salvó a la monarquía británica. Mientras la reina y los miembros de su corte dudaban de si el príncipe Carlos debería ir a París o no, y si lo hacía, si estaba autorizado a utilizar el vuelo real, aparentemente Carlos se mostró muy firme con la idea de viajar a Francia para llevar a su ex esposa a casa. Si el avión de la casa real no hubiera estado disponible, su secretario privado y asesor político, Mark Bolland, declaró que el príncipe se hubiera subido a un vuelo regular en Aberdeen.

Una vez más, cuando regresaron a Gran Bretaña, el príncipe estaba tan horrorizado de que Diana fuera a parar al depósito de cadáveres de Fulham (un requisito estrictamente legal) que insistió en que reposara en la capilla real del palacio de St. James.

Utilizando el lenguaje típico de un gángster del East End, el príncipe, según Junor, ordenó a un desolado ayudante: «Arréglalo. No me importa quien haya tomado esta decisión». Con su compasión, accesibilidad y firmeza, al ajetreado príncipe Carlos le atribuyeron prácticamente todas las innovaciones de la semana del funeral, desde la ampliación del trazado de la ruta al palacio de Kensington hasta la instalación de pantallas de televisión en el parque.

Por este motivo, parece ser que el príncipe Carlos se enfrentó directamente a la reina y a la vieja guardia del palacio de Buckingham, puesto que su frialdad y excesiva confianza en el protocolo contrastaba con la forma imaginativa y sensible con la que Carlos lideró el entierro.

Sin embargo, éste no es el modo en que los miembros más veteranos de la corte recuerdan la semana del funeral. No sólo ya había planes establecidos para repatriar el cadáver, sino que muchas de las innovaciones de esos días tan cruciales fueron obra de los «hombres de gris», tanto en el palacio de Kensington como en el de Buckingham. Incluso el asesor político de Downing Street, Alastair Campbell, quedó impresionado. «Carlos estaba muy triste —comentó un miembro del personal de la reina, quizá de forma poco amable—. Estaba corroído por un sentimiento de culpabilidad, y decir que él se estaba ocupando de todo es ridículo.» No obstante, el comentario presagiaba la futura controversia y era un recordatorio para los miembros de la corte de lo que Diana había soportado durante tantos años. Según observa el biógrafo de la reina, Robert Lacey:

> Una forma muy sencilla de que Carlos pareciera un buen tipo era hacer que Diana pareciera una mala persona. Después de la muerte de la princesa, otros miembros de la familia real y del palacio de Buckingham se convirtieron en blancos fáciles. Se suponía que la reina estaba al margen de todo ello, pero eso no evitó despreciar al *antiguo régimen* y a la monarquía. En realidad, después de las últimas reformas, el palacio de Buckingham era un modelo de gestión moderna, comparado con el feudalismo y el favoritismo que rodeaban al príncipe.

Aunque los partidarios de Carlos estaban ansiosos por colocar a su superior en el centro de toda la actividad, Paul Burrell, lejos de ser el llorón que recordaban quienes estuvieron con él en París y Londres, se retrató en sus memorias como un enérgico Zelig real, como el personaje cinematográfico de Woody Allen, situado en el centro de todas las decisiones importantes respecto al bienestar de la princesa. Una de esas historias es muy conocida. Burrell asegura que, cuando él y Lucia Flecha de Lima fueron a ver el féretro de Diana en la capilla real, no había flores. Fue únicamente su firme intervención lo que obligó a las insensibles autoridades a reparar ese fallo. Se dice que Lucia avisó al capellán de la reina, el reverendo Willie Booth, en un melodramático instante, que si no había flores cuando regresara saldría a la calle y lo pregonaría a los cuatro vientos. La amenaza implicaba que la gente se alzaría disgustada contra la monarquía. Sin embargo, cuando el féretro de la princesa llegó a la capilla real, fue tratado con el respecto y la dignidad que correspondían a la madre del futuro rey. Unas velas rodearon el féretro, que estaba decorado con lirios blancos y una tela blanca. Para conmemorar este histórico suceso, invitaron a un ilustrador del periódico *The Times* para que dibujara la escena.

Luego se ofició el funeral. La familia Spencer entró en la contienda a primera hora. Aunque se había activado la operación Overlord para repatriar a Diana, cuando el féretro llegó a la capilla real ese domingo por la tarde todavía no se sabía qué familia se haría responsable de los preparativos del funeral, si los Spencer o los Windsor. Durante las primeras horas, la reacción colectiva de la familia Spencer era que Diana fuera tranquilamente enterrada en la finca de Althorp, y que varias semanas después se oficiara una ceremonia religiosa, según establecen las despedidas tradicionales de las personas ilustres. El conde Spencer, que estaba en Sudáfrica, recordó que su hermana había expresado el deseo de que cualquier misa fúnebre incluyera su pieza favorita de música coral: el réquiem de Fauré. En un principio, parece ser que la reina accedió a ello, y la familia Spencer pudo hacerse cargo de la organización cuando el féretro de la princesa se instaló, con todos los honores de la realeza, en la capilla real.

En realidad, el secretario de prensa de la reina, Geoff Crawford, que en ese momento estaba de vacaciones en Australia, fue informado por sir Robert Fellowes, quien hablaba constantemente con su esposa, Jane, y otros miembros de la familia Spencer, de que, debido a las circunstancias, no era necesario que regresara a Gran Bretaña de inmediato. Esa tarde, cuando la camarilla real llegó a la base de Northolt, el lord chambelán, lord Airlie, informó al primer ministro, Tony Blair, y a su secretario de prensa, Alastair Campbell, que todavía no quedaba muy claro qué familia se ocuparía de organizar el funeral. «Necesitaremos ayuda para dar respuesta a ello», les dijo lord Airlie.

Cualquier pensamiento que Sarah McCorquodale y su hermana, Jane Fellowes, pudieran albergar sobre un entierro privado para Diana, se evaporó cuando vieron la multitud de personas que se apiñaba en la doble calzada mientras se dirigían al centro de Londres en la procesión que transportaba el cadáver de Diana. El administrador de Diana, Michael Gibbins, que formaba parte de la procesión, observó la muchedumbre de rostros y dijo: «No se puede celebrar un funeral privado». En la aislada casa de campo de la isla de Seil, Frances Shand Kydd aceptó a regañadientes el desagradable hecho de que el funeral de su hija, al igual que su vida, se convirtiera en un espectáculo público. La fastidiaba que la abadía de Westminster fuera el espacio elegido para oficiar la ceremonia religiosa, el mismo lugar donde, en 1954, se casó con el padre de Diana, el difunto conde Spencer. «Eso fue algo que tuve que asimilar, digerir y aceptar.»

Como otras muchas personas inmersas en ese torbellino emocional, la madre de Diana no calculó la magnitud de la respuesta del público a la muerte de la princesa. «Supongo que una o dos personas se acercarán a dejar flores a las puertas», comentó con indiferencia el inspector de policía que estaba de servicio en el palacio de Kensington la mañana en que la princesa murió. Esa misma tarde, los jardines del palacio se transformaron en un lugar de culto, y el parpadeo de un mar de velas proyectaba una luz etérea sobre la alfombra cada vez mayor de flores.

Cuando el conde Spencer llegó a Inglaterra procedente de Ciudad de El Cabo, él, al igual que su madre, se enfadó por el hecho de que el funeral le fuera arrebatado a su familia y estuviera orquestado por la casa Windsor. La irritación estaba motivada por razones personales. Durante el último año de la vida de la princesa, Charles y Diana habían restablecido su amable vínculo familiar, y los años de distanciamiento, desencadenados por una disputa sobre la finca de Althorp, parecían quedar muy lejos. Antes de la visita de Diana a Sudáfrica en marzo de 1997, le dijo a sus amistades que tenía ganas de reunirse con su hermano de la misma manera que deseaba ver a Nelson Mandela.

Recordando esos sentimientos de su hermana, Charles Spencer se manifestó muy en contra de la idea de que, según la tradición de la casa real, los hijos caminaran detrás del féretro. Pensaba que Diana no hubiera querido que sus hijos pasaran por esa dolorosa experiencia. «Creí que era uno de esos casos en los que la tradición y el deber van demasiado en contra de la naturaleza humana», reveló a Ian Katz, del periódico *The Guardian*. Durante una acalorada conversación con el príncipe Carlos parece ser que le colgó el teléfono. Aunque la decisión final recayó en Guillermo y Enrique, fue la intervención de su abuelo, el príncipe Felipe, la que resultó decisiva. «Si yo desfilo, ¿desfilaréis vosotros?», preguntó. Guillermo aceptó. «Los niños querían mucho a sus abuelos, y los adoraban —observó Dickie Arbiter—. Curiosamente, desfilaron a instancias de su abuelo, no de su padre ni de su tío.»

En una semana cargada de simbolismo, esta decisión fue probablemente la más reveladora: la imagen de esos dos jóvenes príncipes desfilando detrás del féretro de su madre, una imagen memorable y potente de pérdida y dolor. «Jamás he pasado un trago como ése en toda mi vida», recuerda Charles Spencer a propósito de esa larga caminata. Paradójicamente, fue el hecho de que los niños hicieran gala de las virtudes reales tradicionales de estoicismo y fortaleza entre un mar de lágrimas lo que desencadenó una resonancia emocional tan intensa. Se ciñeron impecablemente a la máxima de la princesa Alicia, condesa de Athlone: «Jamás pongas ante los ojos de todos tu propio dolor».

Aun así, esas mismas actitudes fueron objeto de un ataque feroz e iracundo durante esa semana. Si la misa de la iglesia de Crathie había reforzado la imagen de la familia real como seres emocionalmente fríos, la reticencia de ondear la bandera a media asta en el palacio de Buckingham y la decisión de quedarse en Balmoral representó su evidente indiferencia, no sólo hacia Diana, sino hacia una nación afligida.

«¿Dónde está la reina cuando el país la necesita?», se preguntó dolido el periódico *Sun*. En esta atmósfera tan emocionalmente cargada, que llegó a ser caracterizada de «fascismo floral», la decisión de la reina de regresar temprano de Escocia y transmitir su tributo a Diana desde el palacio de Buckingham ayudó a diluir la evidente brecha entre la monarquía y el pueblo. Pero a pesar de que la reina alabó la devoción de Diana por sus hijos, su amabilidad, calor y sentido del humor, dio la sensación de que sus elogios fueron escasos y muy tardíos. Evidentemente, Frances Shand Kydd se disgustó de que la reina no hubiera contactado personalmente con ella para ofrecerle el pésame o hablar de los nietos que tenían en común. Como el amigo y biógrafo de la señora Shand Kydd, Max Riddington, comentó: «Sigue siendo un hecho totalmente inexplicable que la reina jamás telefoneara a Frances para expresarle su dolor por la muerte de Diana».

Fueran cuales fueran las maquinaciones entre bastidores, el dramático funeral fue, irónicamente, testimonio de la obra de los «hombres de gris», ya que resultó ser un «día único para una mujer única», una ceremonia que aunó correctamente lo antiguo y lo moderno, lo tradicional y lo innovador. Mientras el abogado Richard Green pasaba por delante de la variada multitud llorosa de camino a la abadía de Westminster (Green era uno de los ocho norteamericanos presentes en la congregación), reflexionó sobre el impacto de Diana: «Ella quería ampliar la capacidad de las personas para sentir y mostrar sus emociones. Y lo consiguió. La policía lloraba, había flores por todas partes, Londres parecía otro planeta. Alcé la vista al cielo y dije: "Lo has conseguido". Qué impacto ha causado esta maestra de preescolar. Incluso desde su muerte pudo orquestarlo todo».

Durante los últimos años de su vida había logrado materializar su ambición, aunque no lo reconociera. Había superado a los responsables de palacio y a los medios de comunicación, y entabló una sincera relación con las personas. A su vez, éstas habían presenciado y observado su viaje de autodescubrimiento, reconociendo en sus victorias y derrotas, sus puntos fuertes y débiles, sus amores y pérdidas, algo de su propia vida.

Mientras la reacción colectiva a su muerte ha sido caracterizada como un alejamiento de la razón en favor de un sentimentalismo empalagoso, el estado de ánimo subyacente de alejamiento e incomodidad reflejaba un mayor desencanto con las instituciones más importantes del Estado, no sólo la monarquía, sino los medios de comunicación y el estamento político. Desde la muerte de Diana, este escepticismo se ha consolidado firmemente en la conciencia nacional, reflejado no sólo en el cinismo que rodeó su accidente (ilustrado por una abundante serie de teorías de la conspiración), sino también respecto al discurso político de cada día, especialmente la oposición a la guerra de Iraq en el año 2003. En el día del funeral de Diana, este sentido de alineación encontró una expresión coherente y patente en el discurso del conde Spencer.

Lanzó el guante a la soberana y a su familia, revelando el dolor que sentían los Spencer hacia los Windsor cuando protestó implícitamente por el hecho de que la reina hubiera despojado a Diana del título de «su alteza real». También, para que constara, recriminó a la familia real el modo en que habían educado a sus hijos: «En nombre de tu madre y hermanas, te prometo que nosotros, tu familia de sangre, haremos todo lo posible para continuar la forma imaginativa y amorosa con que educabas a estos dos excepcionales jóvenes, para que sus almas no queden simplemente inmersas en el deber y la tradición, sino que canten con libertad, como tú querías».

Después de envolver a los jóvenes príncipes con los valores de los Spencer, Charles procedió a criticar a los medios de comunicación que tanto dolor habían causado en la vida diaria de su hermana: «Mi propia y única explicación es que la bondad genuina amenaza a quienes se encuentran en el lado opuesto del espectro moral. Cabe recordar que, de todas las ironías sobre Diana, quizá la mayor fuera ésta: una joven que se llamaba como la antigua diosa de la caza acabó finalmente siendo la persona más perseguida de la era moderna».

Mientras Charles acababa su perorata, ensalzando a su hermana como la «única, compleja, extraordinaria e insustituible Diana, cuya belleza, tanto interna como externa, jamás desaparecerá de nuestras mentes», estalló un aplauso desde el exterior de las puertas abiertas de la abadía mientras la multitud que veía las enormes pantallas de televisión gesticulaba en una muestra de apoyo. Dentro de la abadía, la congregación siguió el mismo ejemplo, y aplaudió una intervención electrizante que de algún modo tipificaba al clan Spencer: temerarios, valientes, excesivos, personas que saben captar el sentir del pueblo.

Sin embargo, hubo muchas personas, especialmente los partidarios de la familia real, que pensaron que las palabras del conde fueron incorrectas e inapropiadas. Al igual que gran parte de la conducta de Diana, el discurso fue toda una sorpresa para la familia real. «La familia real estaba muy enfadada por las palabras de Spencer, y el personal de palacio se mostró furioso y perplejo —recuerda Dickie Arbiter—. Pero si te fijas en la historia de la familia Spencer, sus miembros han tendido a salir mal parados en las ocasiones menos apropiadas.»

No obstante, el enfado fue total cuando el secretario privado de la reina, sir Robert Fellowes, sugirió al conde que la reina estaba considerando devolverle el título a Diana. Su conversación informal, mientras viajaban en el tren oficial de camino a Althorp para enterrar a Diana, sólo dio un resultado: su hermano se negó por completo. No tenía ninguna otra opción, especialmente después de pregonar a todo el mundo que Diana «no necesitaba ningún título real para seguir generando su tipo especial de magia». Según comentó un miembro de la familia: «Fue un gesto demasiado tardío, y debió de hacerse cuando Diana vivía».

En su último viaje a la isla donde se encontraba la finca de Althorp, el lugar que eligieron la madre y el hermano de Diana para enterrarla, la princesa había vuelto al punto de partida. En un último gesto simbólico y apropiado, la bandera real que había cubierto su féretro durante el trayecto entre el palacio de Kensington y la abadía de Westminster, y de ahí a Althorp, fue reemplazada por la bandera blanca, roja, negra y dorada de los Spencer. Fue una decisión mutuamente aceptada y preestablecida.

Durante la ceremonia privada de treinta minutos de duración, a la que asistieron únicamente los familiares más cercanos a Diana, Colin Tebbutt y Paul Burrell, había una sensación palpable de que Diana había regresado a casa. Según observó su madre posteriormente: «Diana se había convertido en una Spen cer, y volvía a ser ella misma, una persona independiente».

## 12

## EL SUPLICIO DE LOS PORTADORES DE LA ANTORCHA

La historia no ha sonreído a las princesas de Gales. Ignoradas, traicionadas, desahuciadas y maltratadas, han sufrido duramente por el hecho de casarse con el heredero del trono. Es un título forjado en lágrimas. Durante el siglo XV, la princesa española Catalina de Aragón estuvo prometida con Arturo Tudor, heredero de la poderosa dinastía, cuando ella tenía dos años y él sólo uno. Casada y llevada a la cama públicamente a los quince años, la pareja ni siquiera hablaba el mismo idioma, y tenía que conversar a través de unos obispos que servían de traductores. Cuando él murió al cabo de un año, Catalina, sola y triste en un país extraño, fue traspasada, como si fuera un exceso de equipaje, al hermano menor de Arturo, Enrique, con lo que se convirtió en la primera de sus seis esposas.

Aunque existen algunos paralelismos entre Catalina y Diana, princesa de Gales, en el hecho de que ambas fueron escogidas como posibles novias por su linaje dinástico, la figura de Diana se parece mucho más a la princesa Carolina de Brunswick, la triste pero enérgica esposa del príncipe de Gales que, en 1820, se convirtió en el rey Jorge IV. Al igual que Diana, se casó con un príncipe que durante mucho tiempo tuvo una amante, hecho que se convirtió en fuente de enérgicas disputas y de infidelidad. Al igual que Diana, la princesa Carolina fue expulsada de la corte y, obligada a vivir su vida, decidió morir luchando. Vista como una víctima de un sistema frío, tortuoso y calculador, la princesa fue una figura muy popular y querida por el pueblo debido a su valentía.

«Ella simbolizaba, al igual que Diana, la revuelta de los forasteros, los excluidos, contra los poderes dominantes», escribió el historiador David Starkey. Cuando a la reina despechada le prohibieron asistir a la coronación del rey Jorge IV en 1821, muchos la apoyaron cuando se presentó a la ceremonia sin ser invitada. En un gesto muy duro, el rey había ordenado proteger todas las puertas con luchadores profesionales, y la princesa se vio obligada a retroceder, humillada. Murió tres semanas después, y el nuevo rey ordenó que su cuerpo fuera repatriado a Alemania, por temor a que su tumba se convirtiera en un punto de conflicto y de oposición a su reinado. Aun así, mientras se transportaba el féretro hasta la costa, miles de personas acudieron al «destartalado desfile» en un gesto de apoyo popular a la primera «princesa del pueblo». En cuestión de meses, el movimiento a favor de la princesa Carolina, un intento audaz de conservar su espíritu, fue acallado, y la princesa, enterrada en un país extranjero, fue relegada a la posición de un entretenido pie de página en la historia.

Después de la muerte de Diana, princesa de Gales, su ex marido, al igual que su antepasado Jorge IV, trató de definirse al margen de su esposa y amante, ser valorado por sus logros públicos en vez de por su caótica vida personal. La estrategia de los seguidores del príncipe de intentar socavar el recuerdo de Diana con su indiferencia, y pretender así que acabara desapareciendo, fue totalmente comprensible, aunque en última instancia poco realista. Sin embargo, fue el vacío creado por la negativa del príncipe y de la familia real a involucrarse en definir el legado y la memoria de Diana lo que acabaría perjudicando a la monarquía. La influencia de Diana sobre la familia real era mucho más potente desde la tumba que cuando vivía.

En el vacío dejado por la aparente falta de interés de los Windsor, paradójicamente fue entre sus antiguos defensores y aliados donde se produjeron las peleas más cruentas mientras trataban de definir, bruñir y controlar su recuerdo. A lo largo de este proceso, los que se definían como portadores de su llama acabaron gravemente quemados. Según apuntó el comentarista Michael Ignatieff: «En el centro de todo ello, tres grandes familias —los Spencer, los Windsor y los Fayed— se batían en duelo públicamente sobre la propiedad de los restos simbólicos de Diana». Uno de los nombres ausentes en este listado era el del mayordomo de Diana, Paul Burrell, quien de ser un simple comparsa pasó a ocupar un lugar central en la batalla por el legado de Diana, que acabó en un escandaloso juicio en el juzgado número uno de lo penal, así como en una investigación policial sobre las últimas horas de la vida de Diana, dirigida por el oficial de policía más prestigioso de Gran Bretaña.

Pocos meses después de su muerte daba la impresión de que Diana jamás había existido. Su apartamento del palacio de Kensington fue totalmente desmantelado; trasladaron los muebles al palacio de St. James para Guillermo y Enrique, o bien para formar parte de la colección privada de la casa real. Quemaron las ropas de Diana o las enviaron a Althorp, y su material escrito se guardó en los archivos reales del castillo de Windsor o se consignó a su residencia familiar. Se retiró todo: las alfombras, el papel de seda de las paredes, las plantas, e incluso las bombillas. Los apartamentos 8 y 9 quedaron totalmente vacíos y anónimos. Tardaron seis meses en realizar un inventario exhaustivo de las pertenencias de la princesa. Cada objeto, desde camisones y batas hasta cuadernos, fue registrado y anotado. Antes del primer aniversario de su muerte, pintaron la placa con su nombre que estaba en el exterior de la casa donde vivía. El único recordatorio de su luminosa presencia era un retrato de John Ward expuesto en las estancias públicas del palacio de Kensington.

Fue un proceso que empezó a las pocas horas de que muriera Diana. La ropa ensangrentada y rota que llevaba puesta esa fatídica noche se guardó en un frigorífico del palacio de Kensington y después se quemó secretamente en el jardín trasero de la casa de Paul Burrell en Cheshire. La ropa deportiva de Diana, su ropa interior, sus trajes de baño, medias y calcetines también fueron quemados para evitar que cayeran en manos de desaprensivos coleccionistas. Los Spencer sentían auténtico pavor a los cazadores de trofeos. Días después de la muerte de Diana, el príncipe Carlos propuso sellar el apartamento, pero el administrador de la princesa, Michael Gibbins, se negó a ello. Creyó que no sería algo factible, y tampoco adecuado. También le preocupaba qué pasaría con Burrell, de tendencias suicidas, si se le impedía que entrara en «su» dominio.

Semanas después, permitieron a la madre y a la hermana de Diana, Sarah McCorquodale, así como al mayordomo, hacer una criba de los desechos de una vida truncada. Mientras su familia se sentaba en el tranquilo apartamento, el espíritu de Diana parecía estar presente en las habitaciones: la fragancia de su perfume y las velas aromáticas, el armario lleno de ropa, y las tarjetas y hojas que había sobre su escritorio y que relataban una vida en plena expansión. También les mostraron cuatro sacos de cartas que recogió el mayordomo, que ellos clasificaron en notas de agradecimiento, cartas para sus hijos y correspondencia a amigos, familiares y otras personas. Mientras iniciaban la triste tarea de rebuscar entre sus efectos personales, recibieron la ayuda de Meredith Etherington-Smith, quien catalogó los vestidos de Diana para una subasta benéfica en Nueva York. Realizó un último inventario de los cuatro enormes guardarropas de la princesa. Normalmente, Diana regalaba mucha de su ropa a sus hermanas, amigas y personal, incluida María Burrell, mientras que David Thomas, el joyero de la Corona británica, recababa detalles de la colección de joyas de Diana. Burrell tuvo que pasar por todas las veinte habitaciones etiquetando, describiendo y anotando sus contenidos. Cada noche se sellaban con cinta adhesiva las habitaciones en las que estaban trabajando.

Mientras la familia examinaba cuidadosamente los objetos de Diana, pudieron darse cuenta del impacto que la muerte de la princesa había causado en el mayordomo. Antes del funeral, la señora Shand Kydd estaba tan preocupada por el estado mental de Paul Burrell que le regaló al afligido mayordomo un collar con una cruz dorada para que le sirviera de consuelo espiritual. Después, cuando los tres catalogaron las pertenencias de la princesa, acompañados de vez en cuando de otras personas, como el peluquero de Diana, Sam McKnight, pudieron evocar las fobias y manías de Diana, sus vicios y sus virtudes, con la facilidad propia de quienes conocen íntimamente su personalidad. Con Burrell no tuvieron que fingir. Lo consideraban parte de la familia. A menudo, cuando acababan el trabajo de ese día, la señora Shand Kydd visitaba a Paul y a su esposa, María, en su apartamento cedido por el palacio de Kensington, un hogar que era algo parecido a un santuario, puesto que cada superficie de la casa estaba cubierta de fotografías enmarcadas y otros recuerdos de su vida con la familia real. Ocupando el lugar de honor en la pared, había un látigo que regalaron a Diana cuando asistió al estreno de una película de Indiana Jones. Como Diana sabía que Burrell era un cinéfilo —colecciona cintas de las películas de Disney—, le regaló el látigo a su mayordomo, y bromeó: «Te lo doy, siempre que no lo uses con María».

Las relaciones entre los Spencer y los Burrell pudieron haber sido muy distintas. En esos primeros meses, los Spencer creyeron que el conocimiento íntimo que tenía Burrell de los asuntos de Diana era de incalculable valor. En una ocasión, cuando lady

Sarah preguntó acerca de un rosario que encontró entre las pertenencias de la princesa, Burrell contestó, a una hermana muy sorprendida, que era un regalo del papa. Fue él quien sacó la llave, del fondo de una funda de raqueta de tenis, que abría la famosa caja de caoba que contenía las «joyas de la corona», entre las que cabía destacar un sello de James Hewitt; cartas del príncipe Felipe a la princesa después de la publicación de *Diana: su verdadera historia*, en 1992; la carta de dimisión de su secretario privado, Patrick Jephson, y una cinta de audio sobre su conversación con el ordenanza del príncipe Carlos, George Smith, en la que Smith dice que fue violado por un miembro del personal del príncipe.

Burrell fue de tanta ayuda que, a pesar de que eran conscientes de su curioso comportamiento, hicieron la vista gorda al respecto. Días después de la muerte de la princesa, una patrulla de policía lo vio a las 3.30 de la madrugada cargando su coche familiar con dos vestidos de noche de diseño pertenecientes a Diana, y una caja con la tapa de caoba. ¿Sería ésa la caja que contenía las «joyas de la corona»? Burrell siempre lo ha negado. El mayordomo contó al oficial que estaba trabajando «con discreción», siguiendo las órdenes concretas de Sarah McCorquodale. Sin embargo, cuando se investigó el incidente, Sarah negó haber dado esas instrucciones. Se levantaron más sospechas cuando el administrador de la finca del conde Spencer, David Horton-Fawkes, fue a recoger algunas prendas de vestir de Diana al palacio de Kensington. Cuando se percató de que sólo tenía cuatro sombreros, pero numerosos zapatos y bolsos, Burrell le reveló que Diana había donado muchas prendas. En otra ocasión, el jefe de cocina de la princesa, Darren McGrady, quien alegó que Burrell le había ofrecido un par de pendientes de diamantes de Diana como recuerdo para su hija, también vio cómo el mayordomo cargaba su coche a altas horas de la madrugada.

Lejos de sospechar de las actividades nocturnas de Burrell, Sarah y su madre le estaban agradecidas por su lealtad y discreción en esos momentos tan difíciles. De hecho, como agradecimiento a sus esfuerzos, ellas, en calidad de albaceas testamentarias, modificaron el testamento de Diana para asignarle 50.000 libras como reconocimiento a sus servicios. Su generosidad no acabó ahí. En diciembre de 1997, como dejó de trabajar para la casa real, él y su familia recibieron una notificación para abandonar su apartamento en el complejo del palacio de Kensington. En un gesto que Burrell describió como «increíblemente amable», la señora Shand Kydd le ofreció 120.000 libras para que se comprara una vivienda en Londres con la condición de que ella fuera la propietaria y pudiera utilizar una de las habitaciones cuando viniera a Londres.

Antes de la muerte de Diana, los Spencer sabían que Burrell estaba a punto de abandonar la casa real. El conde Spencer sabía que se había apuntado en varias agencias de trabajo doméstico. En 1997, la hermana de Diana, Jane Fellowes, al enterarse de que la familia real no le iba a dar un trabajo alternativo, pidió insistentemente a su hermano que le ofreciera un empleo como mayordomo en Althorp. Sin embargo, el conde Spencer rechazó la propuesta, y le dijo a Burrell que se aburriría en su finca de Northamptonshire, a lo cual añadió que tenía cubiertos todos los puestos del personal doméstico. El conde iba a pagar muy caro ese rechazo.

Con un cheque de 50.000 libras, la oferta de 120.000 libras para una casa y los miembros de la familia Spencer que trataban de conseguirle un empleo, Burrell correspondió a sus benefactores pidiendo una audiencia con la reina el 19 de diciembre de 1997 para criticar a la familia de Diana, especialmente a su madre, que trataba de ayudarle. Según él, pasó tres horas con la reina —aunque algunos miembros de la corte niegan que estuviera tanto tiempo— perfilando sus quejas contra Dodi Fayed, quien había amenazado con llevarse a la princesa. Se quejó de la Fundación Princesa de Gales, muy especialmente de la decisión unilateral de la señora Shand Kydd de destruir parte de la correspondencia de Diana. Incluso había roto el papel secante del escritorio de Diana. «No destruí información», declaró la señora Shand Kydd cuatro años después en el juicio, alegando que lo que había roto eran invitaciones o correspondencia rutinaria. Eso no era lo que decía el mayordomo o las amistades de Diana. Tanto Rosa Monckton como Lucia Flecha de Lima sabían que su correspondencia ya no existía, y cuando Richard Greene llamó desde California para pedir la devolución de sus cartas, Burrell le comunicó que era demasiado tarde porque se habían destruido. Al menos, ésa es la versión de los hechos que ofreció el mayordomo.

Burrell le comentó a la reina el dato crucial de que tenía previsto guardar los secretos de Diana y conservar los documentos y objetos que le había regalado. Su audiencia con la reina suscita muchas más preguntas que respuestas. No ha dado ninguna explicación convincente sobre por qué pidió esa audiencia.

Indudablemente, en lo que respecta a la familia Spencer, Burrell fue a ver a la reina para devolver las cartas del príncipe Felipe que encontraron en la famosa caja de caoba. Por otro lado, el personal de la corte de la reina ha sugerido que Burrell, todavía alterado y nervioso por la muerte de Diana, buscó una audiencia con la reina para pedirle consejo sobre cómo comportarse después de que se le pidiera, en noviembre de 1997, ser un miembro del comité conmemorativo del ministro de Economía, Gordon Brown, para elegir un monumento adecuado para conmemorar la vida de Diana. Sus famosas palabras sobre «los poderes fácticos de este país de los que no tenemos conocimiento» fueron, según aseguran los cortesanos, nada más que una advertencia acerca de los personajes fuertes e importantes, entre ellos Rosa Monckton, Lynda Chalker y lord Attenborough, del comité. Burrell pensó que debió de referirse a los barones de los medios de comunicación, al poder político o a los servicios de inteligencia.

Al mismo tiempo, para un hombre que se había quejado sin cesar a su amigo abogado Richard Greene preguntándose cómo iba a mantener a su familia cuando lo despidieran, resulta extraordinario que, en el mismo mes en que recibió la carta de despido, no aprovechara la oportunidad de una audiencia real para pedir otro empleo en el sector que quería y conocía tan bien. O quizá lo hiciera, y la reina no se dignó recibirlo.

De este extraordinario encuentro se deduce, como evidencia la biografía de Burrell, que el mayordomo pensaba que estaba perdiendo su influencia sobre una mujer de la que creía tener el poder en vida. El titiritero había perdido a su marioneta. «Después de encargarme de todos los aspectos de la vida de la princesa mientras ella vivió, de repente me encontré al margen —recuerda Burrell—. Sentí que perdía el control de un mundo que la princesa deseaba que controlase. Jamás me había sentido tan indefenso.» Así pues, en el fondo, su audiencia con la reina fue un *cri de coeur*, un intento desesperado de recobrar el dominio de la vida de Diana, un sucedáneo de control que, para ser realistas, en los últimos meses de la vida de la princesa sabía que se estaba evaporando.

Del mismo modo que los celos le incitaron a desbancar a

quienes se acercaban demasiado a la vida de Diana, fueran guardaespaldas, cocineros o novios, cuando la princesa murió, Burrell trató de reducir a aquellos cuya posición amenazaba a la suya. Aunque la familia de Diana era la guardiana oficial de su llama, Burrell pensaba que él era el único y verdadero creyente, el representante autonombrado sobre la tierra. Los Spencer se convirtieron en una amenaza no sólo para su posición, sino para su misma identidad. Así pues, cuando los Spencer eran más generosos hacia Burrell, él trabajaba asiduamente para rebajarlos. «Durante todo ese tiempo estuvieron creando un monstruo y jamás lo vieron venir», aseguró Vivienne Parry, una amiga de la princesa.

De todas las ironías de la vida de Diana, ésta es la más patética. Diana era, sobre todo, una mujer que luchaba valientemente para asumir el control de su cuerpo, su corazón y su vida. Se esforzaba en tomar sus decisiones a pesar de su ingenuo corazón y la hostilidad exterior. Pero una vez muerta, su recuerdo era manipulado por un hombre cuyas declaraciones de lealtad y deber enmascaraban, a mi parecer, una profunda necesidad de manipular, administrar y controlar. En sus memorias, la palabra «control» aparece con más frecuencia que la palabra «deber».

Pero fueran cuales fueran los engaños y las ilusiones que albergó una vez alejado de la fama, Paul Burrell representaba una figura bastante triste y patética: sin empleo, al borde del desahucio e incapaz de olvidarse de su princesa.

La Fundación Princesa de Gales era una institución benéfica extraordinaria, fundada gracias a la manifestación pública espontánea de dolor, expectación y esperanza después de la muerte de la princesa. Días después del accidente mortal se enviaron miles de libras al palacio de Kensington, las cocheras se convirtieron en una especie de oficina de correos improvisada, donde el conductor y guardaespaldas Colin Tebbutt y dos policías trataban valientemente de abrir y hacer una criba de las seis mil cartas que llegaban cada día. «La inundación de lágrimas que produjo la muerte de Diana se ha correspondido con un maremoto de dinero», observó un comentarista. Continuamente llegaban cheques y dinero en efectivo. Una incluía una moneda de una libra y era calificada de «semanada». Otra contenía una carta que decía: «Espero que estés bien en el cielo, el padre de

Thomas cuidará de ti». Iba acompañada de una nota del profesor del remitente explicando que el padre de Thomas había muerto el mismo día que Diana.

A raíz de ese sentimental entusiasmo, la fundación para niños llegó a simbolizar la vida y el espíritu de la princesa, y se convirtió inevitablemente en el centro de debates, mientras se combatía su recuerdo, y donde tantas cuestiones sin resolver de la vida de Diana continuarían provocando inquietud después de su muerte. La existencia misma de la fundación se consideró una provocación para quienes desearon acallar la voz de Diana en vida, y se convirtió en un punto focal de las críticas y burlas de sus enemigos, muy especialmente en el palacio de St. James, la base londinense del príncipe Carlos. El hermano de Diana, Charles Spencer, comentó: «Creo que quienes nunca apoyaron a Diana tratan de apartarla y decir a la gente que ella nunca importó». Ese antagonismo saltó a la vista cuando se creó la fundación. «Evidentemente, el palacio de St. James quería acabar con la fundación de Diana lo antes posible», recuerda Vivienne Parry, uno de los primeros miembros de la organización.

En cuestión de semanas, este proyecto de organización benéfica, que seguía careciendo de una oficina o de personal a tiempo completo, se convirtió en una organización de licencia comercial, y tenía la doble tarea prácticamente imposible de proteger la imagen de la princesa mientras se la explotaba para un bien mayor.

Un elemento fundamental y en última instancia desastroso de esta carga legal era el hecho de que debían supervisar cualquier supuesta infracción de la imagen de Diana. Después de asesorarse legalmente, los miembros del consejo de administración aceptaron unas medidas que costarían muy caro a la institución. En abril de 1998 demandaron a Franklin Mint, una empresa estadounidense que produce muñecas de porcelana y otros objetos coleccionables, por haber producido y comercializado una muñeca de Diana sin la aprobación de la fundación. Después de una batalla legal de cuatro años de duración, no sólo perdieron el caso, sino que a la institución le costó cuatro millones de libras. Después vino lo peor. Los propietarios multimillonarios de Franklin Mint, Stuart y Lynda Resnick, acusados por los agentes de la Fundación Princesa de Gales de comportarse «como buitres alimentándose de los muertos», demandaron a la institución y a sus administradores por «persecución maliciosa».

Los activos de la fundación fueron inmovilizados, y más de cien organizaciones subsidiarias vieron interrumpidos sus proyectos durante la amarga disputa legal que, en el momento de escribir este libro, todavía no se ha resuelto. Las únicas personas que sufrieron fueron los desfavorecidos y humildes, esas personas a quienes Diana les dedicó tiempo para acercarse a ellas.

Evidentemente, las personas que llamaron y escribieron a la fundación en los meses posteriores a la muerte de la princesa nunca hubieran querido que la institución adoptara ese camino. La consideraban algo más que una simple institución benéfica; también se convirtió en un canal para asesorar a personas que sentían tristeza y dolor, y en un lucero para mucha de esa angustia sin resolver. La gente inundaba la organización con poemas sinceros, cartas conmovedoras y llamadas telefónicas que acababan en lloros. Dramática, complicada, bien intencionada pero propensa a los errores fatales, la Fundación Princesa de Gales se convirtió en un reflejo de la compleja personalidad de la princesa.

La figura que simbolizó este conflicto emocional fue la hermana de Diana, lady Sarah McCorquodale, presidenta del consejo de administración junto con el interventor de Diana, Michael Gibbins, y el abogado Anthony Julius. En los meses posteriores al funeral, lady Sarah, conocida por su humor mordaz y, al igual que Diana, por su pasión por los chistes atrevidos, tenía el aspecto de persona afligida y desolada. Debido a su extrema delgadez, su control férreo de las emociones y su tensión, lady Sarah se sentaba en las reuniones con los brazos cruzados a la altura del pecho o con las manos unidas con tanta fuerza que le quedaban los nudillos de color blanco. Como esposa de un rico granjero de Lincolnshire, y al igual que muchas mujeres de su clase social, era muy poco consciente del trabajo de las instituciones benéficas o el trabajo comunitario, y tampoco llegó a interesarse del todo por ello. Debido a su falta de experiencia, y a su personalidad arrogante e impulsiva, le costaba trabajar en equipo, pero como administradora y albacea testamentaria fue fácilmente la persona más influyente de esta valiente y nueva organización. Sobre sus finos hombros encorvados descansaba gran parte del legado de Diana.

Al igual que su madre y su hermana, lady Sarah tenía un sentido de la responsabilidad hacia el hombre que había sido la mano derecha de Diana. Como sabía que su hermano no tenía ninguna intención de ofrecer un empleo a Paul Burrell y como vio que las bravuconadas del mayordomo sobre trabajar en Estados Unidos no habían fructificado, lady Sarah fue la artífice de proponerle, en marzo de 1998, un empleo a tiempo completo como director de eventos de la Fundación Princesa de Gales. Varios administradores de la institución se opusieron al nombramiento, incluido Michael Gibbins, quien pensaba que Burrell «no traería más que problemas». Otros pensaban que el ex mayordomo era un «hombre desequilibrado» y «se pasaría llorando la mayor parte del tiempo», por lo que apenas podría trabajar. Burrell siempre utilizaba la pluma estilográfica de la princesa porque, según decía, «me acerca a ella»; Burrell imitaba los gestos de la princesa y alardeaba de cómo la madre de Diana lo consideraba su «segundo hijo».

Además, habían visto cómo, incluso antes de trabajar en la organización, él y lady Sarah habían involucrado a la fundación en una controvertida operación comercial. En febrero de 1998, Burrell aceptó que Flora utilizara el nombre de Diana en los tubos de margarina, una decisión que fue acogida con una «audible respiración» en la reunión directiva. Sarah atajó cualquier crítica tácita diciendo que ella había refrendado la propuesta.

En cuestión de semanas, la Fundación Princesa de Gales, que ya estaba contra las cuerdas por haber gastado quinientas mil libras en honorarios para los abogados, fue tildada de irresponsable por nada más y nada menos que la familia Spencer. El conde Spencer escribió a la fundación pidiendo que se cerrara lo antes posible. Fue un error garrafal, especialmente porque Sarah había aprobado el acuerdo y, en calidad de albaceas, ella y su madre tenían el derecho a veto final en cuestiones de gusto y sensibilidad. En realidad, se quejaban de sí mismas. Además, cayeron presas del palacio de St. James, que filtró a los medios de comunicación la carta confidencial del conde. «Su motivación es evidente —observó Vivienne Parry—. La fundación ha llenado el vacío mediático que dejó Diana al morir, y cuanto antes cerremos la institución, más rápido desaparecerá Diana».

A pesar de todos los malos sentimientos que generó la debacle de Flora, lady Sarah seguía creyendo en Paul Burrell, y le refrendó en su cargo, que debía reportarle 35.000 libras al año. Al final, lo acabaría lamentando profundamente. Entusiasta pero carente de experiencia comercial, saltaba a la vista que a Burrell se le daba mejor tender la mano en actos públicos que negociar acuerdos de negocios en nombre de la fundación. Burrell se convirtió rápidamente en el rostro humano de la fundación, el sucesor de Diana en acción, y se dejaba ver en fiestas de gala, fiestas mayores, carnavales, e incluso pasó un fin de semana en Glasgow para participar como jurado en un concurso de gaiteros. Burrell disfrutaba de su nueva celebridad, puesto que era entrevistado por televisión y aparecía regularmente en las páginas de las revistas del corazón. Años atrás, Burrell había tratado con los medios de comunicación en nombre de la princesa. Ahora descubrió que él se había convertido en la noticia, y creía ingenuamente que los periodistas le iban detrás por un verdadero interés por él, en vez de por lograr nueva información sobre su vida con Diana.

Además, circulaban rumores sobre la vida privada de Burrell, especialmente su relación con el presentador homosexual Michael Barrymore, que empezaban a aflorar en los medios de comunicación. También se notaba cierta inquietud de que este frágil personaje fuera —utilizando una expresión que describió a Diana— una bala perdida y peligrosa para él y la fundación. En realidad, Barrymore alegó posteriormente que Burrell había tratado de seducirle días después de la muerte de Diana. Burrell negó esas acusaciones, y las tildó de «una sarta de mentiras con ánimo de venganza».

Cuando Burrell viajó a Los Ángeles en marzo de 1998 para representar a la organización en un baile para recaudar fondos, sus compañeros se quedaron muy preocupados por su desaparición para dedicarle tiempo a actividades privadas. En esa época, Burrell se consideraba intocable, y se sintió muy ofendido cuando la fundación le comentó que no aparecería en un programa religioso de la BBC para hablar sobre valores familiares. Aunque otras albaceas expresaron su inquietud al respecto, Sarah McCorquodale no quería oír ni una palabra contra él, y siempre lo defendía ante sus críticos. «Según ella —comentó Vivienne Parry—, Paul era incapaz de obrar mal».

Como los Spencer se mantenían al margen de la celebridad y los amigos de la princesa callaban, Paul Burrell cayó de lleno en el vacío publicitario, creyendo que él era el único preparado para defender la memoria de Diana e impedir que desapareciera de la vista. Poco a poco, lady Sarah se dio cuenta, al igual que los otros directivos, de que el ex mayordomo había perdido de vista los objetivos de la organización y estaba más interesado en ser una celebridad, con lo que utilizaba la Fundación Princesa de Gales para promocionarse mientras fingía estar buscando la manera de recaudar fondos. «Recuerda de dónde procedes», parece ser que le comentó una persona destacada del clan Spencer a Burrell, una referencia esnob a sus orígenes humildes.

En junio de 1998, la situación no mejoró con el nombramiento de Andrew Purkis como director ejecutivo. Purkis era conocido como «el párroco» por los Spencer porque había trabajado en el arzobispado de Canterbury. Purkis jamás había conocido a la princesa, y además trató de que la fundación dejara de recaudar fondos y se concentrara en la concesión de créditos, lo cual dispersó eficazmente millones de libras para las causas que Diana defendió, como las minas antipersonas y el cuidado de los moribundos. Aunque Burrell seguía creyendo que podía «aportar una perspectiva única e inyectar los deseos de la princesa a la labor de la fundación», las cosas no le eran favorables. En diciembre, nueve meses después de empezar a trabajar, un extraño almuerzo en una bodega londinense con una típica Sarah McCorquodale callada y Anthony Julius sirvió para dejarle claro a Burrell lo que Purkis ya le había dicho: estaba despedido. Al cabo de unos minutos, Burrell contó el dolor que sentía a dos periodistas, y la historia de su repentina marcha salió en los titulares de portada en los periódicos.

Posteriormente, el nuevo ejecutivo reconoció, con un lacónico eufemismo, el dilema al que se enfrentaba Burrell: trabajar para la organización o promocionarse. «Indudablemente, existe tensión —observó Purkis— cuando alguien que es una personalidad de los medios de comunicación, y a quien en muchos sentidos le encantaría ser una personalidad todavía más relevante, está trabajando como un miembro cualquiera de una institución benéfica.» Burrell se sentía «triste y abatido», y la fundación tenía más problemas que antes.

El despido de Burrell de la Fundación Princesa de Gales —que se fue con la cabeza alta pero guardó rencor a los Spencer y a la institución— marcaba un alejamiento del estilo que tenían otros miembros del personal de Diana, que se despidieron poco después de la marcha de Burrell. En una declaración empapada en lágrimas, la ex asistente de Diana, Jackie Allen, dijo que el despido de Burrell fue «trágico» y alabó su contribución a la institución. Burrell se ganó más simpatía cuando fue a apuntarse al paro. Sin embargo, poco después encontró a un agente y se empezó a ganar la vida impartiendo conferencias por Gran Bretaña, Estados Unidos, y en varios cruceros, en las cuales encandilaba al público con anécdotas anodinas sobre su vida con la familia real. Un libro sobre pasatiempos reales reforzó su imagen de celebridad, en el que reveló astutamente el secreto de cómo cortar un plátano mientras evitaba tropezar con los detalles de la vida de Diana. La imagen del discreto mayordomo real era redonda.

Mientras la estrella de Burrell, como guardián de la llama de Diana, ascendía inexorablemente, el terreno moral se estaba volviendo resbaladizo para la familia Spencer. Poco después del funeral de Diana, el conde Spencer había sido advertido por el diputado Alan Clark de que el altercado generado por su intervención sería perjudicial. «Ahora vigila —escribió—. La prensa y la familia real son dos de las instituciones más poderosas de este país, y se asegurarán de cubrir de fango tu nombre.» Su advertencia evocó los recuerdos de un consejo parecido que Rupert Murdoch dio al editor del *Sunday Times*, Andrew Neil, poco después de publicar la serie de artículos *Diana: su verdadera historia.* El altercado empezó con la alegre cobertura del caótico divorcio del conde Spencer en diciembre de 1997, en la que se mencionó la pugna legal entre él y la extrana alianza de su esposa Victoria y la ex amante del conde Spencer, Chantal Collopy. En el juicio, el conde fue descrito como un adúltero cruel y arrogante que pregonaba haberse acostado con otras doce mujeres mientras su esposa se recuperaba de un trastorno alimentario. Tampoco pasó desapercibido el hecho de que, a pesar de sus valientes palabras sobre dejar libres a los hijos de Diana, su tío apenas tuvo contacto con Guillermo y Enrique en el año que siguió a la muerte de la princesa. Los miembros de la corte filtraron, convenientemente, que los príncipes habían rechazado una oferta de vacaciones veraniegas en casa de los Spencer en Cornwall, y también dijeron que estuvieron en Balmoral en el primer aniversario de la muerte de su madre. Un amigo de la familia comentó: «Ellos [el palacio de St. James] prefieren que los Spencer aparezcan retratados como una familia reñida y poco funcional».

La imagen manchada de los Spencer recibió otro duro golpe no sólo por el inapropiado acuerdo con Flora, sino también por el modo en que se retrató al conde Spencer: una persona dispuesta a explotar el recuerdo de su hermana con la construcción de un monumento conmemorativo en Althorp, que se describió, entre otros muchos adjetivos, como «vulgar» y «hortera». Mientras los primeros visitantes hacían cola para visitar el museo que celebraba la vida de la princesa, lady Sarah acumulaba más problemas para la familia Spencer. Ese mismo verano viajó por todo el país con su coche familiar visitando las casas de los diecisiete ahijados de Diana. En esas visitas repartió pequeños regalos, normalmente envueltos en papel de periódico, elegidos por las albaceas (es decir, ella y su madre). Entre esos regalos se encontraba un grabado enmarcado, un obsequio del catálogo de la compañía Argos a la princesa, un juego de café, un gallo de porcelana, un conejito del mismo material, una licorera (con una inscripción) que el Instituto de la Mujer de Gales regaló a la princesa, y un juego de té incompleto. Según las condiciones que establecía su testamento, firmado en junio de 1993, la princesa había dispuesto que un veinticinco por ciento de sus «objetos y bienes muebles» fuera legado a sus ahijados, y que el resto se diera a sus hijos. Como la mayoría de los padres de esos ahijados desconocían esa cláusula, las albaceas decidieron ignorar las instrucciones de Diana y repartir algunos objetos que consideraban apropiados. La familia, y especialmente lady Sarah, pagarían un precio muy alto por esa decisión arbitraria.

Alguien llamó a la puerta de la casa de Cheshire de Paul Burrell a primera hora de la mañana del 18 de enero de 2001, y a partir de ese momento se sucedieron una serie de sucesos que expondrían a los guardianes del recuerdo de Diana a la llama abrasadora de la publicidad, la humillación y la desgracia. Cuando Burrell abrió la puerta, con los ojos legañosos y vestido con pijama, dos policías le comunicaron que quedaba detenido bajo la acusación de robar una embarcación *dhow* dorada. Este objeto, valorado entre treinta mil y quinientas mil libras, fue un regalo del emir de Bahrain a los príncipes de Gales cuando se casaron en 1981. Durante muchos años, la pequeña embarcación con incrustaciones de piedras preciosas se expuso en el vestíbulo del palacio de Kensington. Cuando el mayordomo de la princesa Margarita, Harold Brown, lo vendió a un marchante de Chelsea por 1.200 libras, estaba manchado y presentaba algunos rasguños, probablemente porque Guillermo y Enrique lo utilizaron para jugar cuando eran pequeños. A raíz de la venta de esa valiosa e insólita embarcación, que según alegó Brown se realizó a instancias de Burrell, la policía se vio obligada a visitar al ex mayordomo en su casa georgiana de Farndon.

«Venimos a por las joyas de la corona», dijo uno de los policías cuando materializaron el primer paso de lo que se dio en llamar operación Plymouth. Los oficiales de policía, que traían una orden de registro, se quedaron atónitos ante la cueva de Aladino de recuerdos pertenecientes a la realeza, gran parte de ellos almacenados en el desván. Más de trece horas y docenas de bolsas de plástico después, los policías registraron cientos de objetos pertenecientes a la difunta princesa, al príncipe Guillermo y al príncipe Carlos. El botín de Burrell era tan variado como ingente, e incluía una bandeja de plata de 1826 con la inscripción de la duquesa de Clarence; numerosos álbumes de fotos y negativos; discos compactos firmados; bolsos de diseño, sombreros y vestidos de Valentino y Versace; una presentación de monedas de plata del bicentenario de Estados Unidos; un autógrafo de David Hasselhoff, la estrella de Hollywood, perteneciente al príncipe Guillermo; tres retratos enmarcados del príncipe Guillermo con las supermodelos Christy Turlington, Naomi Campbell y Claudia Schiffer, así como el látigo de Indiana Jones. Aunque los recuerdos, la ropa y las fotografías comprendían la mayor parte de los 342 objetos encontrados, también había numerosos memorándums y cartas, incluidas algunas del conde Spencer, del ex primer ministro John Major y de la Madre Teresa de Calcuta, así como un disquete informático con experiencias personales de Diana. Durante el registro preguntaron a Burrell si estaba escribiendo una biografía y si se había llevado una caja de caoba del palacio de Kensington (en la que Diana guardaba los objetos más importantes, a los que llamaba «las joyas de la corona»).

El paradero de la caja de caoba sigue siendo un misterio. Al finalizar el registro, Burrell estaba demasiado alterado como para asistir a una cena formal organizada, paradojas del destino, por la policía de Cheshire, en la que impartiría una conferencia.

Aunque las perspectivas de futuro de Burrell no eran muy halagüeñas, en abril de 2001 escribió al príncipe Guillermo tratando de aclarar el malentendido. Burrell alegó (como haría su abogado defensor en el juicio) que simplemente actuaba como guardián del mundo de la princesa: «Sé que te das cuenta de que jamás traicionaría la confianza que tu madre depositó en mí, y que sigo siendo la persona que siempre has conocido».

Le ayudó el hecho de que el príncipe Carlos creía que, si Burrell se disculpaba y confirmaba que sólo se había llevado esos objetos para guardarlos y prometía no revelar información confidencial que perjudicara a los niños, entonces no habría juicio. Sin embargo, en agosto de 2001 la policía fue a Highgrove para mantener un importante encuentro con el príncipe Carlos y otras personas, en el cual definieron los puntos básicos de la acusación a Burrell. Informaron al príncipe de que tenían pruebas «irrefutables» de que la cuenta bancaria de Burrell se había incrementado sobremanera, y que posiblemente se debiera a la venta de los objetos personales de Diana a varios ricos coleccionistas estadounidenses. (Como muestra de su intención de atrapar a Burrell «con las manos en la masa», varios policías de Scotland Yard vestidos de paisano siguieron a Burrell cuando impartió conferencias a bordo del crucero *QE*$_2$; también lo siguieron a Italia, Australia y Estados Unidos para encontrar los objetos de Diana.) Además, la policía dijo tener pruebas fotográficas de varios criados vestidos con ropa de la princesa antes de ser empaquetada y enviada al extranjero. (Después se supo que los criados fueron fotografiados en una fiesta de disfraces.) No sólo daba la impresión de que el ex mayordomo se aprovechaba de la muerte de Diana, sino que se burlaba de la mujer que tan fervientemente había tratado de defender.

Los planes para reunirse con Burrell y dilucidar estas acusaciones se suspendieron y tanto el príncipe como la familia Spencer decidieron seguir la recomendación de la policía, que luego resultó ser un auténtico fracaso. El tren descarrilado viajaba a gran velocidad.

En agosto de 2001, Burrell fue acusado del robo de objetos por valor de seis millones de libras a Diana, princesa de Gales, al príncipe Guillermo y al príncipe Enrique. Debido a ese grave quebrantamiento de la confianza, Burrell se enfrentaría a un mínimo de cinco años de cárcel si lo declaraban culpable. A pesar de varias maniobras para evitar el espectáculo, el juicio adoptó una macabra inevitabilidad para todas las partes. Pocos días antes de que empezara el juicio, la defensa de Burrell avisó en privado al abogado del príncipe de Gales que, como la esencia de la defensa era la estrecha y única relación que el mayordomo mantenía con Diana, el caso era «un inminente desastre para la familia real». Es probable que la familia Spencer también recibiera una funesta predicción de este tipo.

Todas las partes implicadas lucharon contra la tensión que rodeó al juicio del año en el tribunal número uno de lo penal, el escenario de tantos dramas sensacionalistas desde hacía muchos años. Burrell era hijo de un camionero y una camarera, y tuvo que medicarse cuando se preparaba para enfrentarse a dos de las familias más poderosas del país. Se le escamaba la piel por la tensión, bebía en exceso y en cierto momento consideró la posibilidad de suicidarse. Tampoco fue fácil para la familia Spencer, particularmente para la señora Shand Kydd. No sólo padecía una enfermedad degenerativa, sino que sufrió una grave caída en su casa isleña poco antes de empezar el juicio. «No puedo decir que quisiera estar ahí, pero Diana era mi hija y haré todo lo posible por ella aunque mis entrañas estén como una secadora», reveló en una carta al chófer de la princesa Margarita, Dave Griffin. Éste, que había sido vecino de Diana y amigo de Paul Burrell, también debía comparecer como testigo de la acusación. La madre de Diana sabía a lo que se enfrentaba incluso antes de posicionarse: «Estoy sudando un poco por culpa de Paul —escribió posteriormente a Griffin—. Me describe como a una madre inútil; quizá sea cierto, pero no me entusiasma la idea de que me lo recriminen en un juicio abierto». En otra carta, escribió: «Qué absurdo. Me alegra saber que ni Diana ni su padre están vivos para presenciar este increíble abuso de nuestra confianza».

Aun así, el juicio giró en torno al tema de la confianza, de la misma manera que la Fundación Princesa de Gales tuvo que enfrentarse al tema del «gusto». En cierto modo, estos valores indefinibles, imperceptibles e imprecisos remarcaron la dificultad de describir el legado de Diana. Lo que ella representaba, quién era y cómo encaminaba su vida se prestaron a infinidad de interpretaciones y debates, como la personalidad de la princesa. Si el juicio demostró algo, fue que quienes trataban de reclamar su dominio sobre el alma, el espíritu y la leyenda de Diana estaban persiguiendo unas sombras.

Al margen de la florida jerga legal, el juicio en Old Bailey fue el equivalente a una riña doméstica sobre quién era la mejor amiga de Diana: su familia o un ex miembro honorario de la familia. De modo que, cuando la madre de Diana reveló al tribunal que Paul Burrell, el hombre al que había calificado de «su segundo hijo», no era el paño de lágrimas de su hija, le recordaron inmediatamente que no había hablado con Diana en los seis meses previos a su muerte, y que en un estado de embriaguez la había acusado de salir con hombres musulmanes. «Había algunos altibajos, pero eso es normal en una relación familiar», alegó, negando rotundamente que hubiera criticado a los hombres que hubo en la vida de Diana. Si a Shand Kydd la calificaron de mala madre y esnob, lady Sarah McCorquodale fue reducida a un ser arrogante e insensible, alguien que ignoraba los deseos testamentarios de Diana de dar a sus ahijados un cuarto de sus bienes. Cuando la interrogaron sobre el legado que esos niños nunca recibieron, lady Sarah contestó poco inteligentemente: «No vi a muchos pobres por ahí». Nunca explicó por qué ella y su madre ignoraron las instrucciones de Diana, especialmente cuando no ganaban nada con alterar el testamento y los deseos de Diana. Cuando salieron a la luz los detalles de una carta del conde Spencer a Diana en que éste rechazaba su petición de una casa en la finca de Althorp, éstos sirvieron para dar la impresión de que los Spencer eran una familia condescendiente y con aires de superioridad que disponía de poco tiempo para su hermana e hija, o bien no la conocían del todo.

Cuando Burrell estaba a punto de subir al estrado, el juicio quedó interrumpido. Como ocurre en muchas disputas familiares, fue la suegra quien desempeñó un papel de crucial importancia. El 25 de octubre de 2002, poco antes de la misa en la catedral de St. Paul en memoria de las víctimas del atentado en Bali, por lo visto el duque de Edimburgo mencionó al príncipe Carlos que la reina había mantenido una conversación con Paul Burrell en la que él se había referido a la custodia de unos documentos. Ella no le dio mucha importancia puesto que esos documentos sólo constituían una pequeña parte de un supuesto robo más cuantioso. Este comentario derrumbó el argumento de la acusación de que Burrell nunca había comentado a nadie que se llevaba objetos de Diana para guardarlos. Ahora parecía que sí había comentado algo al respecto. Cuando el secretario privado del príncipe Carlos, sir Michael Peat, interrogó a la reina, ésta confirmó que Burrell quería salvaguardar los documentos de Diana porque le preocupaba lo que ocurriera con ellos. En el transcurso de esta conversación, la reina se mostró indiferente con las acciones de Burrell pero supuso que no se quedaría esos efectos para siempre.

Anteriormente, la madre de Diana había negado la destrucción completa de los documentos de su hija, y refutó la insinuación de que se había sentado en el sofá de la salita de Diana, con una copa de vino tinto en la mano, rompiendo documentos día tras día. Como ella señaló, el cable de la máquina destructora de documentos, que estaba a unos dos metros de distancia del escritorio, no era lo suficientemente largo como para activar la máquina desde el sofá. A raíz de todo ello surge una pregunta obligada para Burrell: si tanto le preocupaban los documentos de Diana, ¿por qué no detuvo a su madre, o al menos le dejó claro que no aprobaba la destrucción de esos papeles? Al fin y al cabo, en esa época todavía eran buenos amigos.

Aunque la intervención de la reina se sumó a la surrealista naturaleza doméstica del juicio, resulta igual de extraño el hecho de que Paul Burrell, en los dos años que siguieron a su detención, no mencionara en ningún momento a su equipo de abogados la vital conversación de tres horas que mantuvo con la reina. Es un dato muy curioso porque la idea central de la acusación —el hecho de que, antes de su detención, Burrell jamás había contado a nadie que protegía los bienes de Diana— era conocida por la defensa desde hacía meses. También resulta muy desconcertante el hecho de que, en las memorias de Burrell, él alega que el motivo de su reunión con la reina era su inquietud por la destrucción de documentos que Shand Kydd estaba llevando a cabo. Burrell llegó a decir en su declaración jurada que, debido a su inquietud por esta destrucción indiscriminada, decidió guardar algunos documentos. Pero ¿fue realmente lo que pasó?

Tomemos, por ejemplo, las famosas cartas del príncipe Felipe a Diana. En la biografía de Burrell, que escribió después del juicio, Burrell reproduce extractos de estas cartas, o de copias de cartas, a las que tiene acceso. Estas cartas se guardaban en la famosa caja de caoba. En su declaración a la policía, Burrell dijo que nunca había visto la caja ni su contenido, que incluía las cartas del duque, después de que él y Sarah McCorquodale la abrieran en los días que siguieron a la muerte de Diana. Si eso ocurrió así, ¿cómo llegó a tener las cartas del príncipe Felipe, a menos que las copiara antes de la muerte de Diana y, por tanto, antes de que se produjera la supuesta destrucción de documentos históricos? Si las copió, sus razones para hacerlo no serían para proteger su destrucción, algo de lo que después se quejó ante la reina. Él ya las tenía, o podía acceder a ellas. Así pues, ¿cuáles fueron sus motivos? Como nunca le formularon esta pregunta en los tribunales bajo juramento, nunca se sabrá toda la verdad. Una pista de esa motivación la ofreció posteriormente el jefe de cocina del palacio de Kensington, Darren McGrady, quien en muchas ocasiones había visto a Burrell enviar copias de documentos reales a sus amigos de Estados Unidos, ante los que alardeaba: «Esto es para después».

Como resultado de la intervención de la reina, el juicio no sólo quedó interrumpido, sino que, tras dos días de interrogatorios, se suspendió, y la jueza Anne Rafferty comunicó a Burrell que quedaba en libertad. El ex mayordomo, que inmediatamente rompió a llorar, salió sonriente de los tribunales para pregonar a los numerosos medios de comunicación: «La reina ha acudido en mi rescate». Debido a la conmoción, se culpó directa y firmemente al palacio de Buckingham de la interrupción del juicio. Se cree que la reina estaba tan preocupada por lo que Burrell pudiera decir en su declaración que en el último momento se acordó de esa famosa reunión. La monarquía y el sistema judicial quedaban desacreditados.

Puesto que la llama del recuerdo de Diana chisporroteaba en la antorcha de los Spencer, Paul Burrell no dejó de hablarle al mundo sobre la Diana que él conoció y amó.

El juicio había terminado. Ahora se enfrentaba al juicio de los medios de comunicación porque había decidido vender su historia al *Daily Mirror*. Mientras Burrell destrozaba con sus revelaciones los últimos vestigios de la dignidad de los Spencer, los periódicos rivales publicaban detalles escabrosos sobre su supuesta homosexualidad y su sórdido estilo de vida. La reputación del mayordomo de Diana era hecha pedazos, como la de la familia que en su día había querido y que ahora aborrecía.

Meses después, el único hombre que nunca quiso que el caso llegara a los tribunales se encontraba sentado en el banquillo de los acusados. Quizá el suplicio de Paul Burrell había terminado. Pero el juicio del príncipe Carlos estaba a punto de empezar.

## 13

## LA MALDICIÓN DE LA PRINCESA PERDIDA

Ya no la vemos, pero no la olvidamos. Aunque su corazón siga perteneciendo a otra, Carlos todavía lleva su anillo y continúa rezando por ella cada noche. Incluso aunque haya redecorado su casa de campo en Highgrove, el nombre de la habitación de los invitados continúa siendo el «dormitorio de su alteza real» y el estudio, el «salón de su alteza real». Firma su correspondencia con un bolígrafo que la princesa le regaló, todavía lleva sus gemelos de oro y esmalte y conserva un surtido de zapatillas con su monograma, jerséis de cachemir y camisetas de algodón que ella misma eligió. Con más de treinta años en compañía de Camilla Parker Bowles, todavía hay, como no dejan de observar los comentaristas, tres personas en esta relación. Después de todo, Diana, princesa de Gales, es la madre de sus hijos, la madre del futuro rey; es su legado indiscutible.

Sin embargo, aunque el príncipe pueda recordar a su ex mujer con cariño, e incluso todavía pueda quererla a su manera, Diana ha vuelto desde el más allá para perseguirle y atormentarle de una forma que ella nunca habría creído posible. Como apuntaba el escritor Dominick Dunne: «Es difícil resistirse a creer que, bajo su tiara celestial, Diana tenga un plan. Mi teoría es que ella no descansará hasta que su hijo Guillermo sea el rey de Inglaterra en lugar de su ex marido Carlos». Su legado ha destruido la dignidad de Carlos, ha cuestionado su integridad y ha propiciado dudas sobre su sexualidad.

En un principio, el príncipe atrajo la simpatía de un gran número de gente, no sólo por la dignidad que demostró ante la tragedia de su súbita muerte, sino también porque pasó a ser un desconsolado padre solo que intenta subir a dos chicos durante los difíciles años de la adolescencia. En muchos aspectos, la lenta y sutil introducción de Camilla Parker Bowles en la arena pública constituyó la prueba de fuego de su rehabilitación. Que Camilla sería una figura permanente en su vida no era negociable, en lo que a Carlos respecta. Durante los meses que siguieron a la muerte de Diana, Camilla desapareció de la escena pública, y dejó su imagen pública a cargo del hombre al que los chicos llamaban «Lord Blackadder»,[1] el asesor político del príncipe. Tan ácido y maquinador como el noble de la comedia de la BBC, Bolland, uno de los miembros de la llamada «mafia gay» del círculo del príncipe, jugaba a la táctica de la zanahoria y la caña, ya que daba bocaditos de información a la prensa sobre el príncipe Guillermo a cambio de que ésta favoreciera a sus amos. De este modo, cuando Camilla conoció a Guillermo en el palacio de St. James en 1998, el encuentro fue bien y, en general, la impresión de la prensa fue positiva, aunque después la nerviosa «señora de Gales» tuviera que pedir algo fuerte para beber.

El príncipe y su amada incluso pudieron viajar a Grecia a bordo del avión privado de un amigo ese mismo verano para pasar allí sus primeras vacaciones juntos sin ser motivo de titulares excesivamente hostiles. Esta política de sigilo culminó con una sesión fotográfica para la prensa en el hotel Ritz de Londres, donde la pareja entró en enero de 1999. En septiembre, Bolland fue el encargado de guiar a Camilla en su presentación a la sociedad neoyorquina, en su encuentro con la decana de la televisión Barbara Walters, con el magnate de las comunicaciones Michael Bloomberg y con el diseñador Oscar de la Renta. Hacia el final del que con mucho empeño fue un viaje real —aunque fueran unas vacaciones privadas—, los fotógrafos llamaban a Camilla *madame*. Cuando en junio de 2000, ella y el príncipe dieron la fiesta del sesenta aniversario del rey Constantino de Grecia en Highgrove, a la que acudió la reina, tuvo lugar una charla cuidadosamente preparada sobre Camilla como futura consorte. Pensar en Camilla como reina era ir demasiado lejos, puesto que la señora parece que prefiere tener un papel de apoyo más que uno principal. Cuando se la invitó para que acompañara a la reina en la celebración de su cincuentenario en la abadía de Westminster, en junio de 2002, su aceptación en los círculos reales era ya absoluta. Su exaltable biógrafo, Christopher Wilson, se atrevió a predecir un enlace real a principios de 2004. Mientras Camilla dispone actualmente de sus propias habitaciones en Clarence House, donde se mudó el príncipe des-

1. *Blackadder* significa «víbora negra» y hace referencia a un personaje televisivo de humor extremadamente corrosivo. *(N. de la t.)*

pués de la muerte de la reina madre, y es el ama de Highgrove, todavía no hay señales de ningún anillo.

Sin embargo, un año después de que Carlos y Camilla tomaran asiento en la celebración del cincuentenario de la reina, el heredero al trono volvió a verse atacado y Camilla fue nuevamente relegada a la sombra. «Las noticias positivas del príncipe, francamente, han desaparecido, mientras que se han dedicado hectáreas de hojas al que erróneamente se llama príncipe maniático, príncipe derrochador, príncipe cazador y disparador y príncipe entrometido», se lamentaba Mark Bolland, quien ahora es columnista de un periódico.

Esta trama tan cuidadosamente entretejida de devoción paternal, dedicación cívica y decoro connubial empezó a desenmascararse durante la aparición de Paul Burrell en el Old Bailey. Como advertía el abogado de Burrell, al igual que él, también estaba en tela de juicio la familia real y, en especial, el príncipe Carlos. Las declaraciones sobre la práctica de dar regalos —se entregaba al servicio objetos reales que ya no querían—, las acusaciones de una violación homosexual que contenían las cintas de la caja de caoba y las actividades del ayuda de cámara del príncipe, Michael Fawcett, implacablemente fueron minando años de deber y formalidad. El escándalo que causó, que duró unos dos años, garantizó que la voz de Diana se oyera más allá de su tumba. Como había asegurado, ella no se iría sin hacer ruido.

Después de que el caso Burrell fracasara ignominiosamente, el príncipe pidió a su nuevo secretario personal, sir Michael Peat, que investigara esas acusaciones tan graves, las cuales significaban la primera investigación de toda la historia que se lanzaba sobre un miembro de la familia real. Por un lado, el informe publicado en marzo de 2003 limpió la imagen del príncipe y, de rebote, la de Michael Fawcett; pero por el otro, quedó en el sentimiento de todos la autoindulgencia del príncipe y la dudosa reputación, la adulación y la caótica organización de la casa real. Se supo que no pagaban los impuestos sobre la plusvalía en la venta de regalos, que los que no querían los vendían o los cambiaban, mientras quemaban o destruían otros y que no había ningún registro fiable. «Si el príncipe de Gales hubiera sido un ministro del gobierno, habría pasado la última semana haciendo el borrador de su carta de dimisión», comentaba un observador. Incluso el príncipe Carlos admitió que leer el informe era violento.

Después del Informe Peat y durante el verano de 2003, empezó otra campaña de murmuraciones que insinuaba que la famosísima cinta de la violación todavía contenía acusaciones que causarían más sensación, como que un componente de la familia real había sido visto en una posición comprometedora con un miembro del servicio. Después de semanas dando vueltas a la cuestión, que causó la obtención de mandamientos judiciales para Michael Fawcett, se supo que la afirmación principal del ordenanza George Smith era que había sido testigo de un «incidente» que implicaba al príncipe Carlos y a un miembro del servicio después de que el príncipe tomara el desayuno en la cama.

El hecho de que estas acusaciones, hechas por alguien que, como incluso el periódico donde aparecían admitía, constituía un testigo poco fiable, fueran publicadas muestra el cinismo con el que los medios de comunicación y el público veían a la monarquía. Un editorial del *Sunday Times* causó el máximo malestar: «El problema de Carlos es que se ha creado una atmósfera tal que todo el mundo está dispuesto a creérselo todo. Esta familia disfuncional está siendo atendida por un servicio sin orden ni concierto, en el que a muchos de sus miembros les cuesta poco ir a vender sus historias con los Windsor. Otros se aprovechan de otra manera».

Incluso después de que el ex ayuda de cámara del príncipe, Simon Solari, que trabajó con Smith en la época del supuesto incidente, hubiera declarado que Smith simplemente no había podido presenciar lo que declaraba porque su posición de ordenanza no le habría permitido el acceso al dormitorio real, el chismorreo continuó. Finalmente, en un intento de calmar la histeria de los medios de comunicación, el secretario personal del príncipe, sir Michael Peat, realizó unas declaraciones televisadas en las que calificó estas acusaciones de «risibles», y añadió: «Todos los que conocen bien al príncipe de Gales saben que esta acusación es absolutamente ridícula».

Después de la prominente intervención de alto riesgo del secretario personal del príncipe, el único sonido que se oía era el de los cuchillos que se afilaban, puesto que lo que subyacía en todo este embrollo concernía tanto a la política de palacio como a los deslices personales. Cuando a Peat —un contable de éxito que había llevado a cabo importantes recortes presupuestarios y reformas administrativas en el palacio de Buckingham— se le encomendó el trabajo de guiar al príncipe, esto se interpretó como un intento de la reina, del príncipe Felipe y de los cortesanos mayores para hacer entrar a Carlos en vereda y poner su oficina a la altura del siglo XXI, y acabar así con la cultura del feudalismo y el favoritismo.

Los cabezas de lista fueron Michael Fawcett, que parecía que estaba demasiado cerca del heredero y que era «demasiado excéntrico y extravagante», y Mark Bolland, cuya labor de asesoría médica bajo el favor del príncipe había dejado a otros miembros de la familia real, incluida la reina, como restos colaterales. Como consecuencia de estos escándalos, Bolland y Fawcett, ambos partidarios entusiastas de Camilla Parker Bowles, fueron desbancados, aunque el mismo Peat no era inmune a la crítica feroz. Bolland, en su columna periodística, aprovechó la oportunidad de sumar puntos contra su castigo, y aseguró en el *News of the World* que, después del fracaso del juicio contra Burrell, sir Michael le había telefoneado para preguntarle si el príncipe Carlos era bisexual. «Me asombré con la pregunta de sir Michael. Le dije con énfasis que el príncipe *no* era ni gay ni bisexual —insistió Bolland—. Es sorprendente que incluso él… quisiera asegurarse de que las acusaciones eran falsas con el máximo número de personas.»

Si los efectos del juicio de Burrell habían propiciado que incluso los que estaban más cerca del príncipe se cuestionaran sus actitudes y su comportamiento, el destino todavía no había acabado de jugar con él. En octubre de 2003, Paul Burrell, que regentaba una floristería en Cheshire, publicó sus memorias. *A Royal Duty* no supuso sólo un acto de venganza contra la familia Spencer, a la que acusaba de su epopeya de dos años desde el día en que la policía entró en su casa en enero de 2001 hasta que se desestimó su juicio en noviembre de 2002, sino que también supuso un nuevo tormento para el marido de Diana. Por mucho que Burrell intentó describir una escena de reconciliación amistosa entre Carlos y Diana después del divorcio, Guillermo y Enrique, en un ataque público sin precedentes, lo calificaron de «una traición fría y patente».

Al mismo tiempo, el libro contenía un secreto que incluso el mayordomo no quiso desvelar; un secreto que iba hasta el mismo corazón del matrimonio real, la tragedia de la muerte de la princesa, y que fue maná del cielo para los teóricos de la conspiración en todo el mundo. En las cartas manuscritas, supuestamente entregadas al mayordomo en octubre de 1996, diez meses antes de su muerte, la princesa había escrito algo acerca de sus sospechas de un complot para asesinarla. Cuando se publicó el libro, el nombre de la persona que estaba detrás del complot fue censurado.

Sin embargo, el *Daily Mirror*, que sacó el libro por entregas, al final dio el nombre del príncipe Carlos a raíz de un anuncio formal de una investigación policial sobre la muerte de Diana en enero de 2004. «Mi marido planea "un accidente" con mi coche, con un fallo de los frenos y una lesión cerebral grave, que le despeje el camino para poder casarse», escribió. Como se ha dicho anteriormente, es más probable que escribiera esto un año antes, en 1995, en una fecha cercana a su famosa entrevista televisiva —seguro que estos pensamientos la preocupaban en aquellos momentos—. Este extraordinario giro de los acontecimientos fue propiciado por la decisión del juez de instrucción, Michael Burgess, de ordenar a sir John Stevens, el comisario de la policía londinense, la apertura de su propia investigación sobre la muerte de Diana, y no conformarse con poner el sello a los descubrimientos de las exhaustivas investigaciones francesas que habían durado dos años. Al anunciar esta decisión, el coronel declaró que quería «separar los hechos de la ficción y la especulación», e indicó que era consciente de que «se especulaba sobre el hecho de que sus muertes no fueron el resultado de un triste y relativamente sencillo accidente de tráfico en París». Esto significaba que, con diez agentes de policía asignados para volver sobre el terreno, habría que esperar hasta mediados de 2005 para que se completara la investigación policial.

La publicación de nuevos detalles sobre las cartas de Diana, que coincidió con el anuncio de la investigación policial, angustió todavía más al príncipe Carlos. Los titulares que afirmaban «Carlos: ¿podré aguantar más?» iban acompañados de historias que anunciaban que el heredero a la corona debía ser entrevistado por el máximo responsable policial británico al que se le había asignado la investigación de esa muerte. La carta de Diana en la que hablaba de la crueldad de su marido y de su propia angustia ahora constituía la parte vital de la investigación. Durante una visita al lugar del accidente del puente de l'Alma en abril de 2004, sir John enfatizó su resolución de «poner punto y final» al asunto mediante el interrogatorio de todos los implicados, incluido el príncipe Carlos.

Por primera vez desde su funeral, los Spencer y los Windsor estaban unidos y se sentían consternados porque temían que las acciones del coronel hicieran abrir otra vez la caja de Pandora de rumores y especulaciones. «Por lo que a mi familia respecta, cuanto antes finalicen los tecnicismos jurídicos sobre la muerte de Diana, más felices seremos todos —declaró el conde Spencer—. No he visto ningún atisbo que indique que no fuera un accidente.» Un amigo del traumatizado príncipe de Gales admitió que: «No lo habíamos visto venir»; y los príncipes Guillermo y Enrique, que en 1998 habían instado al país a finalizar el sufrimiento y seguir adelante, ahora estaban «heridos y enfadados» con la publicación de las cartas de su madre que acusaban a su padre de conspirar contra ella.

También fue un golpe duro para la investigación francesa, que había requerido treinta detectives y había entrevistado a trescientos testigos. Acusaron a los medios de comunicación ingleses de haber creado una «atmósfera controvertida» que alimentaba las «hipótesis, teorías y acusaciones» que ya habían investigado. El único abanderado de la memoria de Diana que estaba encantado con la investigación policial era Mohamed Fayed, que se había gastado cinco millones de libras esterlinas y había dedicado cientos de miles de horas de trabajo intentando probar que su hijo y Diana habían sido asesinados. «Un asesinato tremendamente simple y horrendo», afirmaba, un punto de vista que resonaba en el público, especialmente en el mundo árabe, donde la opinión general era que la pareja había sido asesinada porque la familia real no quería que un musulmán se casara con una princesa. *Who Killed Diana? Order From the Palace* fue el título de uno de los bestsellers de Egipto, mientras que el líder libanés, el coronel Gaddafi, también se unió a esta teoría al opinar que los servicios secretos británicos y franceses habían organizado «el asesinato de la princesa de Gales y el ciudadano árabe que estaban planeando casarse».

Muchos siguieron las teorías de conspiración de Fayed; una encuesta de un periódico británico reveló que el 43 por ciento del público creía que Diana había sido asesinada. Sin embargo, Fayed era una figura ampliamente desacreditada, ya que lo que él había sostenido resultó ser falso. Aunque muchas de sus aseveraciones, como que los *paparazzi* habían provocado el accidente, que la princesa le había dicho unas últimas palabras a una enfermera y que él se las había transmitido a lady Sarah McCorquodale, o que estaba embarazada, resultaron ser falsas, continuó añadiendo de manera obstinada una teoría tras otra. Refutaba todas las conclusiones oficiales y exploraba todos los caminos posibles. Llegó a ofrecer una recompensa de un millón de libras esterlinas para cualquier información que condujera a descubrir al conductor del misterioso Fiat Uno blanco que él pensaba que había provocado que el Mercedes chocara, mientras sus abogados presionaban a la Agencia Americana de Seguridad Nacional para que produjera 1.056 páginas de documentación relacionada con Diana del período que rodea el accidente. Como 124 páginas estaban clasificadas como *«Top Secret»*, este hecho todavía alimentó más la opinión de que sus llamadas estaban siendo grabadas por una agencia de seguridad.

Las investigaciones privadas llevadas a cabo por Fayed también apuntaron directamente a hechos sin explicación: las cámaras de vigilancia del túnel estaban desconectadas; se había forzado deliberadamente al Mercedes a entrar en el túnel; el certificado de circulación del coche había sido robado y alterado tres meses antes; y justo antes del accidente, algunos testigos vieron un flash cegador dirigido al chófer. Muchas conjeturas crecían alrededor del chófer, Henri Paul, que fue señalado como posible informador de los servicios secretos, basándose en su trabajo autónomo como pronosticador y la inexplicable gran cantidad de dinero en sus muchas cuentas bancarias. También se hicieron conjeturas sobre el cambio, deliberado o accidental, de sus muestras de sangre, que contenían un alto nivel de alcohol y droga. La prueba de su aparente sobriedad era la cinta de las cámaras del circuito cerrado que le mostraba anudándose los zapatos en el vestíbulo del Ritz sin ningún problema aparente. Después de revisar detenidamente todas las pruebas disponibles, Mohamed Fayed determinó que había sido el príncipe Felipe —y no el príncipe Carlos— quien había dado la orden a los servicios secretos británicos de asesinar a Diana y a Dodi.

Mientras se discutía sobre el supuesto cerebro del asesinato, realmente la teoría de conspiración más popular implicaba al servicio secreto británico en la muerte de Diana. Esta teoría fue reforzada por los heterodoxos ex agentes de los servicios de inteligencia británicos Richard Tomlinson y David Shayler, que mencionaron un plan para matar al ex presidente serbio Slobodan Milosevic en un falso accidente de coche en Ginebra. Incluso el KGB, el servicio secreto ruso, no le encontró mucho sentido. El escritor de libros de espionaje Philip Knightley citó a un agente del KGB que opinaba: «Hay que ser un genio para hacer parecer que un asesinato en un coche ha sido un accidente».

Sin embargo, la teoría del accidente de coche parecía ser completamente plausible cuando se comparaba con los 36.000 sitios web dedicados a la muerte de Diana. Las hipótesis iban desde afirmaciones de que había sido asesinada por traficantes de armas internacionales a causa de su apoyo a la prohibición de las minas antipersona, hasta las que aseguraban que Osama bin Laden la había matado porque constituía un mal modelo para las mujeres musulmanas, pasando por algunas que incluso insistían que había sido asesinada por la familia real. Una de las teorías más disparatadas es la que asegura que fue asesinada por la misteriosa Hermandad Babilónica, ya que su nombre le vino de la diosa de la luna, y el puente de l'Alma, el paso subterráneo donde ocurrió el accidente, significa el pasaje de la diosa de la luna.

La verdad es que, en el fondo, a la gente le resulta difícil creer que una diosa de nuestros tiempos encontrara la muerte en un banal accidente de coche en el que un chófer bebido iba demasiado rápido. Parece que, desde un punto de vista psicológico, las personas necesitamos teorías de conspiraciones para hacer que el universo caótico e inexplicable parezca más ordenado y soportable. Como observa el doctor Patrick Leman del colegio Royal Holloway, de la Universidad de Londres, que ha llevado a cabo investigaciones sobre las actitudes mentales: «Cuando pasa algo grave preferimos que la causa sea importante. Si no hay una explicación convincente, nuestra visión del mundo se altera». Así pues, el asesinato de John F. Kennedy, la muerte de Elvis e incluso el atentado al World Trade Center están envueltos en una multitud de hipótesis, a cuál más elaborada. En tiempos inmemoriales, los judíos y los masones estaban detrás de todas las conspiraciones. Actualmente, debido al respeto decreciente y al descrédito creciente hacia las autoridades, es el servicio secreto, los agentes escondidos de las malignas clases dominantes, el responsable de todo. «El nuevo irracionalismo —destaca el escritor Francis Wheen— es la expresión del desespero de la gente que se siente impotente para mejorar sus vidas y sospechan que están a merced de fuerzas secretas e impersonales, ya sean el Pentágono o invasores de Marte.» Quizá seamos menos deferentes, pero parece que somos más crédulos.

Lo que se sabe de cierto, como señala un corresponsal del *Daily Telegraph*, es que si Diana realmente creía que iba a morir en un accidente de coche premeditado, ¿por qué no llevaba el cinturón de seguridad? El hastiado comentario del ex juez de instrucción real, el doctor John Burton, recogía la exasperación oficial centrada continuamente en complots secretos. «Cuando todo haya acabado —comentaba—, el 95 por ciento de la gente todavía hará caso omiso de los hechos y continuará creyendo en sus conspiraciones.»

Mientras la vorágine del escándalo que sacude al príncipe de Gales ha disminuido su prestigio, no ha hecho aumentar mucho la reputación de Diana, la princesa de Gales. Su carta premonitoria, que era a la par patética y cómica, sirvió para confirmar la percepción cada vez más patente de que era, como destaca *The Times*, «reina del drama o una trágica princesa». La mujer ingeniosa, autodespreciativa, valiente, cuidadosa y humana que sus amigos conocieron, y a la cual el mundo respondió cuando murió, se estaba perdiendo en la riada de acusaciones y teorías morbosas. En vida siempre había temido que la rechazaran por inestabilidad mental. Ahora, una vez muerta, algunos la describían todo lo más como un poco loca, y muchos simplemente como loca, como una mujer que había mantenido su reputación porque había muerto joven. El comentarista David Aaronovitch negó figuradamente con la cabeza, desesperado, ante la confluencia entre las teorías de conspiración y la personalidad voluble de Diana. En el *Guardian* comentaba: «Las encuestas me muestran que somos minoría. Sugieren que Diana era la princesa del pueblo. Resultó que ella ladraba; y también nosotros lo hacemos».

Con el paso de los años, sus detractores se han visto más capaces de opinar: su comportamiento, en especial su relación aparentemente mal juzgada con Dodi Fayed, preocupaba a muchos comentaristas. El biógrafo de la reina, Robert Lacey, le dijo al presentador de un programa de entrevistas, Larry King, en marzo de 2004: «Creo que estaba fuera de control y que hubiera ido a peor. También creo —esta afirmación es trágica y quizá un poco cínica— que su muerte fue la mejor cosa que le hubiera podido pasar a su reputación». Otros, como el escritor real Hugo Vickers, se unieron al cada vez más numeroso coro de los que la condenaban: «Todavía pienso que estaba yendo en espiral hacia el caos. No creo que fuera a mejorar. Habría tenido una madurez muy triste».

Incluso antes de que se publicara la carta condenatoria de Diana, los partidarios de la familia real habían dejado entrever la opinión de la primera familia británica acerca de la princesa perdida. Un documental televisivo de William Shawcross, actualmente el biógrafo oficial de la reina madre, que fue emitido durante el fin de semana del cincuentenario de la reina, mostraba a dos de las mejores amigas de la reina, la condesa Mountbatten y lady Penn, dama de honor, sembrando la duda sobre el carácter de Diana. «A la reina le costaba mucho entender la naturaleza enfermiza de Diana o su inestabilidad mental porque es una persona muy práctica», fue el veredicto condenatorio de lady Penn.

La biógrafa de Carlos, Penny Junor, dio otra vuelta de tuerca al escribir un libro que alababa al príncipe de Gales, argumentando que últimamente la princesa sufría del síndrome de la personalidad borderline, un trastorno de la salud reconocido. Había sido informada de ello desde el palacio de St. James, donde se leyó el manuscrito final. El perfil de Diana que establece la escritora americana Sally Bedell Smith también llega a una conclusión similar, supuestamente influenciada por fuentes oficiosas. Como el ex secretario de Diana, Patrick Jephson, hizo constar: «Quedó en la conciencia de la gente que la princesa de Gales tenía algún tipo de enfermedad mental».

Loca y, al parecer, olvidada rápidamente, como la princesa Carolina antes que ella. El hecho de que sólo hubiera un puñado de ramos de flores delante del palacio de Kensington en el sexto aniversario de su muerte se interpretó como un signo de que su legado se estaba marchitando y su memoria extinguiendo. Dio nuevos argumentos a los que querían desacreditar el culto a Diana, la primacía del sentimiento por encima de la razón, de lo personal sobre lo político, y lo calificaron como una forma encubierta de amor propio, una moda tan efímera como el movimiento carolino. Los intelectuales que habían contemplado alarmados las muestras públicas de dolor por su muerte, ahora veían este fenómeno como un símbolo de la retirada general de la sociedad de la razón y del raciocinio, las campanas tocando por la muerte de la era de la Ilustración.

Paralelamente, muchos de los grandiosos planes para honrar la memoria de Diana se habían parado. Los políticos de alto rango, que justo después de su muerte habían sugerido poner su nombre al aeropuerto de Heathrow o al *August Bank Holiday*,[2] ahora callaban. Incluso los proyectos que se habían iniciado se encontraban inmersos en controversias inacabables. Para una mujer que se consideraba ella misma una sanadora, su legado estaba siendo enterrado bajo el rencor y la amargura. Un monumento en forma de fuente, que costó tres millones de libras esterlinas, en los jardines de Kensington en su memoria simboliza las dificultades. Durante toda su vida siempre había buscado el agua, ya fuera a las orillas de un río o del mar, como una fuente tranquilizadora de solaz y reflexión. Y cuando el Memorial Committee, presidido por la resuelta Rosa Monckton, iba a seleccionar el diseño final, estaba tan dividido que tuvo que acudir a la secretaria de Cultura, Tessa Jowell, para que hiciera la elección final. Escogió un proyecto de la paisajista americana Kathryn Gustafson, y descartó el presentado por el escultor británico de origen hindú Anish Kapoor. En cuanto hubo hecho su elección, las críticas empezaron a oírse, como la de la madre de Diana, que decía que a la fuente le faltaba grandeza. Un lugar de contemplación y deliberación se convirtió en una lucha impropia y predecible sobre lo que a ella le hubiera gustado. Ante las críticas continuas a la familia real y a la manera de tratar a la princesa, la reina accedió a descubrir el monumento principal a Diana en una ceremonia celebrada en el verano de 2004, a la que acudieron los Spencer y los Windsor. El gesto fue interpretado como un intento de la reconciliación que debería haberse producido antes entre ambas familias.

Un espacio de juego para los niños y un paseo en los jardines de Kensington tuvieron mejor suerte, y ahora todo el mundo puede disfrutar de ellos. Curiosamente, ningún miembro de la familia real acudió a la inauguración de estos proyectos, para tristeza de Rosa Monckton, quien, acompañada por el conde Spencer, inauguró el espacio de juego, y para irritación del ministro Gordon Brown, quien inauguró el paseo. Y es que parece que la familia real está muy contenta de dejar descansar en paz a Diana, dejar que su memoria pase desapercibida. Se hacen notar por sus ausencias en todos los acontecimientos que están relacionados con la princesa. Así, un hospicio en las afueras de Cardiff, un hospital de Grimsby, un centro social de cuidados

2. Período de días festivos en agosto. *(N. de la t.)*

para niños enfermos, y otros proyectos, todos con el nombre de la princesa, han sido llevados a cabo sin la observación ni el apoyo de la familia real.

Tampoco participaron en las discusiones sobre un monumento y dejaron que la fundación benéfica se valiera por sí sola (aunque cortesanos anónimos, en cuanto podían, expresaban su consternación hacia sus muchas y diferentes dificultades). Incluso el ex asesor político del príncipe Carlos, Mark Bolland, sugirió: «Si la familia real quiere aprender algo de Diana, todavía no es demasiado tarde. ¿Por qué no hacen su propio monumento a Diana? ¿Por qué no ayudan a Guillermo de manera que pueda rendir públicamente homenaje a la memoria de su madre?»

La respuesta fue que todo el mundo se encogió de hombros. Después de todo, la gran afluencia de gente en el funeral de la reina madre —la controversia sobre el hecho de que el presentador de noticias de la BBC Peter Sissons llevara una corbata lila en lugar de negra indicaba que el acto reflejo de la deferencia no había muerto— y la respuesta popular entusiasta en el cincuentenario de la reina confirmó a la monarquía sin Diana en el corazón de la gente. En un desfile que constituía el acto central de las celebraciones del cincuentenario, la difunta princesa estuvo relegada a la parte sobre ruedas, representada como una figura recortada en un convoy de carrozas que desfilaba por el Mall delante del grupo real, donde estaba la señora Parker Bowles. La ironía no se había perdido en la difunta princesa. Como apuntó el escritor Robert Harris: «Desde que Trotski fue expulsado de la Unión Soviética en 1929 no había habido una figura pública de primera magnitud que hubiera sido borrada tan fulminantemente de la vida pública de una nación». Cuando el yate real *Britannia* fue retirado en diciembre de 1997, fue evidente que la reina y el resto de su familia vertieron más lágrimas por su palacio flotante que las que habían vertido por la difunta princesa. «Nunca se menciona a Diana, es como si jamás hubiera existido», comenta un amigo de la familia real.

Triste, loca y olvidada, siete años después de su muerte da la impresión de que la princesa habita un inframundo donde las llamas de su memoria se avivan sólo con escándalos, y de que su fama se hace imperecedera por virtud de la última sensación, aunque sea en programas de televisión tentadores que muestran imágenes morbosas de una Diana moribunda en el paso subterráneo de París o pedacitos de chismorreos de ex empleados suyos. Parece ser que la mujer que sus allegados conocían, esa mujer irreprimible, amable, emotiva, vulnerable e incluso sofisticada, nunca estuvo en este mundo y que su legado es una quimera, unos fuegos artificiales que explotaron histriónicamente y se apagaron rápido. Este retrato unidimensional es actualmente tan engañoso como la caricatura dulzona de santa con vestidos caros. Su vida, al igual que su legado, es mucho más compleja y difícil de comprender, es como un viaje de giros y recodos inacabables. Irónicamente, se trata de un viaje hacia una de las regiones más remotas y desconocidas del mundo, cuyo interior alberga las pistas fundamentales de una de las mujeres más famosas de todo el siglo.

EPÍLOGO

# PASAPORTE A PARACHINAR

Parachinar no es lugar para los incautos. Esta remota ciudad está ubicada en las conocidas montañas del noroeste de la frontera, el punto de encuentro entre Afganistán y Pakistán. Durante siglos ha sido un refugio caótico de traficantes de drogas, contrabandistas de armas y refugiados. En el bazar local, el hachís, el opio y los rifles rusos o del país se venden en medio de fruta y ganado. No hay derecho civil, sólo el *pashtunwali*, un código tribal de honor y conducta. Tanto el nivel de analfabetismo como el de mortalidad infantil son de los más elevados del mundo. Los toques de queda están a la orden del día y los tiroteos entre tribus feudales son habituales; uno que fue especialmente violento en septiembre de 1996 dejó doscientos muertos, y gran cantidad de mujeres y niños fueron violados y secuestrados. Los agujeros que dejaron las balas todavía se ven en los minaretes de las mezquitas locales. «Eran atrocidades propias de la Edad de Piedra», según un oficial paramilitar.

A lo largo de los años, estos fieros guerreros montañeses, los *pashtuns* o *pathans*, han resistido encarnizadamente los intentos de los mongoles, los *sikhs*, los británicos, los soviéticos y los paquistaníes por controlarlos. Han pagado un precio muy alto; durante la invasión rusa de Afganistán, los helicópteros y los aviones lanzaron indiscriminadamente miles de minas antipersona y bombas trampa, que han matado a miles de personas y han dejado a muchas otras, principalmente mujeres y niños, con cicatrices o mutilaciones brutales. La región empobrecida de la frontera noroeste realiza una aportación cuantiosa al total de veintiséis mil víctimas anuales de las minas antipersona de todo el mundo.

Ahora es Estados Unidos quien intenta controlar este retrasado país. Sólo unos kilómetros más al norte, los americanos y sus aliados desplegaban todos sus efectivos militares en las cuevas de Tora Bora, el escondite de Osama bin Laden y sus seguidores talibanes y de al-Qaeda. Actualmente, los servicios de inteligencia americanos calculan que Bin Laden, que escapó a los ataques, se esconde en un radio de dieciséis kilómetros de la ciudad de Parachinar, que es la capital de la agencia tribal Kurram. Las pintadas en las paredes, que proclaman «larga vida a Osama Bin Laden», revelan de qué parte están los locales. En estos días, los occidentales no son muy bien recibidos allí.

Sin embargo, en el hospital general local, una foto ampliada de Diana, la princesa de Gales, domina la entrada a una sala en la que hombres y mujeres esperan para que les pongan una prótesis. En esta región en la que la desconfianza está tan arraigada, la imagen de la princesa es un pasaporte, una garantía para el paso seguro del puñado de trabajadores occidentales. Durante el año pasado, la organización benéfica británica Response International ha sido una de las pocas organizaciones de ayuda extranjeras a la que le ha sido permitido trabajar en este territorio sin ley. La labor de los trabajadores de esta institución no consiste sólo en asistir a las víctimas de las minas antipersona en el hospital para colocarles las prótesis, sino que también implica ir a los fuertes y los pueblos a concienciarlos sobre el peligro que suponen las minas, enseñarles primeros auxilios y cuidados para traumatismos. Allá a donde van los reciben con música, danzas y flores. La recepción se hace más extraordinaria cuando se tiene en cuenta que las organizaciones benéficas son desconocidas para esta gente orgullosa y segura de sí misma. Sólo una palabra les garantiza una cálida bienvenida y su seguridad personal: «Diana». La labor de beneficencia, que se centra en las víctimas olvidadas y conflictos en lugares remotos del mundo, ha sido financiada por la Fundación Princesa de Gales, un legado tangible y práctico de su labor humanitaria. El presidente de esta institución benéfica, Philip Garvin, se quedó asombrado por la gran impresión que Diana causó a la gente de esta región remota: «Me trataron como a un rey porque tenía la imagen de Diana colgada sobre mi cabeza. Utilizamos su nombre sin descanso para organizar cosas y firmar contratos con la gente de allí». Su capacidad de atracción residía en el hecho de que no era vista como una inglesa o una occidental típica, sino como una trabajadora apolítica en favor de la humanidad, que intentaba que se eliminaran las minas antipersona que estaban matando o mutilando a mucha de su gente. En un mundo en que el asesinato es un modo de vida, la creencia extendida de que fue asesinada por la familia real no hace más que aumentar su prestigio. También existe un paralelismo cultural curioso sobre el atractivo de Diana y esta tierra adusta; ella es una heroína en un mundo en el que Osama bin Laden es un héroe. A principios del nuevo milenio son iconos opuestos: uno lucha para acercar Oriente y Occidente, tanto en sus relaciones personales como en su misión y visión humanitarias; mientras que el otro, de manera fanática y violenta, intenta dividir el mundo en líneas religiosas.

Así, como a la familia real y a los detractores de la princesa no les gustaría imaginar de otra manera, la labor de Diana continúa, desconocida y desapercibida, ayudando a los desposeídos, los impopulares y los olvidados, la misma gente a la que ella efusivamente abrazó. Desde los comienzos difíciles, la Fundación Princesa Diana, ha concedido unas trescientas becas, más de cincuenta millones de libras esterlinas, para proyectos que van desde la asistencia a los refugiados hasta la ayuda a los jóvenes con dificultades para el aprendizaje en el Reino Unido y en el extranjero. Aunque no pueda ocupar el puesto de la princesa —«Nadie se ha acercado a ella desde su muerte», palabras de David Puttnam—, posee el dinero para realizar cambios verdaderos y continuados en la vida de las personas.

Rodeada de polémica desde el momento en que la primera moneda de una libra esterlina enganchada en el reverso de una postal llegó al palacio de Kensington, la fundación ha sido considerada como el hijo bastardo de la institución real, despreciado y sin ser querido. Nunca ningún miembro de la familia real la ha visitado, ni tan siquiera los hijos de Diana, Guillermo y Enrique, han participado en ninguna de sus labores, ni en encuentros privados o acontecimientos públicos. Éste es uno de los retos más delicados al que tienen que enfrentarse los hijos de Diana.

Y es que dentro de tres años, cuando el príncipe Guillermo cumpla los veinticinco, tendrá derecho, no sólo al dinero que ella les dejó a él y a su hermano, sino que también podrá tomar parte activa en el mando de las organizaciones humanitarias, en algún punto quizá cogiendo el papel de la hermana de Diana, Sarah McCorquodale. Su hermano ya ha hablado públicamente sobre su deseo de seguir los pasos de su madre. En su decimoctavo cumpleaños, el príncipe Enrique, ahora destinado a las Fuerzas Armadas, habló por primera vez de su madre y de su herencia: «Mi madre tenía agallas. Yo quiero continuar las cosas que ella no pudo acabar bien. Siempre lo he querido, pero antes era demasiado joven. Ella se acercó a la gente y fue a trabajar con las organizaciones a las que la gente les daba miedo acercarse, como las de las minas antipersona».

Retórica aparte, la prueba de fuego de la resolución de los chicos de continuar el trabajo de su madre será el grado de implicación con la fundación. Hay voces poderosas, no sólo dentro del palacio, a quienes les gustaría ver a la institución nerviosa, añadiendo así presión al príncipe Guillermo, que es consciente de que debe encontrar un rol que no entre en conflicto con su padre. Puede que este enfrentamiento sea inevitable, como apuntó Mark Bolland: «La preocupación principal es para el príncipe Carlos, que parece que no puede salir en los periódicos si no es al lado de su hijo. Ésta era una de sus pesadillas, que se está convirtiendo en realidad». Aunque son los vulnerables y los que no tienen voz, como los niños lisiados que esperan pacientemente una prótesis en el hospital general de Parachinar, los que realmente sufren la pérdida de la joven princesa.

Durante su vida, la princesa se jugó todo lo que tenía por sus hijos. Ellos, especialmente el príncipe Guillermo, son su legado vivo. «Toda mi esperanza está depositada en Guillermo», le contó a Tina Brown, por aquel entonces editora del *New Yorker*, en junio de 1997. «Es demasiado tarde para el resto de la familia. Pero creo que él tiene algo.» Al menos durante la próxima década, este apuesto príncipe será la cara más fotografiada de la familia real, el abanderado del futuro, no sólo de la monarquía, sino también del recuerdo de su madre. Esto es importante. Porque mientras muchos personajes del círculo real piensan que tiene mucho más de Mountbatten y de Windsor que no de Spencer, su imagen pública es la de que posee el mismo tímido encanto que su difunta madre. En una edad en la que la imagen lo es todo, su aspecto bien parecido e informal y su encanto espontáneo garantizan un atractivo glamouroso similar al de Diana. «Como miembro joven de la familia real, Guillermo ha disfrutado de más libertad que ningún otro miembro de la familia previamente —observa su biógrafo Brian Hoey—. Es, sin duda alguna, la estrella del futuro, la figura en la que están depositadas todas las esperanzas de la familia.»

El tiempo que Diana pasó llevándose a sus hijos a albergues para vagabundos y a hospitales para que pudieran entender mejor la vida real parece haber dado su fruto. «Las visitas a los albergues con mi madre cuando yo era más pequeño me influyeron enormemente —declaró el príncipe Guillermo en una entrevista con motivo de su vigésimo primer cumpleaños—. Aprendí mucho de esas visitas, y quizá haya aprendido más ahora que en el momento en que las hice.»

En muchos aspectos, sin embargo, si la reina Victoria volviera a la vida hoy, no estaría sorprendida ante la educación del chico. Como muchos de los niños de la aristocracia, fue enviado lejos de casa a un internado, a Eton, la escuela más elitista del país, y ahora estudia en la Universidad de St. Andrews, que es la que tiene una proporción más elevada de alumnos educados en centros privados de todo el país.

Igual que sus antepasados, también los pasatiempos del príncipe son los de las clases altas: la caza del zorro, con encuentros distinguidos cerca de la casa de su padre en Gloucestershire, y partidas de tiro en Sandringham y otras casas de campo. «Yo creo que en el fondo soy un chico de campo», dijo sin sorpresa alguna. Un chico de campo que, cuando está en la casa de su padre en Highgrove, cuenta con el servicio de uno de los tres ayudas de cámara para que le prepare la ropa por la mañana. Un chico de campo que algún día heredará una fortuna de setecientos millones de libras esterlinas y quizá se convierta en el primer príncipe de Gales billonario.

Sin embargo, para lo que son los estándares reales, ha llevado un estilo de vida más relajado e informal del que su padre nunca disfrutó. El hecho de que apareciera descalzo y con una camiseta rasgada a la sesión fotográfica para la prensa en su primera entrevista dice mucho sobre su estilo más desenfadado. Si no pasa nada extraordinario, gracias a la trágica vida de su madre, como comentó el conde Spencer, Guillermo podrá elegir la mujer que él quiera, sin que nadie la escoja para él. Esto no ha frenado a las cadenas de televisión británicas a la hora de buscarle novias, aunque no sea nada serio. La experiencia de la compañera Kate Middleton, que salió en primera plana cuando en 2004 acompañó al príncipe y al resto del grupo real a unas vacaciones invernales en Klosters, en Suiza, demuestra que la fascinación de los medios de comunicación por la vida sentimental de los miembros de la familia real será tan intensa como lo fue en tiempos de su padre.

Sin embargo, también heredará una organización más de acuerdo con el mundo de hoy, ya que el palacio de Buckingham ha llevado a cabo una modernización que, con retraso, ha llegado también al príncipe Carlos. Como el conde Spencer declaró a Ian Katz: «Uno de los legados más importantes que Diana dejó a sus hijos y a sus sucesores es que ella hizo muchas más cosas aceptables en el contexto real y mostró a la vieja guardia del palacio de Buckingham que, de hecho, muchas de estas cosas la gente las quiere como un todo». De hecho, una encuesta de YouGov afirmaba que el mayor logro de Diana había sido «humanizar a la familia real» encabezando su campaña contra las minas.

Por todos los intentos de reducirla y destruirla, la princesa todavía ocupa un lugar preponderante en el recuerdo popular. En una encuesta realizada por la BBC en el año 2002 sobre el inglés más importante, ella ocupaba el tercer lugar, por detrás de Winston Churchill e Isambard Kingdom Brunel, ganando de calle a cualquier otro miembro de la familia real, vivo o muerto. Su muerte, según los que opinaron en una encuesta del History Channel, se veía como el suceso más significativo del siglo XX, por delante del inicio de la segunda guerra mundial.

La gente reaccionó ante su muerte precisamente porque su vida tenía mucho sentido. Como mujer, como madre, como hija y como figura pública, ella encarnaba muchos de los dilemas y conflictos de nuestras propias vidas, ya que intentó descubrir quién era realmente. Su valor a la hora de enfrentarse a una familia poderosa, su decisión de vivir según ella creía, su irregular y a veces insensata búsqueda del amor, así como la manera como retó y abrazó su pasado, son ventanas hacia una compleja personalidad que luchó para enfrentarse a sus miedos y superarlos, ya estuvieran relacionados con su cuerpo, su autoconcepción, su autoestima o sus ambiciones. Nunca estaba sin hacer nada, siempre intentaba hacerse valer mediante sus discursos, su labor humanitaria o su estilo de vida. Diana fue una mujer que no paró de crecer y desarrollarse, en vez de quedarse dormida en los laureles.

Sin embargo, la opinión mayoritaria que prevalece es que se encontraba fuera de control y que casi había perdido la cordura. La prueba en la que se basa esta opinión es la paranoia que infectaba su vida en el momento en que le hicieron la infame entrevista en la BBC. En este libro he intentado demostrar que, teniendo en cuenta la manera como el periodista Martin Bashir alimentaba inteligentemente los miedos de la princesa, así como la aparición de otra información preocupante sobre la niñera de sus hijos, Tiggy Legge-Bourke, y sobre el ordenanza del príncipe Carlos, George Smith, tenía todo el derecho de sentirse amenazada físicamente, como se habría sentido cualquier otra persona bajo estas presiones en esos momentos. Quizá esta reevaluación de los hechos acaecidos en su vida nos ofrezca una visión más fresca de quién era ella y hacia dónde encaminaba sus pasos, un reconocimiento más rico a una mujer que se esforzó por dotar de sentido a un estilo de vida polifacético, y que luchó por no ser una persona lastimera al borde de la locura. Que aprendió mucho y viajó lejos queda reflejado en su fortaleza de carácter y su espíritu indomable. La verdad es que, como he argumentado, la princesa estaba venciendo sus miedos y utilizaba sus maravillosas dotes de empatía y comunicación para una labor que merecía la pena y la satisfacía.

Quizá las últimas palabras sobre esta mujer extraordinaria debería pronunciarlas la mujer a la que Diana despreció en algún momento y a la que luego admiró, su madrina Raine, la condesa Spencer: «Consiguió salir adelante en situaciones de su vida particularmente difíciles con una gran valentía y pasó de ser una chica muy tímida e insegura, no tan guapa como sus otras dos hermanas, a convertirse en una belleza de talla mundial, un icono de la moda de talla mundial con un corazón de talla mundial. Le encantaba la gente y le encantaba ayudarla. El sentimiento de que ella podía cambiar las cosas resultó ser para ella un magnífico espaldarazo. Era una persona sorprendente, extraordinaria, fuera de lo común. Realmente, era un icono de nuestros tiempos».

## CRONOLOGÍA

| | |
|---|---|
| **1961** | |
| 1 de julio | La honorable Diana Spencer nace en Park House, en la finca Sandringham, en Norfolk. |
| **1978** | |
| septiembre | El conde Spencer, padre de Diana, sufre una hemorragia cerebral masiva. |
| **1981** | |
| 6 de febrero | El príncipe Carlos le propone matrimonio a lady Diana Spencer. |
| 29 de julio | Boda del príncipe Carlos y lady Diana. |
| **1982** | |
| 21 de julio | Nace el príncipe Guillermo. |
| **1984** | |
| 15 de septiembre | Nace el príncipe Enrique. |
| **1991** | |
| | Diana se entrevista secretamente con el doctor James Colthurst para lo que finalmente será *Diana: su verdadera historia.* |
| **1992** | |
| 29 de marzo | El conde Spencer muere de un ataque al corazón. |
| 7 y 14 de junio | Entregas de *Diana: su verdadera historia* en el *Sunday Times.* |
| 16 de junio | Se publica *Diana: su verdadera historia.* |
| 25 de agosto | Se publican las cintas de casete del Squidgygate. |

| | |
|---|---|
| 9 de diciembre | El primer ministro, John Major, anuncia la separación real. |

**1993**

| | |
|---|---|
| 17 de enero | Se publican las cintas de casete del Camillagate. |
| 3 de diciembre | Diana anuncia su retirada de la vida pública. |

**1994**

| | |
|---|---|
| junio | Se emite un documental por televisión en el que Carlos admite haber cometido adulterio. |
| agosto | Se acusa a Diana de realizar llamadas increpatorias a Oliver Hoare. |

**1995**

| | |
|---|---|
| enero | Andrew y Camilla Parker Bowles anuncian que están en trámites de divorcio. |
| septiembre | Julia y Will Carling anuncian su separación. |
| 20 de noviembre | Se emite la entrevista realizada en el programa «Panorama» de la BBC.<br>Diana vuela a Argentina. |
| 11 de diciembre | Henry Kissinger le concede el premio «Humanitario del año» en Nueva York. |
| diciembre | La reina pide por escrito a Diana que se divorcie.<br>Diana se lo comenta a Tiggy Legge-Bourke en la fiesta de Navidad de la casa real. |

**1996**

| | |
|---|---|
| 12 de julio | Carlos y Diana anuncian su acuerdo para divorciarse. |
| julio | Diana dimite como promotora de la gran mayoría de sus organizaciones benéficas. |
| 28 de agosto | Carlos y Diana se divorcian oficialmente. |
| octubre | Diana recoge un premio humanitario en Rimini, Italia. |
| noviembre | Se publica el romance de Diana con Hasnat Khan. |

**1997**

| | |
|---|---|
| enero | Viaja a Angola, donde camina por un campo de minas. |
| marzo | Carlos y Diana se encuentran en la confirmación de Guillermo. |
| mayo | Visita a Pakistán; también ve a la familia de Hasnat Khan. |
| | El secretario de Asuntos Exteriores, Robin Cook, anuncia la prohibición de vender minas antipersona. |
| junio | Subasta para beneficencia del armario real de Diana en Christie's, en Nueva York. |
| julio | Vacaciones en el sur de Francia con la familia Fayed y también con Guillermo y Enrique. |
| 31 de agosto | Diana muere en un accidente de coche en el túnel subterráneo del puente de l'Alma en París; también murieron Dodi Fayed y el chófer Henri Paul. |
| 6 de septiembre | El funeral de Diana se lleva a cabo en la abadía de Westminster. El mismo día, pero más tarde, es enterrada en Althorp, la finca de la familia Spencer en Northamptonshire. |

**1998**

| | |
|---|---|
| julio | Guillermo y Enrique organizan una obra de teatro para celebrar el cincuenta aniversario de Carlos. Camilla Parker Bowles es bien recibida. |
| noviembre | Camilla da una fiesta para el cincuenta aniversario de Carlos. |

**1999**

| | |
|---|---|
| abril | La madre de Diana, la honorable Frances Shand Kydd, inaugura el primer edificio que lleva el nombre de su hija: la Casa de la Princesa de Gales, en Bournemouth; es un centro para personas con sida y VIH. |

| | |
|---|---|
| **2000** | |
| febrero | Se inaugura un paseo conmemorativo por los parques de Londres. |
| julio | Se inauguran los jardines en memoria de Diana. |
| **2001** | |
| enero | Se detiene al ex mayordomo de Diana, Paul Burrell, con cargos por robo. |
| **2002** | |
| noviembre | Se desestiman los cargos contra Paul Burrell en el Old Bailey. |
| **2003** | |
| 13 de marzo | Se publica el Informe Peat. |
| octubre | Se publica el *A Royal Duty*, de Paul Burrell. |
| noviembre | Se publica la llamada «cinta de la violación» y sus contenidos. |
| **2004** | |
| enero | Se abren y se aplazan las investigaciones judiciales británicas sobre las muertes de Diana y Dodi. |
| marzo | Se emiten en Estados Unidos fragmentos de las cintas de Diana y Morton en un documental de dos partes de la NBC. |

# BIBLIOGRAFÍA


ANDERSEN, Christopher, *The Day Diana Died,* Blake, Londres, 2002.

BEDELL SMITH, Sally, *Diana: The Life of a Troubled Princess,* Random House, Londres, 1999.

BOWER, Tom, *Fayed: The Unauthorised Biography,* Macmillan, Londres, 1998.

BRADFORD, Sarah, *Elizabeth,* Mandarin, Londres, 1996.

BURRELL, Paul, *A Royal Duty,* Michael Joseph, Londres, 2003.

CAMPBELL, Beatrix, *Diana: How Sexual Politics Shook the Monarchy,* Women's Press, Londres, 1998.

CANNADINE, David, *The Decline y Fall of the British Aristocracy,* Picador, Londres, 1992.

CARPENTER, Humphrey, *Robert Runcie: The Reluctant Archbishop,* Sceptre, Londres, 1997.

CLAYTON, Tim y PHIL Craig, *Diana: Story of a Princess,* Coronet, Londres, 2001.

DELORM, Rene, *Diana y Dodi: A Love Story,* Pocket, Londres, 1998.

GREGORY, Martyn, *The Diana Conspiracy Exposed,* Olmstead Press: Londres, 1999.

HASTINGS, Max, *Editor: A Memoir,* Pan Macmillan, Londres, 2002.

HURD, Douglas, *Memoirs,* Little, Brown, Londres, 2003.

JEPHSON, Patrick, *Shadows of a Princess,* HarperCollins, Londres, 2000.

JUNOR, Penny, *Charles: Victim or Villain?,* HarperCollins, Londres, 1998.

KEIRSEY, David, *Please Understand Me,* Prometheus Nemesis, California, 1998.

LACEY, Robert, *Royal: Her Majesty Queen Elizabeth II,* Little, Brown, Londres, 2002.

LEAMER, Laurence, *The Kennedy Women,* Bantam, Londres, 1994.

LINDLEY, Richard, *Panorama: 50 Years of Pride and Paranoia,* Politico's, Londres, 2002.

MACARTHUR, Brian (ed.), *Requiem,* Pavilion, Londres, 1997.

ORBACH, Susie, *The Impossibility of Sex,* Penguin, Londres, 1999.

PAXMAN, Jeremy, *The English*, Penguin, Londres, 1999.

PIMLOTT, Ben, *The Queen*, HarperCollins, Londres, 2002.

PONTAUT, Jean-Marie y DUPUIS, Jerome, *Enquête sur la mort de Diana*, Éditions Stock, París, 1998.

REES-JONES, Trevor, *The Bodyguard's Story*, Warner Books, Londres, 2000.

RIDDINGTON, Max y NADEN, Gavan, *Frances*, Michael O'Mara, Londres, 2003.

ROBERTSON, Geoffrey, *The Justice Game*, Chato & Windus, Londres, 1998.

ROGERS, Rita, *From One World to Another*, Pan Macmillan, Londres, 1998.

SANCTON, Thomas y MACLEOD, Scott, *Death of a Princess*, Orion, Londres, 1998.

SEITZ, Raymond, *Over Here*, Weidenfeld & Nicolson, Londres, 1998.

SHANLEY-TOFFOLO, Oonagh, *The Voice of Silence*, Random House, Londres, 2002.

SIMMONS, Simone, *Diana: The Secret Years*, Michael O'Mara: Londres, 1998.

SNELL, Kate, *Diana: Her Last Love*, Granada, Londres, 2000.

THORNTON, Penny, *With Love From Diana*, Pocket, Nueva York, 1995.

WHARFE, Ken, *Diana: Closely Guarded Secret*, Michael O'Mara, Londres, 2002.

WILSON, Christopher, *The Windsor Knot*, Pinnacle, Nueva York, 2002.